U0518075

本书为国家自然科学基金青年项目"高等教育财政支出与收入分层——基于新经济地理视角的中国经验证据"（71403084）成果

高等教育支出绩效评价
包容性的比较研究
——巴西、俄罗斯、印度与中国

刘晓凤 著

Comparison Research on the Inclusiveness
of the Performance Evaluation of Government
Spending on Higher Education
Brazil, Russia, India and China

中国社会科学出版社

图书在版编目（CIP）数据

高等教育支出绩效评价包容性的比较研究：巴西、俄罗斯、印度与中国／
刘晓风著 . —北京：中国社会科学出版社，2017. 11
ISBN 978 - 7 - 5203 - 0866 - 3

Ⅰ.①高…　Ⅱ.①刘…　Ⅲ.①高等教育—教育经费—财政支出—
对比研究—巴西、俄罗斯、印度、中国　Ⅳ.①G647.5

中国版本图书馆 CIP 数据核字（2017）第 210434 号

出 版 人	赵剑英
责任编辑	田　文
特约编辑	张冬锐
责任校对	张爱华
责任印制	王　超

出　　版	中国社会科学出版社
社　　址	北京鼓楼西大街甲 158 号
邮　　编	100720
网　　址	http://www.csspw.cn
发 行 部	010 - 84083685
门 市 部	010 - 84029450
经　　销	新华书店及其他书店

印　　刷	北京君升印刷有限公司
装　　订	廊坊市广阳区广增装订厂
版　　次	2017 年 11 月第 1 版
印　　次	2017 年 11 月第 1 次印刷

开　　本	710 × 1000　1/16
印　　张	16.5
字　　数	246 千字
定　　价	69.00 元

凡购买中国社会科学出版社图书，如有质量问题请与本社营销中心联系调换
电话：010 - 84083683
版权所有　侵权必究

目　　录

导　　论

一　研究背景

巴西、俄罗斯、印度和中国四国作为新兴发展国家，在经济快速发展的同时，高等教育也实现了规模上的大幅上升。巴西、俄罗斯、印度和中国，四个国家英文名称的首个字母合成"BRIC"，与英文单词中"砖"的拼写一样，高盛全球经济研究部主管 Jim O'Neill 于2001年提出"金砖四国"的界定。2011年4月14日，金砖国家第3次领导人会议于中国海南三亚召开。巴西总统 Dilma Rousseff 称，在全球格局变动与经济秩序改换的当代，新兴经济在全球经济社会事务中发挥着相当关键的功效。"金砖四国"在推动全球多元化中发挥着积极作用，在推动世界格局多极发展中起着重要推动功效。经济全球化必定造成普遍的国际角逐，而国际角逐的关键领域，即为人力资本的竞争。高等教育正是培育人力资本的重要手段。

步入21世纪，巴西高等教育快速发展，高等教育机构数量每年平均增长12%，在校大学生数量平均每年增加11%，2013年，巴西高校规模发展到2165所，在校大学生数量达到了670万。巴西高等教育发展目标是使高校学生数量占到适龄年轻人数量比重的30%。巴西高等教育仍然不能满足国民经济发展需要，影响着巴西国家综合竞争力的上升，造成巴西 GDP 每年减少0.5个百分点，综合竞争力排名也在中下徘徊。同时，弱势群体为现有高等教育体系所排斥，没有书可以读，没有工作来糊口，有着极大的社会失落感，为社会动荡的根源、暴力盛行的缘由。高等教育问题是巴西经济发展和社会进步的沉重瓶颈。

俄罗斯联邦是苏联最大的一个加盟国家，独立后依然为拥有最发达高等教育、最雄厚科技实力的加盟国家。俄罗斯高等教育依然有着很高的普及率，俄现有人口规模为 1.4 亿，大学在校生规模为 700 万，共有 2000 所高校。俄罗斯政府的工作重点之一是推动知识经济社会的革新。但俄罗斯的高等教育发展还是远未尽如人意。俄罗斯一些国内一流名牌高校在国际高校排名中位次表现不好。在英国《Times》报和英国大学研究组织的全球高校排名中，Mosco 国立大学自 2004—2013 年，排名就在 50—231 之间大幅波动，排名变动剧烈，表现很不稳定，且未达到俄罗斯国内的预期。俄罗斯社会对俄罗斯高校的国际排名情况展开深深反思，坦率认同俄罗斯高等教育与科学研究境况发展缓慢，俄罗斯本国高等教育与科学研究远远赶不上世界其他高等教育发展强国。

印度在 1947 年刚独立之时仅有 30 所大学，750 所学院，高校在校生仅为 26.3 万人。历届印度政府一直把高等教育当作教育发展的重中之重，期待经由发展高等教育提升印度人力资本积累水准，在政府强力主导高等教育发展的理念指引下，经由十个"5 年计划"的发展历程，印度高等教育规模在 1950—1998 年迅猛扩张，表现在入学率上升，学校数量增加，在校生人数扩张，毕业生数连年翻番增加，至 2013 年印度的高校数量已增加至 415 所，学院有 18064 所，在校大学生人数为 1103 万人。高等教育步入前所未有的快速发展期。印度高等教育的显著属性为增长速度。印度高等教育的快速扩张为印度打造了规模位居全球第三的科技力量，但过快扩张引发高等教育总体水准滑落、资源靡费严重等境况。

中国高等教育毛入学率在 1998 年时只有 9.8%，1999 年中央政府正式推动实施高等教育扩张计划，高等教育规模呈现加速上升态势。2013 年全国各类高等教育总规模达到 3325 万人，高等教育毛入学率达到 30%，2013 年全国普通高校在校生达 2563 万，规模居全球第一，2013 年高校毕业生人数达 699 万，全国共有普通高等学校和成人高等学校 2790 所，受过高等教育的人口规模高于 7000 万人，从业人员中有高等教育学历的总数为全球第 2 名。高等教育规模相当庞大。在高等教育发展中，政府部门、教育机构更多的注意力放在高等教育支出的规模，而非以效益为价值引导，注重的是每年高等教育经费的增长数额与增长速度，却漠视资金分配的恰当性与科学性，对高等教育支出绩效不甚关注。部分高校在发展经费上等、靠、要，"跑部钱进"的现象屡禁不止，想尽办法地从相关部门获取教育资金，不注重教育资金的使用效益和绩效，有些学校在资金运用中不管成本、无视效益，拍脑袋式地扩大办学规模，而忽略了办学效益与办学质量；有些学校则仅仅讲资金配置的经济性与节约性。如此境况就导致各部门无视高等教育投资责任，忽视高等教育支出绩效，造成了有限教育资金靡费相当严重的局面。从政府部门至高等教育资金使用单位都对当前高等教育支出中发生的各种问题负有责任。不应局部地只看单一一个部门，或片面地考察单一因素，而应各方共同合作，全方位多层次地对高等教育资金使用境况展开客观、科学、正确、合理的绩效评价。伴随中国高等教育规模的拓展，高等教育步入大众化、普及化发展进程，高等教育经费供需摩擦日益显现，以"提升高等教育资金使用效率与效益"为主题的高等教育支出机制革新剑拔弩张，为确保实现高等教育支出的经济性、效率性与有效性，打造科学规范的高等教育支出绩效评价制度，是高等教育高水平发展的必然。

研究数据表明，2025 年全球高等教育需求可能涨到 2.6 亿人，其中多数需求源于新兴国家。可见，在未来的十几年乃至几十年的时间内，巴西、俄罗斯、印度与中国仍会在高等教育领域展开激烈的角逐。对各国高等教育支出绩效评价展开研究，从包容性的视阈进行分析研究，重新评判中国高等教育支出绩效，有利于科学地制定提升高等教育支出绩效的对策。

本书拟从巴西、俄罗斯、印度与中国高等教育支出绩效评价包容性的比较中，寻找各国高等教育支出绩效评价包容性所具有的优势和劣势，并挖掘各国高等教育支出绩效评价包容性中的特色，为相互的发展提供借鉴。

二　概念的界定

（一）高等教育支出的内涵

高等教育支出是政府对高等教育事业发展给予的财政资金支出。涵盖：预算内高等教育经费，具体有高等教育事业费、基础建设经费、科学研究经费、其他经费；各级政府征收的专门用于高等教育的税费，具体有教育费附加、校办产业、企业办学教育经费、勤工俭学与社会服务收益中用于高等教育的经费。

（二）绩效的内涵

所有组织的运营目的均为提升绩效，组织管理的关键概念是绩效导向。绩效来自英语中的 Performance。绩效不仅与执行的过程性活动有关联，也与表现与成效、效果等相关。普雷姆詹德（2002）指出，绩效涵盖了效力、产品和服务品质及规模、机构所作的贡献大小与水准，涉及节省、效力与效果[①]。而 Salvatore Schiavo-Campo（2001）认为，绩效是相对的概念，可用尽力与后果来进行判定，要关注绩效的主观范畴，外部效果的重要决定要素是主观范畴方面，绩效不但涵盖外部效果如何，也涵盖内在的努力水准，可从投入、过程、产出与结果来描绘[②]。Jack Diamond（1994）指出，绩效是施行一项活动所获取的相对于目标的有效性，它不但涵盖从事该活动的效率、经济性与效力，还涵盖活动实施方对预定活动进程的遵从度及该项活动的公众满意度[③]。但按照陆庆平（2003）的释义，绩效事实上是一项活动施行的后果或结局，此后果或结局不但涵盖施行此活动所投入的资源和获取效果的比较关系，也涵盖投入资源的正当性与结局的有效性[④]。此解释与黄萍、黄万华（2003）对绩效的界定类似，绩效不单是对结果的测度，还涵盖对过程的测度，乃至对供应方主观勤勉度与接受方合意度的测度[⑤]。

从上述各定义来看，不同学者对绩效涵盖范畴有不同看法，但各位学者对绩效核心思想的看法一致。即绩效为施行一项活动的有效性，且以期盼目的有效性为基石。因此对各定义归纳总结为，绩效是

---

① ［美］普雷姆詹德：《公共支出管理》，经济科学出版社 2002 年版，第 35 页。

② Salvatore Schiavo-Campo，亚洲开发银行：《加强财政支出管理绩效》，经济科学出版社 2001 年版，第 378 页。

③ Jack Diamond. Performance Measurement and Evaluation，OECD Working Papers 1994.

④ 陆庆平：《公共财政支出的绩效管理》，《财政研究》2003 年第 4 期，第 18—20 页。

⑤ 黄萍、黄万华：《公共行政支出绩效管理》，《红旗文摘》2003 年第 22 期，第 10—12 页。

有用性、效益与效力的总称，涵盖行为进程与行为后果两类内容。就行为进程而言，涵盖投入满足经济性要求与否，进程合规、正当与否；就行为后果而言，涵盖产出和投入相比有效率与否，行为的后果达到期盼目的与否以及引发的中期影响与长期效果，此影响或效果应既涵盖经济影响，又涵盖社会效果。经由此概念的归纳，可发现，绩效不但涵盖绝对的内容，也涵盖着相对的内容，乃为绝对量与相对量的综合。

（三）绩效评价的内涵

受托经济责任理论主张，伴随人类社会文明的发展，财产所有权和财产经营管理权的割裂，实际上造成了财产委托者对财产受托者需要实施经济监察管控，这就引发了绩效评价的萌芽与发展。绩效评价是评价组织采用适当一定的评价手段、量化的评价指标及评价标杆，对评价对象的绩效目标达成水平，及为实现此目标所部署安排预算的执行情况展开的综合性、全面性评价。事实上，经由对绩效内涵的阐明，可看出绩效评价就是对一项活动的效益、效率与有效性的评价，由此需要挑选恰当的评价指标。绩效评价指标从择取的范围看，主要涵盖效益类指标、效率类指标与有效性指标三方面。但在实践中，有时由于各类指标的数据资料难以获取或测得，就需经由相关的间接指标进行测度才能获得。这些间接指标涵盖四方面的内容，即活动的投入领域、过程领域、产出领域及效果领域。

（四）高等教育支出绩效评价的内涵

"高等教育支出绩效评价"事实上就已明确说明其评价的客体与评价的基本范围，即评价客体为高等教育支出，评价范围是高等教育支出的绩效。

高等教育支出绩效评价涵盖两方面的内容：一是体现作为受托经济主体的高校履行受托责任中的详细施行进程；二是反映高校履行受托经济责任所产生的结果。实施过程与实施结果不可偏废。因此，高等教育支出绩效评价不仅要考察使用资金的进程，也要考虑使用资金的效果，要以国家高等教育政策为取向，社会效益为重，经济效益为辅，高等教育支出绩效评价体系的核心，就是要在高等教育支出管理上渐进融入市场经济国家的间接监督管理方式与手段，使高校在资金使用上遵循现代市场经济的管理理念，对高校资金支出施行合理科学的规划与松紧适度的掌控，提升高等教育支出效益观念与责任意识，增进高等教育支出效率，合理部署安排高等教育资金，从而提升高校管理效率，推动高等教育与市场间的和谐，促进高等教育目的达成。高等教育支出绩效评价是对高等教育支出的效益、效率与有效性展开辨析与评价。在选择高等教育支出绩效测度指标时也要以效益、效率与有效性为准则。对高等教育支出绩效的直接测度也存在一些指标难以直接获得数据，需要一些间接指标来测度高等教育支出的绩效，这些间接指标涵盖高等教育支出规模、高等教育支出进程、高等教育支出的产出与高等教育支出的效果。

（五）包容性的内涵

政府在 2010 年 10 月的"十二五"规划中提及包容性的理念。胡锦涛 2011 年 4 月 15 日在海南的博鳌亚洲论坛进行"包容性发展：共同议程与全新挑战"的公开演讲，主张所有亚洲国家合理对待多样文明，推动各国友好合作；变革经济社会发展方式，促进经济社会全面发展；共同享有发展机遇，一同迎接各类挑战；执着于求同存异，保有国际社会和平；提倡互利互惠，合作共赢，加强亚洲地区协作。包容性不仅为经济进步的需要，也是社会各方面共同发展的需要，这当中也涵盖高等教育事业。高等教育事业乃国家发展的重要领域，在人力资本培养中有着无可替代的重要作用。包容性重视人的需要，眷注社会公正、社会公平，力求达成社会所有要素的全面发展、和谐进步、可持续前进，所有社会成员一道享受社会发展的机遇与社会发展的成果。总体而言，包容性应该有利于弱势群体，社会共享，形成不间断的发展景况。

（六）高等教育支出绩效评价包容性的内涵

包容性要求体现在高等教育支出绩效评价中，则要求高等教育支出绩效评价在以受教育者为本的基石上，眷注受教育者的需要，体贴每一个受教育者，加强对受教育者中的弱势群体的支持与帮助，推动所有受教育者的全面发展，可持续发展，让所有受教育者皆能够获得高等教育的入学机会与分享高等教育的发展成果，竭尽全力实现高等教育公平，不仅是高等教育支出绩效评价的人本关怀，也为包容性的根本诉求。

1. 关注弱势群体是高等教育支出绩效评价包容性的人本宗旨

伴随经济社会体制的双转轨，我国高等教育支出的运作机制与运作氛围均发生大幅变动，变革了过往政府大包大揽的治理手段，高等教育实现了跨越式的前进，步入了大众化的繁荣发展时期。伴随高等院校受教育者规模的快速增加，急速扩张，家境贫困的受教育者规模也在增加。且存在一流高校中家境贫困的受教育者规模不断下降，一流高校得到的国家财政投入多，家境贫困的受教育者享受不到优质教育资源，造成财政投入在不同群体间分配的不公平。如何让高等教育投入在所有人中均等的分配，所有人皆可公平的享受高等教育，是高等教育支出绩效评价包容性所期盼的。

2. 公平、公正是高等教育支出绩效评价包容性的价值标尺

为了让所有受教育者皆能有机会公平享受高等教育，高等教育支出尽可能向家境贫困的受教育者偏向，尽可能照顾各个层次受教育者的需要。在现行高等教育支出绩效评价制度下，始终不渝地秉持高等教育支出公平信念，确保每个家境贫困的受教育者皆能公平地拥有享受高等教育的权利，这不但为高等教育支出绩效评价包容性的价值维度，也为包容性的核心理念。

三　文献综述

世界银行专家 Shah（2005）认为高等教育支出绩效评价是经由一些测度指标来展现高等教育机构活动的全过程，费用：支出资源；输出：高等教育服务的品质与数量；效益：测度目标实现的境况；效果：项目的结果；冲击：利益获得者与利益损失者；质量：高等教育服务的测度，譬如，花费的时间长短、得到高等教育服务的难易程度；生产力：单位工作时间的输出；效率：输出的单位资金用度；合意度：高等教育服务对象对服务品质的评判级别[①]。台湾学者徐仁辉（2004）指出，高等教育支出绩效评价是对于高等教育机构打算实现

[①] 人事教育处：《政府间财政关系国际研讨班在乌鲁木齐举行》，《新疆财会》2005年第4期，第80页。

的目标，如何达成目的与目的实现与否的体系性检验进程，并作为完善高等教育支出的依据①。财政部预算司（2007）提出，高等教育支出绩效评价乃经由一定的考核方式、量化评价指标及评价标杆，对高等教育部门就其职责达成既定绩效目的水准，及就为达成此目的安排预算的实施结果所展开的综合性评估和全方位考核②。包容性理念可溯源于 World Bank 在 1990 年提出的"宽泛基础"（broad-base），World Bank 又进一步提出"有益于贫穷者"（pro-poor）。2000 年 9 月联合国千年发展目标抛出"包容性"（inclusiveness）观念。亚洲开发银行于 2007 年进一步深入强化包容性概念。2011 年 4 月、2010 年 9 月与 2009 年 11 月，胡锦涛同志先后在博鳌亚洲论坛、亚太经合组织会议、APEC 峰会谈及包容性③。包容性最根本内涵乃兼容并包，提倡所有社会成员机会均等，让所有社会成员均可共同参与、一道分享，强调公平和效率的协调与和谐。这也正是高等教育支出绩效评价包容性的要求。

（一）关于巴西高等教育支出绩效评价包容性的文献综述

1. 巴西高等教育支出绩效评价包容性的原则

Matos、Cirino、Brown 和 Lumsden（2009）认为巴西高等教育支出绩效评价遵循法制化、标准化、常态化的原则④。

2. 巴西高等教育支出绩效评价包容性的指标

朱炎军（2011）指出巴西绩效评价指标分为机构评价与课程评价，机构评价中评价教学活动、课程科目、项目规划方案与组织建设等指标，课程评价中评价师资力量、硬件设备设施、教育教学组织方

---

① 徐仁辉：《绩效评估与绩效预算》，《国家政策季刊（台北）》2004 年第 2 期，第 21—36 页。

② 财政部预算司：《绩效预算和支持绩效考评研究》，中国财政经济出版社 2007 年版，第 10 页。

③ 胡锦涛：《深化交流合作 实现包容性增长》，《人民日报》2010 年 9 月 17 日，第 1 版。

④ Matos, Daniel A., S. Cirino, Sergio D. Brown, and Gavin Thomas Lumsden. Assessment practices in higher education in Brazil from the students'point of view. Charlotte, NC: Information Age Publishing, 2009, 235 – 253.

式手段等指标①。

3. 巴西高等教育支出绩效评价包容性的方法

Naomar（2011）指出巴西高等教育支出绩效评价经由对各评价指标数据的复杂计量，获取 5 种类目下的课程科目排名，再与对研究生教育与科学研究的单独评价相汇总，给各高校排序，排序分成 5 个等级②。

4. 巴西高等教育支出绩效评价包容性的结果及应用

Simon（2004）指出，巴西绩效评价中，公立高校绩效好于私立高校，公立高校的师资力量较强，私立高校所吸纳的学生数多于公立高校③。

World Bank（2002）指出巴西高等教育支出绩效评价的结果由高等教育司与国家教育研究所发布到教育部网站与报纸上，排序最后的高校与课程需要受到进一步检验，甚至在有些境况下会直接取缔该高校。而且绩效评价结果与高校可获得的财政资源支持规模相联系，激励各个高校不断提升高等教育质量④。

5. 巴西高等教育支出绩效评价包容性存在的问题

朱炎军（2011）提出巴西高等教育支出绩效评价仅仅关注机构评价，只评价单个高校绩效而未对整个高等教育系统实施全面的绩效评价，运用相同模式评价所有高校。评价劳民伤财，大动干戈，所耗不菲，评价中没有最低标准，难以真实反映绩效评价结果的意义，私立高校在绩效评价中，由于高学历全职教师的缺乏，处于评价劣势地位。评价也没有毕业生的就业统计数据，难以从就业角度评价课程学

---

① 朱炎军：《政府管理控制下的巴西高等教育质量建设》，《中国电子教育》2011 年第 3 期，第 19—24 页。

② Naomar Almeida Filho. Quality Evaluation of the Higher education and healthcare in Brazil. The Lancet, 2011, 37 (6)：1898 - 1900.

③ Simon Schwartzman. Equity, Quality and Relevance in Higher Education in Brazil. Academia Brasileira de Ciências, 2004, 36 (3)：126 - 136.

④ World Bank. Higher Education in Brazil：Challenges and Opportunities. World Bank, 2002, 151 - 163.

科的质量①。

6. 巴西高等教育支出绩效评价包容性问题的成因分析

Bertolin 和 Leite（2008）认为，巴西高等教育支出绩效评价问题的成因在于对绩效评价的关注力度不够，忽视绩效评价中高校与社会的联系②。

7. 巴西高等教育支出绩效评价包容性的完善对策

Peter 和 Nico（2006）指出，巴西为提升高等教育支出绩效，不断完善绩效评价制度，经由法律确保绩效评价资金来源，保证绩效评价的独立性与制度化、绩效评价标准的完善，改革国家课程考试，由偏重专业知识理论的考核，转变成综合、全面的知识评价③。

（二）关于俄罗斯高等教育支出绩效评价包容性的文献综述

1. 俄罗斯高等教育支出绩效评价包容性的原则

单春艳（2008）指出，俄罗斯高等教育支出绩效评价以评价观点多元性、评价方法多类性、评价模式多样性为指导，绩效评价遵循的准则有：面向国家的要求、企业主的需求、家长的需要、学生的需要；对教育工作者的严要求、高标准；实施过程中注重教育活动程序的延续性；管理手段的体系化、系统化；敦促所有教职员不断提升自身工作绩效；尽可能降低高等教育绩效工作的损失。要求绩效评价中实现专业化、客观性、公开性、透明性、公正性、阶段性、持续性、总括性、国际合作和发展的可延续性④。赵喜艳（2011）认为俄罗斯高等教育支出绩效评价原则有专业化、规范化、法制化与国际化⑤。夏人青、吕济峰（2006）认为俄罗斯高等教育支出绩效评价的原则

---

① 朱炎军：《政府管理控制下的巴西高等教育质量建设》，《中国电子教育》2011 年第 3 期，第 19—24 页。

② Julio Bertolin and Denise Leite. Quality Evaluation of the Brazilian Higher Education System: Relevance, Diversity, Equity and Effectiveness. Quality in Higher Education, 2008, 14（2）: 121 – 133.

③ Peter Maassen and Nico Cloete. Global Reform Trends in Higher Education. Higher Education Dynamics, 2006, 10（3）: 7 – 33.

④ 单春艳：《斯高等教育质量评估体系概述》，《外国教育研究》2008 年第 6 期，第 40—43 页。

⑤ 赵喜艳：《中国高等教育与俄罗斯高等教育的差异》，《教书育人·高教论坛》2011 年第 8 期，第 32—33 页。

乃自觉性、民主性、民族化与国际化①。EC（1998）指出绩效评价应遵循的原则为绩效评价主体的自觉性与独立性，内部评价与外部评价相连接，评价客体全面包容，包括教师、行政工作者、受教育者、课程、社会合作方、专业协会和外国专家。

2. 俄罗斯高等教育支出绩效评价包容性的指标

Плакий（2003）认为，俄罗斯高等教育支出绩效评价的指标体系中，分为四类。第一类指标主要为高校教育大纲、高等教育专业和培养方向构造。第二类指标以国家教育标准对受教育者的培养要求为主。第三类指标全面评价高等教育质量的保障体系，涵盖：高校培育的毕业生品质；教师队伍素质；高等教育大纲品质及教学方式的水准；教育手段品质；高校的科学研究实力及科研力量对高等教育质量的扰动；高校的资源保障情况，物质技术基础怎样、财力保障如何；高等教育质量的治理。第四类指标评价高等教育活动的结果，即评判高校毕业生的培养质量，涵盖依据国家对高校的评判数据与国家鉴定委员会的考核结果，学位工作的绩效评价结果，及对毕业生的需求状况及社会对毕业生实际预定境况的评判②。

3. 俄罗斯高等教育支出绩效评价包容性的方法

夏人青、吕济峰（2006）认为，俄罗斯绩效评价的许可、鉴定与国家委托环节均为高校提交书面申请，收到书面申请后国家组织评审专家小组对各项指标进行评价，高等教育支出绩效评价从国家定期定点的由上至下的绩效评价模式转换成由下至上的绩效评价模式③。

4. 俄罗斯高等教育支出绩效评价包容性的结果及应用

Гуров（2004）指出，俄罗斯相当重视高等教育支出绩效评价结果的运用，把绩效评价结果和政府财政拨款相挂钩，高校如果通不过国家的绩效评价，要整顿改革或停止办学，不能享受国家财政拨款和其他法律优待，使得评价客体利益与评价结果直接相关联，提高了评

---

① 夏人青、吕济峰：《俄罗斯高校的综合评价体系述评》，《化工高等教育》2006年第6期，第20—23页。

② С. И. Плакий. Качество высшего образования. Москва，2003，454.

③ 夏人青、吕济峰：《俄罗斯高校的综合评价体系述评》，《化工高等教育》2006年第6期，第20—23页。

价主体和评价客体实施绩效评价的自觉性与能动性。

5. 俄罗斯高等教育支出绩效评价存在的问题

Плакий（2003）认为，俄罗斯高等教育教学大纲不大关注理论知识与实践技能的实际运用。高校仅仅被评为"优秀"才可获得政府优惠政策，高校若只达到合格标准，办学水平仅满足基本要求，则未相应设置针对性的专门政策。由于需要按照 Bologna 进程的要求保障高等教育质量，逐步失去俄罗斯高等教育的本土特色①。

6. 俄罗斯高等教育支出绩效评价包容性问题的成因分析

Попов、Гугелев、Коротков（2006）认为俄罗斯高等教育支出绩效评价问题是由多方面原因引发的，经济领域时局较为严酷，中央政府缺席，地方政府职责不到位，高校过于角逐经济上的利益，欠缺有效的绩效监督和绩效保障体系，国家财政没有合理负担高等教育经费，造成高校在生存压力下，舍本逐末，漠视高等教育质量②。

7. 俄罗斯高等教育支出绩效评价包容性的完善对策

Розина（2007）认为，俄罗斯高等教育支出绩效评价中，充分发挥绩效评价专家的作用，高等教育支出绩效评价依法实施，建立专门绩效评价机构，评价和鉴定活动中的职责细分，严密规范评审程序，确保评价质量和效率③。孙明娟（2010）坚持俄罗斯要经由严格的绩效评价监督机制的实施，确保绩效评价的有效运转④。金胜利、白美玲、邓志伟（2006）主张俄罗斯绩效评价指标要起点高、基础宽泛，坚持原则的同时保持一定的灵活性⑤。单春艳（2011）指出，俄罗斯要修订高等教育国家教育标杆，组织实施高等教育支出绩效评价监

---

① Плакий С. И. Качество высшегообразования. Москва： Национальныйинститут бизнеса，2003，390.

② М. Попов，А. Гугелев，Э. Коротков，Н. Яшин. Повышение качества образования—основа развитияуниверситета. Высшее образование в России，2006，43（8）：98 – 120.

③ Н. Розина. О разработке нового поколениягосударственных образовательных стандартов. Высшееобразование в России，2007，36（3）：36 – 52.

④ 孙明娟：《俄罗斯高等教育质量评估体系透视》，《国家教育行政学院学报》2010年第4期，第92—95页。

⑤ 金胜利、白美玲、邓志伟：《市场经济条件下俄罗斯高等教育的质量保证》，《江苏高教》2006年第3期，第143—145页。

督，推动高校建设内部绩效保障体系①。刘娜、许明（2005）指出，为保障评价活动的顺利进行，要打造实时更新的中央国家鉴定数据库，这个鉴定数据库的内容要涵盖俄罗斯高校活动基本指标的信息资料从而可以利用其中信息资料，对高等教育机构和整个高等教育体系的活动效能进行分析研究②。

（三）关于印度高等教育支出绩效评价包容性的文献综述

李建忠（2008）指出，1994 年印度建立了由大学拨款委员会管理的国家评价与认定协会，司职文科类院校经费开支的绩效评价与认证，并设置了直接由全印技术教育委员会治理的国家认定协会，司职理工科类院校经费开支的绩效评价与认证③。

1. 印度高等教育支出绩效评价包容性的原则

郭斌（2009）指出，NAAC 规范绩效评价包容性的核心原则有：评价活动相互独立，不受政府干扰；评价活动程序、标准预先明确、公开透明；高校自评报告和同行专家组实地探访的外部评价相结合；评价结果公正公开；评价结果特定时间内有效④。许德仰、许明（2005）提出，印度绩效评价坚持高等教育质量评估机构的独立自觉、自主治理，高校自发参与，民主性与科学性相结合，绩效评价结果和政府财政拨款相关联的原则⑤。郭朝红（2009）认为，印度高等教育支出绩效评价的原则为：追求杰出、卓著；全面理解概念；行动指引；以受教育者为本；求新求变；经由培训加强高校能力建设；一年开展一次绩效评价活动的思考惯性⑥。赵慧杰（2008）指出，印度

---

①　单春艳：《俄罗斯高等教育质量保障体系建设的新向度》，《黑龙江高教研究》2011 年第 10 期，第 5—8 页。

②　刘娜、许明：《俄罗斯高等教育质量评估体系概述》，《内蒙古师范大学学报》（教育科学版）2005 年第 9 期，第 77—80 页。

③　李建忠：《印度高等教育的质量、创新和公平增长》，《大学·研究与评价》2008 年第 2 期，第 84—86 页。

④　郭斌：《印度高等教育外部质量保障——15 年发展的经验、问题及启示》，《现代教育科学》2009 年第 6 期，第 55—58 页。

⑤　许德仰、许明：《印度高等教育质量保障体系概述》，《黑龙江教育》（高教研究与评估版）2005 年第 8 期，第 16—18 页。

⑥　郭朝红：《印度高等教育评估的价值体系与质量发展理念探究》，《教育理论与实践》2009 年第 11 期，第 61—64 页。

高等教育支出绩效评价原则，外部绩效评价和内部绩效评价紧密关连行进，高校自主自愿参评，评价活动独立开展，评价方式科学民主，评价结果公信力强，学生广泛参与[1]。Stephen（2005）认为需遵循牢靠性、客观性、信任性、灵活性，要旨性、团队协作原则[2]。

2. 印度高等教育支出绩效评价包容性的指标

Tilak（2006）指出，大学拨款委员会的绩效评价指标分为学术、科学研究与治理管控3类，各类又细分为2级指标。评价指标体系对大学发展非常关键、十分重要，绩效评价指标体系可应用于不同的高等教育目的，但是范畴宽窄适度，指标体系标准有序，绩效评价全过程公平、公正、公开、透明[3]。郭斌（2009）指明，印度的绩效评价指标体系有7个1级指标，36个关键点与194个主要观测点，细化评价指标可降低绩效评价偏差，增加绩效评价的权威性、有效性与可靠性[4]。许德仰、许明（2005）指出印度高等教育支出绩效评价指标包括课程、教学及相应评价研究、科研咨询与校外拓展延伸、基础设备设施与学习资源、支持受教育者、组织与管控等6个方面[5]。赵慧杰（2008）指出，绩效评价指标体系有：课程；教学和评价；科学研究、咨询和校外拓展；基础设备设施和学习资源；扶助学生；组织与治理；创新实践共7个大类[6]。

3. 印度高等教育支出绩效评价包容性的方法

郭斌（2009）指出，NAAC采先后采用星级评级、九点等级评级、新评级的绩效评价方法，绩效评价内外共同推进，高校还建有内

---

[1] 赵慧杰：《印度高等教育质量新评估方案初探》，《高校教育管理》2008年第3期，第26—29页。

[2] Stephen P. Robbins. Organizational Behavior（Eleventh Edition），清华大学出版社2005年版，第273页。

[3] 徐小洲：《全球视野下的大学评价》，《高等工程教育研究》2006年第3期，第20—22页。

[4] 郭斌：《印度高等教育外部质量保障——15年发展的经验、问题及启示》，《现代教育科学》2009年第6期，第55—58页。

[5] 许德仰、许明：《印度高等教育质量保障体系概述》，《黑龙江教育》（高教研究与评估版）2005年第8期，第16—18页。

[6] 赵慧杰：《印度高等教育质量新评估方案初探》，《高校教育管理》2008年第3期，第26—29页。

部绩效保障机制①。郭朝红（2009）说明，印度高等教育支出绩效以"合目的性"为宗旨。在 7 个绩效评价指标中，各个指标都有相应的绩效测度参数，在测量区分为定性参数与定量参数，评价时定性与定量方法同时使用②。赵慧杰（2008）提出印度绩效评价采用累加平均得分的方式对校绩效进行评价③。

4. 印度高等教育支出绩效评价包容性的结果及应用

阿玛蒂亚·森（2006）认为，财政支出的缺乏造成印度高等教育绩效不佳，各邦人均教育支出存在很大差异，亟需财政投入的教育绩效低的邦正是财政资源匮乏的邦，同时初级教育相对于高等教育占教育支出的份额过低④。而 Flyigun 和 Owen（2001）的实证研究表明，财政教育投入对低收入与高收入国家的效应不同，发展中国家的教育经费投入与人力资本的被迫性迁移历程，证明了较高的教育投入比重在中短期内会降低人力资本累积水准⑤。Barro（2001）对证实印度等 100 个国家或地区教育支出对经济增长的贡献巨大⑥。刘珅、彭淑媛（2010）认为，印度存在高等教育发展与初等教育发展间的失衡，高等教育内部普通教育与专业教育间的失衡，高等教育投入偏向学术与人文、社科专业，与社会对人才的需求不相对称，干扰了大批高级专业人才的就业，出现了大量的人才跨国流失。恰如其分地部署配置生源及恰当建立高校地域布局结构，经由实施走读制，降低高校办学成本，分离学位与职位，减少社会成员盲从地追逐高学历，从而减轻高

---

① 郭斌：《印度高等教育外部质量保障——15 年发展的经验、问题及启示》，《现代教育科学》2009 年第 6 期，第 55—58 页。

② 郭朝红：《印度高等教育评估的价值体系与质量发展理念探究》，《教育理论与实践》2009 年第 11 期，第 61—64 页。

③ 赵慧杰：《印度高等教育质量新评估方案初探》，《高校教育管理》2008 年第 3 期，第 26—29 页。

④ ［印度］阿玛蒂亚·森、让·德雷兹：《印度：经济发展与社会机会》，社会科学出版社 2006 年版，第 143 页。

⑤ Murat Flyigun and Ann L. Owen. Entrepreneurs, Professionals, and Growth. Journal of Economic Growth, 2001, 4（2）: 213–232.

⑥ Robert J. Barro. Human Captial and Growth. American Economic Review, 2001, 91（2）: 12–17.

校的学生招录压力，减缓了高校毕业生人才供应远远大于需求的冲突①。杜连雄（2010）对印度高等教育支出进行绩效分析发现，高等教育经费在教育总经费中占比下降；受教育者的人均经费滑落；高等教育的发展性支出降低，缺少诸如教学楼、教学仪器、办公设施设备、实验室等方面的物质资本投入②。翁泰吉（2010）指出，印度一直将高等理工教育作为教育发展的重中之重，为了创建全球知名的高等理工学院，印度政府给予高等理工教育全面充分的资金支持，培育了世界级的科学技术人才，为印度经济社会发展孕育了大规模的人才储备③。杨思帆、梅仪新（2009）认为，印度高等教育支出绩效不断提高，高等教育规模进一步扩充，各类高校不断新建与升级；印度借助各种外力如跨国公司、国际组织、国外知名高校来发展高等教育；关爱弱势群体，帮助贫困学生，奉行全纳理念，施行"保留配额"政策为弱势群体保留有一定高校的招生指标，推行高校低收费政策，寻求高等教育公平④。

肖莲英（2008）分析指出，为打消高等教育内外对教学科研水平的质疑，提高绩效，印度成立质量鉴定委员会，大力繁荣自治学院，推动函授教育高效发展⑤。Tilak（2006）认为，印度大学绩效评价把高校绩效与高校拨款密切相连，比对国内、国外高等教育实现大学国际化，大学拨款委员会依照评价指标评判高校绩效，并按照评价结果拨款⑥。冈纳·缪尔达尔（1994）认为印度要平衡高等教育与基础教

---

① 刘珅、彭淑媛：《印度高等教育的现状、问题及启示》，《淮阴师范学院学报》（教育科学）2010 年第 1 期，第 71—74 页。
② 杜连雄：《印度高等教育经费筹措现状及其模式研究》，《现代经济信息》2010 年第 2 期，第 204—205 页。
③ 翁泰吉：《印度：一心发展教育竞争力》，《上海教育》2010 年第 2 期，第 38—41 页。
④ 杨思帆、梅仪新：《印度辛格政府的高等教育改革动向》，《教育评论》2009 年第 6 期，第 38—41 页。
⑤ 肖莲英：《高等教育质量问题及其发展对策》，《比较教育研究》2008 年第 2 期，第 123—124 页。
⑥ 徐小洲：《全球视野下的大学评价》，《高等工程教育研究》2006 年第 3 期，第 20—22 页。

育、中等教育间的资源配置，以实现社会公平，从根本上治理贫困问题①。Miller 和 Russek（1997）的研究表明，发展中国家如印度在教育上的投入会推动经济发展②。Baffes 和 Shah（1998）的研究表明，在基础设施资本、人力资本、私人资本和军事资本中，产出弹性由大至小依次为人力资本、私人资本、基础设施资本、军事资本，且军事资本在印度等发展中国家产出弹性小于 0，在发达国家大于 0，印度等欠发达国家驱动经济发展的最优抉择是加快教育发展、增加培训的投入，确保私人资本的发展，束缚军事资本③。阿莎·古达（2007）指出大学已由分配社会财富的手段演变成社会财富生产与财政增长的直接源头。在经济和政治的共同压力约束下，推动高校与外界社会密切连接，使高校发展为功效性的、结果引领的、实践性的学府。创业型大学倡导在目标指引下实施战略规划管理，偏重于相机抉择的手段来提升高等教育支出绩效④。在高等教育支出绩效提升方面，印度 Planning Commission（2008）提出：要改造现有大学，特别是重构本科附属学院。新建本科学院将有显著鲜明的社区学院属性，并进一步放开社区学院的办学自主性。要采取对应举措尽力缩减各院校间的绩效差距，提升高等教育整体水平⑤。

5. 印度高等教育支出绩效评价包容性存在的问题

许德仰、许明（2005）认为印度高等教育支出绩效评价存在的问题有，高校缺乏系统的内部绩效保障工作，需改进原有的绩效评价方法与评价标准，申请绩效评定的高校数量巨大，难以迅速完成高校评价工作，需开展跨国高等教育绩效保障以推动高等教育国际化发展，

---

① ［瑞典］冈纳·缪尔达尔：《世界贫困的挑战——世界反贫困大纲》，经济科学出版社 1994 年版，第 145—183 页。

② Stephen M. Miller and Frank S. Russek. Fiscal Structures and Economic Growth at the State and Local Level Public Finance Review，1997，25（2）：213 – 237.

③ John Baffes and Anwar Shah. Productivity of Public Spending，Sectoral Allocation Choices，and Economic Growth，Economic Development and Culture Change，1998，46（2）：291 – 303.

④ ［印度］阿莎·古达：《建立创业型大学：印度的回应》，《教育发展研究》2007 年第 11 期，第 46—50 页。

⑤ Planning Commission. Government of India. Twelfth Five Year Plan.（2012 – 2017）Social Sectors. SAGE Publications India Pvt Ltd，2013，102.

国家评估与鉴定委员会与相关方的关系不够融洽和谐①。

6. 印度高等教育支出绩效评价包容性问题的成因分析

Pillai 和 Srinivas（2006）认为有政治因素的干扰，政府对高等教育支出绩效评价控制的强度过于大，中央和各邦政府严肃管理控制绩效评价，干预高校绩效评价，各政党也经常干涉高等教育支出绩效评价，造成高校无所适从；附属制度，大学严格管理控制附属学院，各附属学院难以特色化发展，绩效评价不易凸显被评对象的真实绩效；内部因素，大学多层次的机构设置，人事关系错综复杂，人事中有很多政府官员、政党人员，受到政党的扰动，高校缺乏管理自主权，使绩效评价很难取得客观真实的结果；高等教育体系的规模庞大，绩效评价工作繁杂，难免会出现差池②。

7. 印度高等教育支出绩效评价包容性的完善对策

许德仰、许明（2005）指出印度要搭建完善的高校内部绩效评价保障制度，对绩效评价有效期过了的高校施行再评价，调解有关各方的关系，改善绩效评价的运作机制，推动高等教育支出绩效评价的国际化③。郭朝红（2009）提出，要优化绩效评价方法，重视学生参与绩效评价，营造良好的绩效评价氛围，且尽全力打造高等院校绩效评价共同体④。

（四）关于中国高等教育支出绩效评价包容性的文献综述

1. 中国高等教育支出绩效评价包容性的原则

许盛（2006）认为高等教育支出绩效评价需遵循经济性、效率性和有效性原则⑤。马国贤（2005）提出"1 观 3 论"的根本准则，即

---

① 许德仰、许明：《印度高等教育质量保障体系面临的问题与对策》，《高教发展与评估》2005 年第 6 期，第 50—53 页。

② K. N. M. Pillai and G. Srinivas. A Study of the Post-Accreditation Scenario in the North Eastern Region of India: A Meta-Evaluation of the National Assessment and Accreditation Council Processes and Procedures, Quality inHigher Education, 2006, 12 (1): 95 – 106.

③ 许德仰、许明：《印度高等教育质量保障体系面临的问题与对策》，《高教发展与评估》2005 年第 6 期，第 50—53 页。

④ 郭朝红：《印度高等教育评估的价值体系与质量发展理念探究》，《教育理论与实践》2009 年第 11 期，第 61—64 页。

⑤ 许盛：《高等教育财政支出绩效评价问题初探》，《教育财会研究》2006 年第 2 期，第 21—23 页。

"经费开支要效果的预算观"、"公共受托责任理论"、"目标后果指引理论"与"服务于客户之理论"①。刘国永（2007）认为应遵循真实性原则、同一性原则、间接性原则②。刘荣（2009）主张"3E"原则、准确性、科学性与可应用性相融合的原则、定量分析与定性分析相联结的原则③。丛树海、周炜（2007）提出应遵循重要性原则、非反复性原则、数据可得性原则、可比性原则和目的性原则④。

2. 中国高等教育支出绩效评价包容性的指标体系

北京市财政局高等教育支出绩效评价课题组（2005）选择了五项高等教育支出绩效评价指标：公用支出与人员支出比例；师生比；专职教师占全体教职工人数的比例；图书馆利用效率；毕业生就业率⑤。吕炜（2006）在所构建高等教育支出绩效评价指标体系中选取了本科院校在普通高校中的比例，高等教育毕业生数，10万元以上仪器设备数量，高校新增教学科研仪器设备资产数量，新增一般图书册数，高校专任教师高级职称比例，高校专任教师中具有博士学位和硕士学位的比例，高校专任老师占总教职工人数的比例，高等教育教职工与学生的比例，财政性教育经费占GDP比例，财政性教育经费占财政支出比重，文盲比率，每10万人口中接受高等教育的人数比例，经济增长弹性，专利成果弹性等指标⑥。彭春华（2008）认为评价指标体系包含定量指标与定性指标，定量指标含有基本指标与绩效指标。基本指标是评判价各类财政支出效益共性方面的指标，涵盖资金到位率、资金使用率与支出效果率。绩效指标是评价高等教育支出效益的核心专门指标，有投入资金分析、资金产出效益、资金利用效率

---

①　马国贤：《政府绩效管理》，复旦大学出版社2005年版，第356—357页。

②　刘国永：《高等教育财政支出绩效评价指标设计原理、方法及运用》，《教育与经济》2007年第3期，第30—35页。

③　刘荣：《高等教育经费投入绩效评价体系研究》，《财会通讯》2009年第2期，第57—58页。

④　丛树海、周炜：《中国公共教育支出绩效评价研究》，《财贸经济》2007年第3期，第37—43页。

⑤　北京市财政局高等教育支出绩效评价课题组：《北京市高等教育支出绩效评价研究》，《财政研究》2005年第12期，第42—46页。

⑥　吕炜：《公共教育支出绩效考评指标体系的实证研究》，《经济研究参考》2006年第92期，第48—52页。

和发展潜质。定性指标有：支出项目预定目标与执行情况；教职工素养；基本管控水准；高等教育发展创新能力与发展战略规划；服务硬件氛围；社会的综合贡献力度①。姚荣（2009）将指标体系分为投入、过程、产出与发展指标②。罗明华（2009）用两个指标来测度高等教育支出绩效：一是高等教育支出的综合效益，即将高等教育财政经费支出作为投入，将 GDP 增长额度作为高等教育的经济产出展开比对的效益指标；二是高等教育支出的人才效益，是将高等教育经费支出作为投入，将高校毕业生人数作为产出进行比对的效益指标③。胡敏、卢振家（2010）选择了高等教育的毛入学率及高等教育生均预算内教育事业费支出作为绩效评价指标④。

3. 中国高等教育支出绩效评价包容性的方法

孟令君、曾繁荣（2006）利用功效系数法对评价指标进行评价⑤。刘国永（2007）对定量指标的评价采用加权平均法，计算综合绩效评价数值；定性指标的评价采用专家评议计分法⑥。吕炜（2006）运用主成分分析法来对高等教育支出绩效进行评价⑦。廖燕、张炜、伍泳梅（2008）根据高等教育支出的特性，运用数据包络分析方法对高等教育支出展开绩效评价⑧。张厚超、曹欣杰（2008）在评价中引入未确知测度模型，并通过信息熵确定指标的分类权重。贾

① 彭春华：《高校教育支出绩效评价探讨》，《财会通讯·理财》2008 年第 5 期，第 68—69 页。

② 姚荣：《广东省高等教育财政支出预算管理制度改革的探讨》，《会计之友》2009 年第 5 期下，第 45—46 页。

③ 罗明华：《贵州高等教育经费支出低效益的成因及对策》，《青年科学》2009 年第 10 期，第 156—157 页。

④ 胡敏、卢振家：《基于 DEA 模型的教育财政支出效率研究——以广东省为例》，《肇庆学院学报》2010 年第 1 期，第 9—13 页。

⑤ 孟令君、曾繁荣：《财政高等教育支出绩效评价指标体系应用》，《中国管理信息化》2009 年第 4 期，第 66—69 页。

⑥ 刘国永：《高等教育财政支出绩效评价指标设计原理、方法及运用》，《教育与经济》2007 年第 3 期，第 30—35 页。

⑦ 吕炜：《公共教育支出绩效考评指标体系的实证研究》，《经济研究参考》2006 年第 92 期，第 48—52 页。

⑧ 廖燕、张炜、伍泳梅：《公共教育支出绩效评价研究——基于 DEA 方法的应用》，《中国西部科技》，2008 年 8 月（上旬），第 82—84 页。

康、孙洁（2010）将平衡计分卡方式应用于高等教育支出绩效评价①。胡敏、卢振家（2010）运用 DEA 效率系数展开测算②。陈雪辉（2009）采用综合指数法进行评价③。

4. 中国高等教育支出绩效评价包容性的结果及应用

胡敏、卢振家（2010）的测算结果表明，广东省高等教育支出效率比较高。高等教育生均预算内教育事业费支出尽管有效，但增加的幅度不大，以至有所回落，对提升高等教育毛入学率的功效不是很显著。广东高等教育支出效率先下降后上升，呈现逐渐改进态势④。张丰河（2009）的分析表明，河南省高等教育支出经济绩效为正，因此，河南省在推动高等教育与区域经济社会建设的和谐进步，践行科学发展观，全面推动小康社会构建进程中，应将高等教育的全面发展置于社会发展的中心位置，作为河南经济进步、社会发展的重要领域⑤。李祥云（2009）对高等教育支出绩效从区域差距的视域展开分析，发现与高校扩招前相比较时，扩招后地方普通高校生均投入省际分布差距逐年扩大。此态势是由扩招后生均预算内投入省际分配差异的扩大造成的。此外，分区域分解结果表明，东部地区内部差距对全国地方普通高校生均投入总体差距影响最强烈⑥。王莹、周梅（2008）分析发现高等教育支出绩效不佳，产出存在地区间的不平衡，校际间的不平衡⑦。赵海利（2005）从效率和公平角度研究高等

---

① 贾康、孙洁：《平衡计分卡（表）方法在财政支出绩效评价中的应用设计初探》，《山东经济》2010 年第 1 期，第 5—10 页。

② 胡敏、卢振家：《基于 DEA 模型的教育财政支出效率研究——以广东省为例》，《肇庆学院学报》2010 年第 1 期，第 9—13 页。

③ 陈雪辉：《山东省高等教育财政支出绩效评价的实证分析》，《山东工商学院学报》2009 年第 4 期，第 42—45 页。

④ 胡敏、卢振家：《基于 DEA 模型的教育财政支出效率研究——以广东省为例》，《肇庆学院学报》2010 年第 1 期，第 9—13 页。

⑤ 张丰河：《河南省高等教育与经济发展的相关性分析》，《文教资料》，2009 年 9 月中旬刊，第 169—170 页。

⑥ 李祥云：《我国地方普通高校教育投入地区差异的实证分析》，《中国高教研究》2009 年第 8 期，第 17—21 页。

⑦ 王莹、周梅：《我国高等教育财政投入现状及效益提升》，《宏观经济管理》2008 年第 3 期，第 39—40 页。

教育支出绩效，得出，地区间受益失衡，社会阶层间受益不均[①]。孙德梅（2008）分析得到我国高等教育支出绩效不高，高等教育财政资源配置不合理，表现为高校的毛入学率低，而高等教育支出相对毛入学率而言中等偏上，高等教育的生均费用与初等教育和中等教育差距过大，较大的开支投入于高等教育，而培育的人才比例却不高[②]。许真臻（2005）从公共支出受益的角度看高等教育支出绩效，发现我国高等教育支出的受益归宿集中于中高收入阶层，即东中部地区、收入较高人口及城市人口，存在地区分布失衡，收入分布不均衡，城乡分布不平衡[③]。杨东平（2006）指出，高等教育支出中存在地区差别、城乡差距、阶层差异、性别差别、民族偏差等[④]。韩东林（2009）指出，由于权力监督管理的失效，我国财政在高等教育等民生上的支出严重匮乏，在再分配领域，存在权力逆向调控、权力部门追求自身利益最大化，侵占压缩民生开支[⑤]。

陈静静（2009）提出，要建立健全高等教育支出绩效评价机制与评价指标体系，绩效评价结果与财政拨款直接挂钩，运用绩效评价对高等学校经费的使用效益、运作效率与产出质量进行测度，以决定后续财政拨款的规模、方向、形式与方法等[⑥]。罗明华（2009）提出，继续扩大高等教育招生数量，提升高考录取率与高校毛入学率，实现单位高教经费成本产出最优配置；适当控制高等学校教职工规模数量，减少高等教育经费中人员经费比重，提升高教经费使用效益；优化省内高校布局结构，实现教学设施设备、师资资源共

---

① 赵海利：《我国高等教育公共支出的直接受益者的实证研究》，《广东商学院学报》2005 年第 1 期，第 43—47 页。

② 孙德梅：《我国教育发展水平与政府各级教育投入关系研究》，《教育科学》2006 年第 4 期，第 1—3 页。

③ 许真臻：《转型时期我国政府公共支出受益归宿——以高等教育公共支出为例的实证分析》，《石油教育》2008 年第 6 期，第 44—47 页。

④ 杨东平：《中国教育公平的理性与现实》，北京大学出版社 2006 年版，第 54 页。

⑤ 韩东林：《基于公平分配目标的政府理性财政政策选择》，《财政研究》2009 年第 10 期，第 31—34 页。

⑥ 陈静静：《浅谈政府高等教育投入的问题与对策》，《青年科学》2009 年第 3 期，第 68 页。

享，提升高校经费使用效率①。王莹、周梅（2008）指出要据活动结果与活动业绩来配置高等教育资源，达成目的—投入—产出—效果—新目标的良性循环，从而提升高校教育服务能力。可依据理性人假设确立绩效预算编制的准则与方法，据财政投入确定分级式的绩效评价标准，订立详细明确的绩效预算日程，对照不同阶段目标达成与否进行判断②。王莉华（2008）主张按照高等教育支出绩效拨付专项资金，但需改进高校资金运用中的执行效率，增强资金运作的公开性，提升高校资金运营中的成本收益意识③。赵海利（2005）指出，要确实帮助低收入家庭的学生从高等教育中受益，应施行专门面向贫困生提供资金援助的支持政策，并取缔高等教育中的各种不合理制度④。孙德梅（2008）指出在我国目前高等教育经费不足的情形下，要提高资金配置效率，需经由资源再配置的优化及高校内部管理体制与运行机制的革新，以提升高等学校的运营效益⑤。樊继轩、窦继来、汤保梅（2008）提出，建立一个由政府部门宏观管理的高等教育基金协会，此协会仅司职管理基金，负责向所有考生核发教育券，协会依照各高校上缴的教育券向各高校划拨相应高等教育资金。同时增加设置社会独立绩效评价机构，此机构不受控于政府，独立于高校，只司职对高校资质、办学绩效、教学水准、学生品质、科学研究水准的认定与评价，并将评估认定结果反馈给高校、社会、学生及家长、高等教育基金协会。公办高校、民办高校享受相同的政府财政经费资助。学生及家长可按照个人学

　　① 罗明华：《提高贵州高等教育经费支出效益的对策分析》，《中国经贸导刊》2009年第 21 期，第 96 页。

　　② 王莹、周梅：《我国高等教育财政投入现状及效益提升》，《宏观经济管理》2008年第 3 期，第 39—40 页。

　　③ 王莉华：《我国高等教育的绩效专项经费改革及完善思路——以"211 工程"和"985 工程"为例》，《中国高教研究》2008 年第 9 期，第 35—38 页。

　　④ 赵海利：《我国高等教育公共支出的直接受益者的实证研究》，《广东商学院学报》2005 年第 1 期，第 43—47 页。

　　⑤ 孙德梅：《我国教育发展水平与政府各级教育投入关系研究》，《教育科学》2006年第 4 期，第 1—3 页。

高等教育支出绩效评价包容性的比较研究

习成绩与独立评价机构公布的高校绩效评价信息来挑选就读高校①。伏润民、常斌、缪小林（2008）认为，对高等教育转移支付绩效评价可验证该项制度是否达到最初设定的政策目标，为中央和省、市财政教育支出绩效评价和完善教育转移支付制度提供决策咨询；由于高等教育转移支付绩效评价涉及高等教育服务资金配置和提升状况的综合评价，地方政府可借此展开横向比较，找寻自身缺憾，为提升本地区高等教育服务水准制定相应的对策措施；上级财政需依据教育转移支付的绩效评价结果制定实施对应的刺激手段，促使地方政府将高等教育转移支付资金投向高等教育服务效益高的领域，从而有效提升高等教育服务水准②。丛树海、周炜（2007）指出，加大高等教育支出，改进高等教育支出制度，优化高等教育支出构成；改进高等教育经费负担格局，加大中央政府对高等教育转移支付的规模，减少地区间的投入差距；建立高等教育支出绩效评价制度，下期预算编制以高等教育支出绩效评价结果为依据，并设立对应的信息数据统计汇报制度、高等教育效果检验制度等③。钟云华、胡惠伟（2009）提出，在处置政府与高校的关系上，要从过去只是采取行政指示手段治理高等教育改为主动使用绩效拨款方式来治理高等教育，绩效拨款方式更为顺应市场经济的要求。经由设立专业的、公信度高的评估组织，经由公开角逐与绩效评价来指引高校的发展④。范先佐（2000）指出社会多样性的发展要求，需要以高等教育的多元化作保证，而要达成高等教育多元化的良性发展，政府的教育投入资助不可或缺⑤。

---

① 樊继轩、窦继来、汤保梅：《以绩效为特征的教育凭证拨款模式的探讨》，《黄河科技大学学报》2008 年第 9 期，第 21—24 页。

② 伏润民、常斌、缪小林：《我国省对县（市）一般性转移支付的绩效评价——基于 DEA 二次相对效益模型的研究》，《经济研究》2008 年第 11 期，第 62—73 页。

③ 丛树海、周炜：《中国公共教育支出绩效评价研究》，《财贸经济》2007 年第 3 期，第 37—43 页。

④ 钟云华、胡惠伟：《我国高等教育财政拨款模式演变及展望》，《黑龙江高教研究》2009 年第 1 期，第 68—70 页。

⑤ 范先佐：《关于政府教育投资的行为分析》，《河北师范大学学报》（教育科学版）2000 年第 2 期，第 1—9 页。

5. 中国高等教育支出绩效评价包容性存在的问题

姚荣（2009）认为存在的问题有，尚未建立专门的高等教育支出绩效评价体系；未建立相应的高等教育支出绩效评价与追踪问效制度；未形成规范有效的高等教育支出绩效评价监控机制①。许盛（2006）认为绩效评价缺少相应的法律规范与制度保障，欠缺必要的监督机制，绩效评价未纳入高校预算执行与管理的全过程，未建立科学、规范、合理的高等教育支出绩效评价体系②。金慧芳（2009）指出高等教育支出绩效评价话语缺失表现在：政治话语、文件话语、权力话语成为高等教育支出绩效评价话语的主体；评价话语存在预先设定性、管控性、体系性③。杨彦彩、左兵（2009）指出我国高等教育支出绩效评价体系还不够健全，尤其是还未施行分类绩效评价和专业绩效评价。用同样的评价指标体系与划一的评价标准评判各类高校，不利于引导高校合理定位，难以办出特色④。王凤英（2007）指出高等教育支出绩效评价缺乏相应的法律规范与制度保障，高等教育支出监督机制式微，科学、规范、合理的高等教育财政支出绩效评价体系尚未建立⑤。詹儒章（2008）认为当前高校财务评价指标体系无法如实反映高校的真实绩效，难以比较各高校的本质绩效。⑥

6. 中国高等教育支出绩效评价包容性问题的成因分析

唐万宏（2007）认为高等教育支出绩效评价包容性存在问题的缘由乃高等教育财政拨款制度缺陷，高校不重视财政投入责任，漠视财

---

①　姚荣：《广东省高等教育财政支出预算管理制度改革的探讨》，《会计之友》2009年第5期下，第45—46页。

②　许盛：《高等教育财政支出绩效评价问题初探》，《教育财会研究》2006年第2期，第21—23页。

③　金慧芳：《高等教育评估"话语"缺失及对策分析》，《教育学术月刊》2009年第9期，第60—62页。

④　杨彦彩、左兵：《基于教育政策代价视角下的高校扩招政策研究》，《中国高等教育评估》2009年第3期，第43—46、51页。

⑤　王凤英：《浅谈高等教育财政支出绩效评价》，《会计之友》2007年第9期，第47页。

⑥　詹儒章：《论高等学校教育经费的绩效评价》，《教育财会研究》2008年第2期，第16—17、25页。

政支出绩效，高等教育投入缺乏讲绩效的制度氛围和监督环境①。孙志军、金平（2003）认为问题的原因有，考虑因素单一，未能考量各专业、各层次学生培养成本的不同，因而不能合理反映高校真实成本境况，高校扩张更多地受高等教育资源束缚，也就造成高校规模上肆无忌惮地扩张，层次结构上的盲目升级，无法激发高等学校讲求高等教育支出效率，责任观念欠缺②。詹儒章（2008）认为高等教育经费投入模式在一定程度造成社会教育资源的浪费，人才资源的荒废，双重靡费皆表明投入模式的缺陷③。

7. 中国高等教育支出绩效评价包容性的完善对策

杨彦彩、左兵（2009）认为，长期看需减少官方评价，要施行多元化评判、中介化评断、社会化评价。从覆盖范围上，要有全国性绩效评价机构与地区性绩效评价机构；从评价范畴上，要有专业绩效评价机构与院校绩效评价机构；从层次上，还应有元评价机构，即对评估机构进行评价的机构④。姚荣（2009）指出，需要以目的为指引，结果为取向，关注高等教育支出的有效性与效率性。革新高等教育财政拨款机制，恰如其分地考量绩效因素。建立系统、科学与规范的高等教育支出绩效评价指标体系，关注绩效指标的系统性、适当性和持续性。预算管理模式的革新需渐进推动，健全当前的生均定额拨款公式，公式中要考量实际生均培养成本、物价指数、成本变动等合理要素；委托中介机构对高等教育支出绩效展开评价，设立完善的绩效评价指标体系；结合绩效评价结果，将绩效因子纳入高等教育财政拨款公式，可逐步增加依照高等教育支出绩效分配的资源占比⑤。湖北省

① 唐万宏：《绩效评价：高等教育投入机制改革的政策导向》，《中国高教研究》2007年第6期，第46—48页。

② 孙志军、金平：《国际比较及启示：绩效拨款在高等教育中的实践》，《高等教育研究》2003年第6期，第88—92页。

③ 詹儒章：《论高等学校教育经费的绩效评价》，《教育财会研究》2008年第2期，第16—17、25页。

④ 杨彦彩、左兵：《基于教育政策代价视角下的高校扩招政策研究》，《中国高等教育评估》2009年第3期，第43—46、51页。

⑤ 姚荣：《广东省高等教育财政支出预算管理制度改革的探讨》，《会计之友》2009年第5期下，第45—46页。

恩施土家族苗族自治州财政局课题组（2010）提出，要推动高等教育支出绩效治理的法制化建设；各级人大审查高等教育支出预决算要由符合规范、正当合理、契合法律与否的审查转向绩效结果的审查；要制定《高等教育支出绩效评价准则》《高等教育支出绩效评价实施办法》《高等教育支出绩效评价指标设置及标准》《高等教育支出绩效评价结果应用》等制度措施；建立财政部门、使用财政资金的部门、审计部门、监督机构、社会中介机构在绩效评价管理中的活动规章与制度，合理界定各部门的职责与分工；革新政府预算会计制度，施行权责发生制的预算管理会计制度，如实、全方位地反映高等教育支出绩效，为实施高等教育支出绩效评价工作提供科学依据[①]。周炜（2005）指出，中国打造高等教育支出绩效与责任体系应由"绩效基金+绩效报告体系"过渡到"绩效基金+绩效预算+绩效报告体系"[②]。詹儒章（2008）认为，高等教育经费绩效评价体系的建立，需要建设相应的环境、制度，推动建立绩效评价制度，建立合理的绩效评价激励机制与束缚机制，设定科学的绩效评价标准；打造信息数据的公布平台；渐次推进绩效评价进程[③]。罗兵（2009）指出要贯彻落实经济责任制，经由财务网络系统平台，实施高标准、精细化管理，施行分块核算，增强各块高等教育支出的绩效评价力度，财务报表分析指标与绩效评价相互增补，提升高等教育支出绩效水平[④]。薄云（2008）认为，应坚持以国家财政作为支出主体，增加高等教育支出规模，制定以效益为核心的公平、公开、公正、科学的绩效评价机制，根据绩效评价结果的好坏给予相应的奖惩；鼓励市场力量介入

[①]　湖北省恩施土家族苗族自治州财政局课题组：《建立公共财政支出绩效评价体系的基本思路》《经济研究参考》2010 年第 4 期，第 33—42 页。

[②]　周炜：《建立中国的公共高等教育支出绩效与责任体系》，《中央财经大学学报》2005 年第 8 期，第 12—16 页。

[③]　詹儒章：《论高等学校教育经费的绩效评价》，《教育财会研究》2008 年第 2 期，第 16—17、25 页。

[④]　罗兵：《贵州高等教育经费支出分析与思考》，《会计之友》2009 年第 5 期下，第 49—51 页。

绩效评价，用激励与束缚机制合理扰动高校的非理性活动①。陈雪辉（2009）提出，必须制定高等教育支出绩效治理的法律制度规章；要导入绩效预算治理理念，建立以绩效评价为取向的高等教育预算治理体系；要尽快实施高等教育支出绩效评价工作的配套革新②。李有智（2005）提出，要明确绩效评价活动的职责，规范绩效评价活动步骤，建立绩效评价活动的信息资料数据库，健全绩效评价的法律法规，合理运用绩效评价结果③。钟云华、胡惠伟（2009）提出，要完善高等教育支出绩效评价制度，打造政府宏观调控、高校自我束缚、社会参与评价的三位一体的有效机制，使高校真真正正成为面向社会需要、依照法律独立自主办学的法人单位④。

从上述文献来看，国内外学者针对巴西、俄罗斯、印度和中国高等教育支出绩效评价从原则、指标体系、方法、结果及应用、问题、原因和对策方面进行广泛的研究，但针对其组织机制、运行机制及管理机制的具体分析较少，尤其专门针对四国高等教育支出绩效评价更是不多，本项目意在对巴西、俄罗斯、印度和中国的高等教育支出绩效评价从包容性的角度进行详尽的探讨，为彼此相互借鉴学习提供启示。

四 研究方法与理论基础

(一) 研究方法

文献法。本研究以"高等教育支出绩效评价包容性"为主题，在展开相应的研究设计后，文献的搜集主要以"高等教育支出绩效评价包容性发展""高等教育支出绩效评价包容性发展的因应策略""高等教育支出绩效评价包容性发展的启示"为篇名、主题、关键词等，

① 薄云：《建设高等教育强国的现实抉择——构建大学、政府与市场之间生态关系的视角》，《复旦教育论坛》2008 年第 6 期，第 18—22 页。

② 陈雪辉：《山东省高等教育财政支出绩效评价的实证分析》，《山东工商学院学报》2009 年第 4 期，第 42—45 页。

③ 李有智：《中外公共支出绩效评价之比较》，《财贸研究》2005 年第 5 期，第 60—63 页。

④ 钟云华、胡惠伟：《我国高等教育财政拨款模式演变及展望》，《黑龙江高教研究》2009 年第 1 期，第 68—70 页。

经由图书馆有关著作、统计年鉴、教育及社会科学类期刊、Proquest
等外文数据库等获取相应的理论文献，整理、分类、分析所搜集的文
献，展开文献回顾及论文写作。

文本分析法。经由对文本的系统查阅、整理、分析，了解国内外
关于巴西、俄罗斯、印度和中国高等教育支出绩效评价方面的具体制
度、法律与文件等，以及有关制度的历史演变及其实施效果评价等文
献，寻找选题中的本质性问题并确立选题的意义，且以此为基础明确
研究的方向与逻辑。

调查实证法。本研究需要对巴西、俄罗斯、印度和中国高等教育
支出绩效评价的某些指标性数据进行分析处理，借助 SPSS 等统计软
件进行定量的因子分析、面板分析、相关分析等，测度巴西、俄罗
斯、印度和中国高等教育支出绩效评价发展的具体成绩及相应表现。

比较推理法。研究还将比较巴西、俄罗斯、印度和中国高等教育
支出绩效评价发展水平的差异，尤其是比较各国在致力于提升高等教
育支出绩效的评价体系，以及各国促进高等教育支出绩效评价水平提
高方面的制度及其实施效果评价的比较，找出各国的成功实践给彼此
带来的重要经验与启示意义。

（二）研究的理论基础

高等教育支出绩效评价在教育财政理论、公共管理理论及制度经
济学理论基础上，扩展高等教育支出监管并具体化，为政策的制定提
供理论支撑。

1. 教育财政理论

高等教育服务，从长远来看会产生相当高的边际收益。高等教育
能够以相对低的成本达成大范围的排他，高等教育的需求快速上升，
需求弹性下降，使高等教育收费的治理成本下滑，所以高等教育排他
的成本不高。此外，高等教育作为高层次的教育，强调专业领域人力
资源的培育，其供应方面有其特别性，供给弹性不低。同时，高等教
育存在一定的角逐性。由于高等教育教学设施设备与教师资源有特别
的要求，较易发生拥挤成本，当受教育者数量超过一定限额时，增加
一名受教育者，会影响已有受教育者的听课质量、教学设施设备的享
用等，此时高等教育显现出角逐性。

高等教育支出绩效评价是以教育产品的供求平衡理论为基石的。教育经济学中关于教育产品供应与需求理论乃以教育产品稀缺性为基石，所以高等教育支出经济原则发端于稀缺的高等教育资源。稀缺性要求用均衡的方式解决，高等教育产品的供应需求在总量上均衡，结构上平衡及区域间的均等。要实现总量均衡、结构平衡和区域间的均等，无法单纯依靠市场的资源配置力量，因为市场在高等教育产品供应上，存在市场失效。所以，要有效供应高等教育服务，政府需运用教育财政手段。中国需设立公信度高的高等教育支出绩效评价综合治理机构，绩效评价活动需要由财政部牵头组织，教育部门负责管理实施，并由专家协会对评价过程和评价结果进行分析判断。高等教育资金的筹集与发放制度乃与财政制度相对应的。各级政府在财政制度的指引下，配置与筹集高等教育资金。高等教育支出绩效评价就是政府立足于高等教育产品供应的视域，不仅要尽全力保证合理规范的高等教育运行主体，尽可能少扰动高等教育活动；还要尽量取缔市场失败所引发的高等教育服务乏人供应、搭便车行为屡禁不止等给受教育者带来的负面干扰，还要保证运作的效力，规避在供应高等教育服务之时，源于监督管理乏力而引发的资金执行人员的设租、寻租等经济人行为，造成高等教育资金使用效率低下。

2. 公共选择理论

公共选择即政治性集体行动的组织将组织内所有成员的个人选择有效率地转化成组织的集体选择，也就是，对公共物品的抉择。公共选择理论发展于 20 世纪 30 年代，使用经济分析手段探究政府决策的方式与过程的理论，公共选择的中心内容乃用经济学的方式阐释在市场经济境况下，政府干扰市场经济活动的限制性及政府失灵议题。公共选择理论认为政府决策有别于市场决策。在政府决策中，尽管单个抉择者是进行决策的单位个体，但最终作出抉择的是集体，抉择客体是公共物品，并经由一定的抉择程序来达成。所以，政治决策是一个相当繁杂的过程，存在不确定性与很多束缚因素，造成公共抉择会有一定的偏差。公共部门在提供公共物品时有滥用公共资源的可能，导致公共支出规模过高或效率下降，预算上发生偏差，政府的活动并不总如同理论所讲的那么高效。政府作为公共利益的代理人，其功用是补足市场经济的缺憾，并使各经济主体在政府扰动后所做抉择的社会效应提高，不然，就无须政府的存在。但政府决策常常难以达成社会福利改善的目标，有时政府抉择可能还会降低社会福利，从而引发政府失灵。正由于政府失效，或政府在供应公共产品或公共服务时的效率低下，社会成员就经由以手投票或者"以脚投票"的方式来反映他们的抉择，对公共产品、制度安排乃至政府自身作出赞成或反对的判别。当此种抉择从组织内成员的个人抉择转换为组织的抉择时，会对政府行政活动产生重大扰动。公共选择理论研究的重要内容就是在政府失败或政府失效时，探讨政府活动的效率，探寻效率最佳的政府决策体系的规则，此乃公共选择理论的最终要旨。

公共选择理论坚持，高等教育财政模式的实质乃构建公共选择机制，经由公共选择机制发展出公共意志或集体意愿，再由政府来代理施行此公共意志或集体意愿。政府的高等教育支出行为需要真实准确地反映公共意志，体现社会成员的公共利益，满足公共利益乃高等教育支出的必然职责。在某个个体或某个利益团体过分追逐自身利益的境况下，必然会引发滥用公共权力，从而产生贪污腐化事件。在最大化自身利益的驱动下，高等教育支出预算会持续扩张，而此类扩张将扭曲高等教育支出的本质与目的。因此，政府部门从公共效益的视域着手，在公共选择重压下与提升高等教育治理效率的要求下应实行绩效评价。高等教育支出的绩效评价不仅服务于全社会公共福利的增长，也应束缚个人私欲的盲目延拓。

3. 委托代理理论

委托代理理论发端于契约理论，契约经济学探究的重点内容之一为委托代理关系。委托代理模型乃探析代理关系的理论架构，主要探讨委托人怎样策划出一个激励性的契约来诱使代理人为委托人的利益合理行动。

在委托代理关系中，委托人期待或希望代理人可恰如其分地承担施行受托经济责任，不仅保全委托人的财产完整，还要达成委托人财产的平和、高效运行，经由代理人的代理活动达成委托人的利益最大化目的。但依照新制度经济学对经济人行为的设定前提，追求自身效用最大化，有限理性与机会主义，且代理人和委托人并非同一人，因此两者目的函数存在差距，有时甚至有冲突，加上不明确性与信息非对称的存在，代理人有偏离委托人目的函数的可能，这样就会发生代理人使委托人利益遭遇损失的境况，此境况又称为代理人问题。许多调查研究显示，解决代理人问题的基本逻辑思路是设立合理的激励机制，制定科学的监督机制，即财产委托人对财产代理人的财产治理与财产运营情况展开监督管理，并要求代理人定期如实报告财产代理的实施效果。

委托代理理论也可以用于高等教育治理领域的分析，在公共资金分配使用时，社会成员、财政部门作为公共资金的管理者和高等教育机构作为公共资金的使用者，三方之间存在博弈，发展衍生出双重委托代理关系。

财政部门与高等教育机构之间存在委托代理关系。此乃以社会成员与财政部门间没有道德风险的存在，社会成员与财政部门结成博弈合作同盟为事先假定。在此委托代理关系中，财政部门将公共资金拨付给高等教育机构，由高等教育机构依照事先向财政部门提交的资金用途使用公共资金。在此委托代理关系中，高等教育机构通常比财政部门更具有信息优势，一旦失去财政部门的有效监控，通常会发生财政资金用途与高等教育机构计划不匹配不对应的随意使用情况，用款单位不遵循财务规定使用资金产生资金使用效率不高，乃至贪污财政资金的情状。为了处置此类问题，就需要经由绩效评价，使财政部门可以及时精准地了解掌握高等教育机构资金使用情况，避免由于委托代理而引起的监督管理真空。

社会成员与财政部门间也存在委托代理关系。在此委托代理关系中，作为代理方的财政部门较社会成员更具有相对信息优势，有些财政部门为寻求部门的最大化利益或个人最大化私利，甚至危害社会成员的公共利益。财政部门可能会出现滥用管理权力，不合理、不公正地分配公共资金，违背制度规定向高等教育机构拨付公共预算资金，从中获取部门的好处或个人的私利；还可能发生由于资金滥用缺乏规范有效的财政监督管理，造成资金滥用愈演愈烈。此类情况的发生，造成政府部门丧失社会成员的信赖，因此财政部门需选取有效合理的手段来提升公共资金配置运用的有效性。经由绩效评价的施行，公开绩效评价过程与绩效评价结果，政府用行动向社会成员展示，政府依照委托代理关系管好社会成员交给自身管理的受托资金的决心与行动，经由公共资金分配使用过程及效果的公开透明以处置信息失衡可能给社会成员造成的利益损害。

4. 新公共管理理论

20 世纪 70 年代石油危机的爆发，高福利国家由于福利过高所引发的过重财政负担，使各国政府财政越发陷于困顿之境，高等教育、就业、养老、物价飞涨等各种社会问题相继出笼，政府却束手无策，无解决之法，社会成员不断增强的公共需求与政府的无能为力形成鲜明的对照。伴随经济全球化，新技术革新特别是信息创新对政府治理提出严肃课题，要求政府对快速变动的社会做出及时有力的回应，并设立一个顺应本国经济进步社会发展要求的政府治理模式，强化政府效能，增加国家的综合角逐能力。在此国际背景下，作为处理市场失败与政府失败的全新手段，新公共管理理论就此产生并发展。

新公共管理理论的主要内容涵盖：更加关注政府的服务效率、服务效果与服务质量；分权的治理氛围替代高度集权、等级化的政府组织构成；弹性地抉择成本效益比更高的管理手段，如经由市场机制取代政府来供应与控制服务；更加注重公共部门供应服务的效率，设定公共生产效率目标，在公共部门机构间打造你追我赶的角逐氛围，提升国家核心战略效能；引导国家可以自动、灵活、低成本地应对外界的各种变动及高效地应付处理各种利益需要。

新公共管理理论认为政府的角色应由划船人变换为掌舵人，从服务者变换为授权者，从偏重投入变换为强调效果，从集权变换为分权。绩效评价的管理观念与管理手段、管理方法正好为新公共管理理论的可信赖的执行者，经由绩效评价加强高等教育治理是新公共管理理论最真实的展示。经由施行绩效评价制度，政府所饰演的角色从管理人变换为公共产品或公共服务的供应人，从而引起治理次序的相应变化与治理手段的顺势转变。

五　研究意义及目的

（一）研究意义

巴西、俄罗斯、印度和中国四国虽然国情不同，禀赋各异，但处于相近的发展阶段，都面对着保稳定、保增长、保民生的繁重任务。在经济发展进程中，也都会遇到调整经济结构、发展人力资本等相似的难题或挑战。而包容性最根本内涵为"兼容并包"，倡导机会均等，让所有社会成员均可共同参与、一道分享，强调公平和效率的和谐。这也正是高等教育支出绩效评价的要求。通过研究，对比巴西、俄罗斯、印度和中国四国在高等教育支出绩效评价中包容性的实现程度，为相互间绩效评价的发展提供启示与借鉴。

（二）研究目的

首先是如何理解高等教育支出绩效评价的包容性。怎样理解包容性的高等教育支出绩效对确立其评价的主体、原则、指标体系与方法及其应用有着不同的结论，犹如多米诺骨牌的第一张牌，对高等教育支出绩效评价包容性的理解就是这个多米诺骨牌的扳机（trigger）。

其次是用数据说明高等教育支出绩效评价的包容与否。

再次是如何发展包容性的高等教育支出绩效评价机制。评价包容性的高等教育支出绩效的机制与实践需要建立不同的评价指标体系，构建科学、合理、全面的高等教育支出绩效评价指标体系，以及将其具体化运用，是探讨巴西、俄罗斯、印度和中国高等教育支出绩效评价机制与实践包容性及其改进建议的关键和基础。

六　研究的主要问题和逻辑结构

（一）研究的主要问题

研究分为理论研究、国别研究与比较研究三大部分。

首先，对高等教育支出绩效评价的明晰，明确包容性的高等教育支出绩效都评价什么。"包容性的高等教育支出绩效"评价教育经费投入高低，评价办学条件及学校教学物力资源、人力资源等因素，还包括如成绩之类的阶段性教育质量，以及受教育后获得的证书、就业机会和行业地位与收入等高等教育的影响与前景之类的因素。

其次，巴西高等教育支出绩效评价包容性研究。巴西在高等教育支出绩效评价中为实现包容性，以制度化，规范化和常规化为原则，按机构评价与课程评价分别设置评价指标，经由对各指标数据的统计分析，获取高等教育支出绩效评价结果，绩效评价结果公开透明，对评价结果不佳的高校给予相应制裁，且评价结果与高校可获得的资源相联系。但在绩效评价中仅仅关注机构评价，只评价单个高校绩效而未对整个高等教育系统实施全面的绩效评价，评价指标不甚合理，运用相同模式评价所有高校。绩效评价劳民伤财，耗费巨大。为提高高等教育支出绩效，巴西不断完善绩效评价制度，在组织机制上，以国家教育委员会为巴西管理高等教育的国家机构与各级评价结果的最终决策机构，在运行机制上，全面评价高等教育支出绩效，评价从国家与地方高等教育体系总体状况、高等院校自我评价、课程评价全方位展开，在保障机制上，经由法律确保绩效评价资金来源，明确绩效评价的独立性，并致力于绩效评价指标的完善。

再次，俄罗斯高等教育支出绩效评价包容性研究。俄罗斯高等教育支出绩效评价以专业化、客观性、公开性、透明性、公正性、阶段性、连续性、总括性、国际合作和发展的持续性为准则，绩效评价的许可、鉴定与国家委托环节中，各环节有相应指标评价投入资源、教学能力、科学研究质量、学生素养，各一级指标还有相应的二级指标。俄罗斯相当重视高等教育支出绩效评价结果的运用，把绩效评价结果和政府拨款挂钩，高校如果通不过国家的绩效评价，要整改或关闭，不能享受国家财政拨款和其他法律优惠。但在高等教育支出绩效评价中，教学大纲忽视了理论知识与操作技能的实际运用，高校被评为优秀才可享受政府的优惠待遇，高校若只评为合格，则未出台有针对性的、专门的绩效评价政策，在依照"Bologna 进程"要求采取措施保障绩效过程中，逐渐失去自身特色。为提高高等教育支出绩效，在组织机制上，由专业人士组成评价组织，确保了绩效评价的权威性与科学性，在运行机制中，不断修订与更新高等教育国家标准，强调宽基础、有一定的灵活性，强化建设高校内部绩效保障体系，在保障机制中，俄罗斯建立了逐年更新的中央国家绩效评价数据库，数据库中涵盖俄罗斯高校活动基本指标的信息，可凭此分析评价指标标准化的有效性与整个教育体系活动的效能，并依据特定法律成立绩效评价监控主体，进行及时纠偏，调整不足。

接着，印度高等教育支出绩效评价包容性研究。印度高等教育支出绩效评价以客观性、可靠性、可信性、适应性、目的性和团队合作为原则，以课程、教学与评价、科研咨询与推广、基础设施与学习资源、学生支持与发展、管理与领导和革新措施为评价指标，经由4分等级的累积平均积点体系获取绩效评价结果，评价结果与政府财政投入相关，推动高校自我完善，引导公众与政府的正确选择，增强用人单位选用毕业生的信心，不断提升高等教育标准。但在印度高等教育支出绩效评价中，高校内部绩效评价工作缺乏系统性，绩效评价方法与标准亟待革新，申请鉴定的高校激增引发矛盾，国家评价与鉴定委员会和有关各方的关系不够协调，跨国绩效评价亟待开展。印度为提升高等教育支出绩效，在组织机制方面分类分等，对不同类别的高校采取不同的评价标准；遵循七步绩效发展观，实行内外结合的运行机制，对评价期满的高校实施再鉴定，并不断改进运行机制；推行奖罚分明的保障机制，把部分发展性拨款与高校的认证地位相挂钩，并利用评价结果进行人事决策。

随后，中国高等教育支出绩效评价包容性研究。中国高等教育支出绩效评价以价值取向为准绳，以整体性、定量指标与定性指标相结合、动态性和稳定性相结合和 SMART 为原则，以投入类指标、过程类指标、产出类指标及效果类为评价指标，对评价指标实施加权综合计分，形成量化的评价结果，绩效评价结果的应用以绩效预算为导向，推动高等教育资金的有效利用，根据绩效评价结果进行人事制度改革，建立绩效评价的激励与反馈机制，通过绩效评价结果的比较功能，实施标杆管理，以绩效结果为导向，提高公民的满意度。但在中国高等教育支出绩效评价中，绩效评价的制度建设是空 vs 空，法律和制度保障的空白，有效监督机制的缺位，高校预算编制和管理中的忽视，权威管理机构的虚置；绩效评价的指标体系是一 vs 多，价值取向的收敛性，评价指标的凝固性；绩效评价的结果应用是多 vs 一，绩效评价结果运用方式单一，缺乏绩效管理的有效手段，结果运用的形式化倾向严重，缺乏相应的配套措施。为提高绩效评价的质量，中国从多方面着手打造绩效评价制度，推行行政主导的组织机制。在运行机制方面，从前期准备阶段、实施评价阶段、撰写报告阶段全面铺开。在保障机制方面，为实现绩效拨款，从制度保障、信息保障、公信度保障、监管保障、奖惩保障等多方面确保绩效评价的顺利运营。

最后，四国高等教育支出绩效评价包容性的综合比较研究。巴西高等教育支出绩效评价发展的启示是，绩效评价发挥着重要作用，保障了高等教育质量的可靠性，监督高校的社会绩效责任，确保国家、纳税人与消费者投资的合理回报。同时，巴西绩效评价的特点，评价范围全角度，个人、部门、项目、院校角度皆评价，评价层次全方位，内部评价与外部评价多方位展开，评价组织权威性，对特定项目和各院校的外部评价由学术界著名学者教授构成的专家小组实施。俄罗斯高等教育支出绩效评价发展的启示是，绩效评价作用重要，在经济回落、政府财政缩紧的情况下，经由绩效评价使得政府对高等教育的择优投资有所依据，通过绩效评价，使学位与专门职业资格获得国际承认，推动俄罗斯融入 Bologna 进程，实现高等教育国家一体化。同时，俄罗斯绩效评价的特点，评价重心由重高等教育投入转为重高等教育产出，评价指标由硬性规定转为灵活原则性，由侧重评价高校的学术地位转为侧重高校社会责任的履行。印度高等教育支出绩效评价发展的启示是，绩效评价起着重要作用，有利于推动高校为国家的发展作贡献，有利于高校培养学生适应全球化发展的各种能力，有利于引导学生树立一种正确的价值观，有利于推动信息技术的利用。同时，印度绩效评价的特点，评价机构中立，学生参与评价，信息公开透明。中国高等教育支出绩效评价发展的启示是，绩效评价作用显著，有助于合理地调配资金，有助于以定量的方法评价高校管理运作状况，有助于高校各级各类人员的考核和激励，有助于社会对高校整体工作绩效的关注。同时，中国高等教育支出绩效评价的特点，有行政主导的强大公信力，绩效评价的规范化运作，激励的绩效导向。

（二）逻辑结构

本书逻辑结构如图 1 所示。

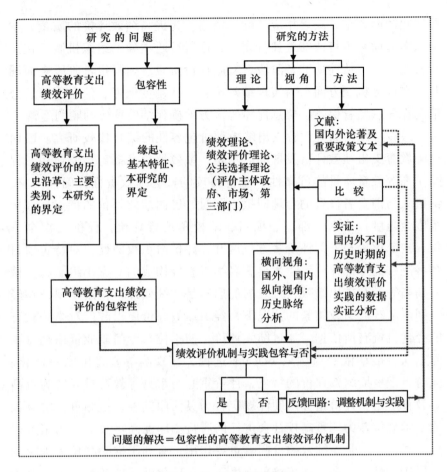

图1　论文逻辑结构图

七　研究的创新和不足

（一）创新

第一，对包容性高等教育支出绩效评价与时俱进的理解，除了要评价高等教育支出运作状况，还要评价高等教育支出过程中各种资源的保障绩效及享受高等教育资源后的影响及前景。

第二，巴西、俄罗斯、印度与中国高等教育支出绩效评价从包容性的角度展开深度探讨与比较，并用数字说话。

第三，构建高等教育支出绩效评价包容性的发展模式，评价主体、评价原则、评价指标体系与方法，并将其具体应用化，对认识和推动高等教育支出绩效评价的包容性具有重要的指导和参考意义。

（二）不足

巴西、俄罗斯、印度与中国高等教育支出绩效评价包容性发展的测度，由于选取的指标体系有所不同，可能造成评价结果的比较与实际存在差异。由于数据的可得性，可能难以获取最新的比较数据，造成不能反映最新的高等教育支出绩效评价的进展。

第一章　高等教育支出绩效评价包容性的规范分析

对高等教育支出绩效评价进行系统、深入的规范分析是开展高等教育支出绩效评价研究的基石。这里在导论对高等教育支出绩效界定的基础上，从理论上对高等教育支出绩效评价的缘起进行分析，就高等教育支出绩效评价模式展开相应的探讨，并对高等教育支出绩效评价的未来发展态势进行展望，从而为后面对各国高等教育支出绩效评价的实证分析奠定基础。

第一节　高等教育支出绩效评价包容性的缘起

高等教育支出绩效评价是 20 世纪 70 年代后大规模社会实践活动之一。高等教育支出绩效评价的萌芽和发展都有着特别的历史背景和深远的社会缘由。从世界各国的高等教育支出绩效评价实践中可以看到，对高等教育支出绩效评价主要来自两个领域：政府内部和政府外部。政府内部主要是财政部门、教育部门对高等教育资金运用展开的绩效评价；政府外部主要是各级立法机关、社会公众及专业评价组织对高等教育资金展开的绩效评价。

一　政府推动实施高等教育支出绩效评价包容性

政府内部进行的高等教育支出绩效评价主要是财政部门或教育部门对高校资金使用的绩效评价。国内外高等教育支出绩效评价的发展实践表明，由政府发动和实施的高等教育支出绩效评价活动乃当代社会高等教育支出绩效评价实践的主要潮流。具有现代理念和践行意义的高等教育支出绩效评价实践是从 20 世纪 70 年代的美国开始的。当时，由于美国推行福利国家、混合经济国家政策造成政府治理失去控制，机构庞大，人浮于事，行政效率低下，财政赤字巨大，政府面临严峻的财政危机、治理危境和信任告急。政府在高等教育上投入资金数额日益增多，但是学生考试分数没有得到改善，退学率也没有得到任何好转。政府财政赤字严峻，在社会公众中的声望大为滑落。为此，政府通过开展高等教育支出绩效评价，策划绩效评价指标，收集高等教育部门的产出、人力资源投入、雇工费用等的信息资料，来减少高等教育支出，提高高等教育支出效率，摆脱高等教育经费危机，提升政府在社会公众中的声望。从制度上保证高等教育支出绩效评价体系化、常态化和标准化。

20 世纪 80 年代，高等教育支出绩效评价迅速发展。绩效评价的发展动因比较复杂，既有政府自身内部的发起势力，也有外部因素的拉动功效，就是说，高等教育支出绩效评价的动因乃政府内部与外部因素的综合作用下发展而来。政府绩效评价目的是减少财政在高等教育上的支出，提高高等教育支出绩效，树立政府的社会威望；外界目的是减少政府对高等教育的扰动，用企业家灵魂重构高等教育支出，推动高等教育支出革新。

20 世纪 90 年代以来，各国为了应对全球化、知识经济等对高等教育支出治理提出的革新要求，开始了一场意义不同凡响的再造政府（Reinventing government）革新。再造政府的革新表现于两个领域：政府与外界关系的革新和政府自身治理的革新。再造政府活动获取成功的核心在于政府自身治理变革的告捷。在再造政府运动中，政府自身治理的革新汇聚于涵盖高等教育在内的政府支出绩效治理上。高等教育支出绩效治理是经由缩小高等教育行政管理人员数量、降低高等教育行政治理成本、改革高等教育行政治理体系、革新高等教育机构文化、提升高等教育服务质量、推进高等教育机构实际运作效率等方式来达成"三 E"目标即经济目标、效率目标和效益目标的全新高等教育支出治理范式。绩效评价作为高等教育支出绩效治理的核心手段，逐渐在全球各国获得广泛推行。在很多国家的高等教育支出中，评价和考核已经成为高等教育支出自我修正、自我完备的治理方式之一。

在此期间，高等教育支出绩效评价的动因已不再仅仅出于挣脱政府的高等教育财政危机和高等教育信誉危情，而是政府从革新和发展高等教育的长远视域着手，自觉自愿地顺应现代公共治理思维发展的新风尚，把绩效评价作为高等教育支出管理的重要手段和高等教育行政革新的重要内容，保障高等教育工作的顺遂开展。图1-1描绘了高等教育支出绩效评价发展的各个时期政府开展高等教育支出绩效评价的不同动因。

图1-1 政府实施高等教育支出绩效评价包容性的动因蜕变

尽管各个时期政府开展高等教育支出绩效评价的缘由有所不同，但有一点是同一的，就是绩效评价是高等教育支出绩效治理的重要方式，绩效评价能推进高等教育支出绩效水准，进而帮助政府其他目标的达成。若政府开展高等教育支出绩效评价达不到推进高等教育支出绩效的目的，则其他政府目标也难以达成。

二 高等教育支出绩效评价包容性的外部动力

虽然政府内部绩效评价乃高等教育支出绩效评价实践活动的主要潮流，但仅仅靠政府内部展开绩效评价还是不充分的。高等教育支出绩效评价作为政府体系向外部社会的传导，扰动着高等教育活动，因此政府外部对高等教育支出绩效展开监督管理很有必要。在政府外部主要是各级立法机关、社会公众甚至专业评价组织展开高等教育支出绩效评价。

首先乃立法机关对高等教育支出绩效评价的介入。20世纪90年代，鉴于绩效评价在实施中存在的各种困惑，立法机关发觉绩效评价法律建设的紧要性和迫切性，各级立法机关编制实施了绩效评价的法律法规，要求高等教育行政管理部门应上交年度绩效规划和年度绩效报告，高等教育预算与高等教育行政管理部门绩效直接关联。法案赋予立法机关对高等教育支出绩效监督管理的职权，监督和推动高等教育支出绩效评价活动，并详细规定了立法机关在绩效监督管理中的职责和细化的活动。

其次是社会公众对高等教育支出绩效评价的参与。推动高等教育支出绩效评价蓬勃发展的重要动力源于社会成员对高等教育行政管理部门丧失信任、社会成员抗议高等教育收费上涨的活动频频。社会公众作为纳税人的同时，还是高等教育服务的接受者。社会公正作为纳税人就有权力对自身所交纳的税费如何运用、效果怎样进行监督评判。社会成员作为高等教育服务的接受者，由于对高等教育服务有着切身感受，具备绩效评价的信息基石，对高等教育支出绩效非常了解，因此具有评价高等教育支出绩效的资质与资格。加上社会公众与高等教育支出绩效存在较大的利益相关性，具有较强烈的绩效评价动因，因此参与政府高等教育支出绩效评价可以达成社会公众对高等教育支出绩效行为过程及结果的监督管理。政府外部各种力量对高等教育支出绩效的评价起到了积极有效的推进功效。政府外部高等教育支出绩效评价经历了从零萌芽发展、参与绩效评价到主动自发的开展绩效评价这样一个进程，与政府内部的高等教育支出绩效评价相比起步迟，且绩效评价力度也不够强劲。但实践表明了政府外部对高等教育支出绩效展开评价是相当必要的，具有可操作性。也反映出，政府进行高等教育支出绩效评价，是把绩效评价当作高等教育支出绩效治理的核心环节，绩效评价目的是为获得优异绩效，是政府强化内部高等教育支出治理的要求。而立法机关和社会公众却不然，立法机关与社会公众开展对高等教育支出绩效的评价乃为监督查证高等教育服务是否已经获取了优异绩效，是政府外部社会监督治理的要求。政府内外存在性质有别的两类不同的高等教育支出绩效评价（见图1-2）。

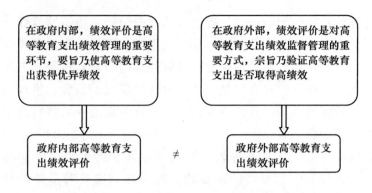

图 1-2 内外有差：两种绩效评价和两种目的

第二节 高等教育支出绩效评价包容性模式

高等教育支出绩效是政府期盼的结局，是政府为达成期盼目的而表现于不同层级上的有效传导。人是绩效的主干，引发绩效的结局与人的立场、学问、活动氛围等要素有着紧密关联。同时，由于学术圈对绩效概念及绩效评价标杆等存在别的理解，因而引发了不同的绩效评价范式和绩效评价流派。

一 平衡计分卡模式

平衡计分卡（Balance Score Card，BSC）乃于 1992 年创造的一种绩效评价和绩效治理的手段。平衡计分卡乃从高等教育发展的战略也就是提升高等教育社会合意程度、增进高等教育人力资本产出着手，从财务境况、受教育者服务、内部运作过程、修习成长 4 个视域关切高等教育支出绩效。财务财政指标可反馈已有高等教育支出活动所引发的后果，从受教育者服务、内部运作过程、修习成长等来推动高等教育支出未来绩效的完善，平衡计分卡绩效评价模式采用多元的评价指标，健全的绩效评价指标体系乃区别于其他绩效考核范式的重要所在，适用于业务繁杂、机构繁复的绩效评价，可使政府全方位多角度地了解高等教育，把高等教育发展规划转化成细化目的与绩效评价指标。简单来看，平衡计分卡就是通过对高等教育部门教师教学技能与科学研究能力的培育，提升高等教育部门的活动效率，以增进社会合意程度，推进人力资本产出率的上涨，最终达到提高绩效的规划目的。

平衡计分卡破除了过去绩效评价中仅关切财务指标的做法，平衡计分卡的精髓乃关切高等教育发展规划，把以受教育者为本、提高受教育者合意程度、增强人力资本角逐能力、建立全方位的指标评价体系为关键点。因此，平衡计分卡以战略发展规划为基石，平衡高等教育支出远期目的与近期目的，结局目的与进程目的，部门绩效和个体绩效，外部关切和内部治理等管理要素，均衡过去绩效与将来绩效。

政府进行高等教育支出绩效评价的目的乃打造基于社会成员合意度为准的高等教育服务，社会成员合意与否，考核指标体系是否健全，考核结果是否精准牢靠乃核心。在此主张下，高等教育管理部门把总目的划分成若干分目的，环绕平衡计分卡的 4 个视域构建考核体系：

第一，受教育者指标。在市场经济境况下，依照社会发展需要和社会公众的要求，供应上佳的高等教育服务，已成为各级高等教育管理部门最重要的职能。通常而言，社会公众的需要有物质需求和精神需求两类，经由政治、经济、文化、就业、社会发展功绩等指标来显示，高等教育管理部门可按照自身肩负的细化职责，供应的高等教育服务来编制详细的指标体系。

第二，财务指标。收入与成本是高等教育支出绩效评价应用平衡计分卡时的核心指标，绩效评价引入成本－效益机制将带来高等教育支出体制的全方位改革，政府将更加关注高等教育支出范围、效率，更加关心高等教育支出的可行性、效益性，有助于改变过去高等教育支出不计算成本，不注重社会效益的做法，有助于实现资源的合理配置。成本是指高等教育行为及其绩效所耗费的一切支出，包括高等教育管理内部运行成本（如经费支出、事业支出等）和高等教育投资成本（如运作支出、专项支出等）。收入包括预算内、预算外高等教育收入。

第三，内部程序指标。良好有序的内部管理运行流程是保证高等教育支出绩效水平优良的关键。该指标是从政府部门管理内部制约绩效水平的因素出发，结合管理跨度与管理深度，内部运行状况与外部评议状况、制度运行与制度改进机制，从而全方位、科学评价高等教育支出绩效水平。

第四，修习成长指标。平衡计分卡更以发展为着眼点。高等教育支出改革即是高等教育支出管理创新，全球化、信息化正改变政府与社会的传统关系模式，高等教育支出管理创新的核心力量来自于政府将自己塑造成学习型政府，保持与外部社会环境在物质、人员、信息、文化等方面的良性互动和有效回应，使自身具有更强的学习力和应对变化的管理能力，实现高等教育支出自我革新与自我发展，达成高等教育服务水平螺旋式地不断上升。

总之，高等教育支出绩效评价平衡计分卡框架中的 4 个指标的关系、性质及其在整个体系中的地位是不同的。顾客即公众，是指标体系的核心，成本是财务性质的指标，是衡量高等教育支出效率，绩效水平最基本的指标。这两类指标都属于外部指标，它们应与高等教育管理部门使命与发展战略这一中心连在一起。高等教育管理部门内部程序是从内部运行的角度来评价高等教育支出绩效，属内部指标。这样，平衡计分卡模式的应用，引起了一场高等教育支出绩效评价的新的革命。

二 "三 E""三 D"与客户合意度绩效评价模式

(一)"三 E"绩效评价模式

"三 E"，即指效率（Efficiency）、经济（Economy）与效果（Effectiveness）。经济指标乃指以尽量少的成本供应与维护一定数量的高等教育服务。经济指标偏重的乃高等教育支出规模，而不看重高等教育服务产出与高等教育服务品质。譬如，某个高等教育服务项目在一段时期中到底资金花费几何，工资薪金成本几何，资金耗费和预算相符与否。效率乃高等教育支出与高等教育产出之比例。效率指标一般涵盖高等教育服务供应水准、活动的实施效力、各项高等教育服务的单位成本等。譬如，某个高等教育单位开支的产出几何？效果乃指高等教育服务达成目的的水平。譬如，高等教育服务项目目的的完成境况等。效果指标一般多偏重于目的或后果。经济、效率与效果乃高等教育管理部门、高等院校关切的议题。

　　从"三E"的视域着手对高等教育支出展开评价有助于高等教育支出绩效的提升。因此，"三E"绩效评价模型在各国高等教育支出绩效评价中得到了普遍运用与广泛推广。在中国开展的国际高等教育扶助项目非常偏重于"三E"绩效评价，中国的高等教育管理部门、高等院校也逐渐关切各项活动"三E"。"三E"乃现如今中国高等院校绩效评价关切的热点与焦点，但"三E"绩效评价取向也引发了一定的消极扰动。由于过于强调各项活动的经济、效率与效果，而漠视了活动的其他领域，在一些高等院校的发展中产生了事与愿违的境况。譬如，有的高校开展的活动本能够获得相当不错的经济、效率与效果，但源于内部机构的能力未得到充分全面的挖掘，造成活动完结之时，也即为内部机构的末路之日。此乃由于，有的高等院校过度依赖境外的支持，而国际组织在"三E"绩效评价理论指导下，只关切对活动的经济、效率与效果的评判分析，而漠视开展活动的高校内部机构本身的能力发展，或无视执行机构的问责需要，造成活动能够产生一定成效，但高校本身却欠缺发展活动所需要的可持续潜质，有的高等院校甚至于出现了一些滥用稀缺的教育资源或贪污腐败的景况。

　　（二）"三D"绩效评价模式

　　"三E"绩效评价模式乃世界范围内绩效评价的主要潮流，但有绩效评价研究者对"三E"绩效评价模式提出一些质疑。高等教育支出的相关利益群体乃多元的，高等教育支出的相关利益群体涵盖高等教育支出的管理人、高等教育支出的执行人，以及高等教育支出的目标群体。由于不同的相关利益群体关切的视域有异、价值判定标杆有别，甚至有一定的摩擦与冲突，因此，不能简简单单只从经济、效率与效果这几个角度来评判高等教育支出绩效；私人组织有着清晰明确的目的，譬如，企业的绩效评价准则就是利润的最大化，而高等教育支出目的过于宏观，甚至难以明确界定，绩效评价准则也存在模糊性；高等教育支出目的有着比较大的含混性。尤其在外部变动的影响下，高等教育支出目的也须相应地调动与更新；高等教育支出结果不仅会受到政府政策、高等教育发展计划或高等教育活动本身的扰动，还会遭遇其他因素的扰动，也就是说高等教育支出的因果关联脉络并不是特别清晰明确。

基于此，绩效评价研究者主张，高等教育支出绩效评价应由"三E"转换为"三D"。"三D"乃辨别（Diagnosis）、规划（Design）与发展（Development）。辨别乃指高等教育支出管理者能够确切无误地辨析高等教育支出所面临的治理难题，能够顾虑到相关利益群体的正当需求与切身利益。规划乃指高等教育支出的管理者能够经由采用正当合理的举措处理应对治理难题，能够策划出应对这些治理难题所需的恰如其分的结构与恰到好处的战略。发展乃指一种应对处理高等教育支出执行进程中所遭遇各种突发难题的才干，及适度的治理革新与创意。

（三）客户合意度绩效评价模式

"三E"绩效评价在意的乃绩效评价为监督检查的进程，关切高等教育支出活动最后引发的后果。"三D"绩效评价着重于绩效评价乃修习的进程，关切实施高等教育支出的组织管理才干。但无论"三E"绩效评价模式，抑或"三D"绩效评价模式，皆明显地显现为由上至下型的绩效评价范式，此种范式的绩效评价皆以施行高等教育支出的机构组织为中心。伴随新公共管理的发展，社会成员的态度、思想、立场皆出现了巨大的转变。一些绩效评价的理论研究者与践行者指出，高等教育支出的重要内核乃为社会成员供应卓越品质的高等教育服务，所以，绩效评价的取向应为由下至上的，面向目标群体受教育者的，也就是以客户合意程度为要旨。

客户合意程度即受教育者切身体会到的高等教育服务品质达到受教育者期盼目标的水准。涵盖了解把握受教育者的切实需要，并可快速、精准地与受教育者的需求相呼应；充分拥有供给高等教育服务所需的专业技能和理论学识；诚笃吸收采纳作为目标群体的受教育者的要求；供给高等教育服务的态度真挚、诚恳、友善；可以悉心听取受教育者的各种建议与意见，有则改之，无则加勉；高等教育部门及其师资队伍值得社会信赖与依靠；关注受教育者的个人隐私；受教育者有顺畅的投诉渠道。

客户合意程度的评判发端于商业界，并在商业社会获得广泛推广与普遍应用。但此绩效评价理论在应用于高等教育服务领域，特别是应用于高等教育支出绩效评价时还存在一定的缺陷与不足。因此，用客户合意程度来评判高等教育支出绩效之时，并非一个十全十美的绩效评价指标。

三　"APC"绩效评价模式

"三 E"绩效评价模式虽然有助于提升私人支出效率，但在提升高等教育部门的社会声望和公信度，特别是在提升高等教育支出绩效上有一定的困难；"三 D"绩效评价模式虽然在提升高等教育部门组织效能范畴上有较大的功效，但在提升高等教育部门公信力上，尤其是高等教育支出效率上有一定的约束；客户合意度绩效评价模式对于提升高等教育服务品质有一定的功效，但是在其他范畴上的功效相对较小。因此，针对当前高等教育支出现实存在的、急切需要处理的困惑，逐步发展出了新的绩效评价模式——"APC"评价模式，即对高等教育支出的责任性（Accountability）、效力（Performance）和管理才能（Capability）的全面绩效评价。

（一）"APC"绩效评价模式的特征

与"三 E"绩效评价模式、"三 D"绩效评价模式和客户合意度绩效评价模式相比，"APC"绩效评价模式更为切合中国高等教育支出的发展境况。当前中国高等教育机构仅仅偏重于高等教育支出绩效的结果，"APC"绩效评价模式特别着重于高等教育支出责任制、效力与管理才能的绩效评价，并将责任制与效力、才能的评价提升到史无前例的高度。责任制乃指高等教育机构就自身运用的公共经费投向及公共经费使用成效的社会澄清。责任制绩效评价乃对高等教育支出责任者负责水准的评判。通常，高等教育支出责任制绩效评价涵盖对高等教育支出治理构成的评判；高等教育支出活动是否与最初安排要旨同一；高等教育支出的有关信息资料是否展开了细致的、精准的公开披露；高等教育支出的财务透明度水准等范畴。责任制绩效评价乃确保高等教育支出信誉的一种制度部署，责任制绩效评价的功效在于扶助高等教育支出活动打造社会威望，乃对高等教育支出的正当性、效力、客户合意度、社会扰动及高等教育支出可延续性的全面评判。

（二）"APC"绩效评价模式的内容

"APC"绩效评价模式汲取了"三 E""三 D"和客户合意度绩效

评价模式的长处，并增添了正当性、社会扰动和可延续性等范畴的内容，更切合高等教育支出本身的绩效评价。"APC"绩效评价的功效在于经由绩效评价提升高等教育支出效率、推动高等教育服务水准的提高。管理才能是高等教育支出部署的能力与达成高等教育支出要旨的本事。当前，有关高等教育支出管理才能的评判架构有不少，有一种评判架构是对高等教育部门的基本资源、高等教育部门内部的治理才略、高等教育部门外部的公关才具与动员资源的才智和高等教育部门自我评判与自我提升才力的评判。管理才能评价的功效在于促进高等教育自我生存与自我发展才具的提升、促进高等教育支出达成组织职责要求。高等教育支出的责任制、效力与管理才能乃紧密关联、相辅相成。责任制绩效评价是确保高等教育支出社会声誉的制度构成，责任制绩效评价有助于确保高等教育部门妥当行事，有助于提升高等教育部门的责任感、社会声望与正当性，而高等教育部门的社会声望与正当性是高等教育支出取得成效的必要条件之一；效力评价是确保高等教育部门高效运用稀缺的公共资源的制度部署，效力评价有助于保证高等教育支出的合理运用；管理才能评价是确保高等教育部门提升治理才具的管理手段，管理才能评价是高等教育部门不间断地提升高等教育支出的责任制与效力的基石。可见，只对高等教育支出展开效力评判，容易造成评判流于表面形式和评价结果难以正常发挥功效，高等教育部门的管理才能也没有得到应有的提升，伴随高等教育支出项目或活动的完结，高等教育部门也随之衰败；而若只展开责任制绩效评判，也容易出现高等教育部门心有余而力不足的局面，或虽然不会出现贪污腐化情况，一切仅简单地按部就班，资源使用效率始终难以提升；而仅展开管理才能评判，也容易出现高等教育部门管理才能尽管得以提高，却没有恰如其分地行事。

总体来看，"APC"绩效评价模式对以往绩效评价模式进行兼收并蓄，巧妙了规避了以往"三E""三D"和"客户合意度"绩效评价模式的缺陷，更切合高等教育支出绩效评价的实践，更有助于高等教育的大步前进与可持续发展。经由责任制、效力与管理才能的"APC"绩效评价模式，旨在以评促建，推动高等教育部门的社会公信度、支出的效力与部门管理才能的提升。而高等教育部门的社会公信度、支出的效力与部门管理才能的提升会有助于高等教育外部发展氛围的革新，从而形成良性往复，循环向上，推动高等教育蓬勃发展。

四　核心效力指标绩效评价模式

核心效力指标（Key Performance Index，KPI）是经由对高等教育内部某一作业的传入端和传出端的核心数据施行部署、挑选样本、计量及探析，用以测度作业活动效能的一类目的式数字化治理指标。核心效力指标作为具有创新性的治理手段，可以将高等教育支出规划要旨分解成具备可操作性的远景目的，是高等教育支出绩效治理的基石。

核心效力指标体系涵盖如下层次，一是高等教育支出一级核心效力指标，一级核心效力指标乃由高等教育发展的规划要旨衍化而成；二是高等教育支出二级核心效力指标，二级核心效力指标乃依照一级核心效力指标的分化与职能机构的责任而定；三是由二级核心效力指标贯彻落实至个体具体岗位职责的绩效测度指标。

在核心效力指标体系中，高等教育支出一级核心效力指标的设计最为关键，因为二级、三级核心效力指标均由一级核心效力指标分解衍化而确定的，若一级核心效力指标荒谬有误，将导致二级、三级核心效力指标也难以保持正确，丧失操作性，扰动高等教育支出的绩效治理。因此，一级核心效力指标的明确，需要经过深入的探索、实证，要与高等教育支出的实际境况与发展规划相切合。在确定高等教育支出一级核心效力指标之前，高等教育部门与财政部门需展开深入细致的交流探讨，明确高等教育支出的重点流向，也就是高等教育支出取得成效的核心范围。这些核心范围多为宏观战略选择领域，譬如，高等教育支出的未来发展愿景与价值取向；高等教育支出发展规划与发展模式抉择；高等教育支出可持续进步的重点所在；等等。核心效力指标设定的进程中，可利用智力激励法和因果分析法等方式进行研究。在构建了一级核心效力指标之后，各机构负责人就所属部门的核心效力指标实施细化分割，细化出各机构层级的核心效力指标。各机构负责人与工作人员一道把机构层级的核心效力指标进一步剖析，解析为细化的核心效力指标及岗位职责的绩效测度指标。

高等教育支出的核心效力指标体系并非一次性形成，各级高等教育机构在构建了初步的核心效力指标系统之后，须经由实验性预运作，从实验中查找不足，收集第一手资料与意见，对最初的核心效力指标系统反复地修改、增补，最终达成指标体系的完备，确定可常态化运作的核心效力指标体系，从而展开评判。

五 全方位绩效评价模式

全方位绩效评价模式又称为 360 度绩效评价反馈模式，或称多渠道评价，乃指经由搜集与高等教育部门有紧密活动关联的各领域人员的评价资料数据，来全方位多角度地评判与反映高等教育公共资源使用境况。全方位绩效评价模式不同于由上至下，由上级部门评判下级机构的古典手段，在此绩效评价模式中，绩效评价者不但为高等教育机构的上级主管，还涵盖高等教育机构的同级、下级与服务对象，也涵盖高等教育机构的自我评判，同时绩效评价结果要反馈给绩效评价对象。

全方位绩效评价模式具备一定长处，经由绩效评价结果的反馈，高等教育机构能够获取各个相关领域人员对自己执行效能、高等教育支出格局和高等教育支出绩效等的评判看法，能较为全面、客观地把握自身的长处与短处信息资料，这样在编制高等教育支出绩效改善规划、高等教育支出未来发展动向及效力前景方面就有所倚仗；在全方位绩效评价中，反馈给评价对象的数据信息乃源于高等教育资源配置有关的各评价者的评判，较易得到评价对象的承认。经由外在反馈数据信息与自身评价结果的对比能让评价对象领悟到所存在的差距与不足；全方位绩效评价模式有助于推动高等教育机构内部的交流沟通与相互促进，增强高等教育机构的团结力和执行效力，促进高等教育支出的革新与平稳发展。

全方位绩效评价通常涵盖有 3 个环节，一为准备环节。此环节的要旨乃使全部相关人士，诸如评价主体与评价对象，及可能涉及的单位或使用评价结果的管理人士，准确把握高等教育部门实施全方位绩效评价的目的和功效，进而构建起对此绩效评价模式的信赖与依靠。

因此，高等教育部门应在绩效评价之前与相关人士展开细致深入的交流沟通，交流可采取举办管理人士及评价对象共同参与的讨论会形式展开。二为全方位绩效评价环节。此环节的活动涵盖：构建全方位绩效评价队伍；编制全方位绩效评价调查问卷；施行全方位绩效评价，分别由上级部门、平级机构、下级部门、有关机构和评价对象依照各个不同的绩效标准，展开绩效评价；汇总绩效评价问卷且公布评价结果。在公布全方位绩效评价报告之时要关注对各绩效评价主体的不具名保护；高等教育治理机构与财政部门就绩效评价结果反映出的问题拟定应对举措。三为反馈与指导环节。依照全方位绩效评价结果向评价对象给予一定的反馈与指导是十分重要一环。经由来自上级部门、平级机构、下级部门、自我评价与服务对象的信息反馈，能让评价对象更好地认识自身的优点与不足，更清晰地把握高等教育治理机构与财政部门对高等教育支出的期盼与当前存在的距离。

第三节　高等教育支出绩效评价包容性的发展

高等教育支出绩效评价作为再造政府的重要内容之一与根本性举措之一，关注绩效评价的结果取向，在一定水平上引发高等教育支出执行效率的提升和高等教育服务效能的增强，改善了政府部门与社会成员之间的关系。此绩效评价的社会效果推动高等教育支出绩效评价发展为风靡世界的主要潮流。

一　制度渐进创新

各国在高等教育支出绩效评价的发展建设之中，不断发挥制度革新的次动优势，经由强制性制度变迁减低制度革新成本，依靠制度革新的路径依赖或获取制度革新成就。制度革新涵盖的层级有，宏观制度层级上，日益健全高等教育支出的治理规章制度，清晰辨明高等教育支出的畛域；公开数据信息资料尤其是财务信息，构建全国性高等教育支出数据网络信息平台，强化社会监督、公众监督和媒体监督；将政府机构、职能革新与发展高等教育紧密连接，达成政府对高等教育支出由管理转变为治理再转变为善治的动态转换，为高等教育发展打造良好的制度氛围。主动开启第三方高等教育支出绩效评价机构，用中立的评价机构束缚高等教育支出，实现高等教育的合理拓展。微观组织层级上，日益增强高等教育部门内在的制度打造力度，譬如规范内部运营机制、完备治理结构，革新教职工的鞭策束缚机制，创新工资薪金结构设计，步入规范化发展路径，为绩效评价提供坚实的制度支撑。

二 方法日益集成

在高等教育支出绩效评价研究中，逐步引入计量分析方法，譬如模糊综合评价法（Fuzzy Comprehensive Evaluation Method，FCE）、数据包络分析手段（Data Envelopment Analysis，DEA）、层级分析法（Analytic Hierarchy Process，AHP）、遗传算法（Genetic Algorithm，GA）、神经网络方法（Artificial Neural Networks，ANN），并把灰色关联理论（Grey Relational Theory）、粗糙集理论（Rough Set Theory）、复杂性理论（Complexity Theory）、混沌理论（Chaos Theory）等运用于高等教育支出绩效评价中。为推动跨学科的科学研究，有机结合多元的方式与方法，集中就同一难题展开深入研究，关切研究方法的革新，将定性方法与定量方法相融合，把理论研究与个案分析相汇集使用，展开跨学科的综合探析。关注展开分类研究，对不同类别不同用途的高等教育支出，开发研制出不同的绩效评价系统，以便获取更有针对性的、公正的、科学的绩效管理信息数据，规避绩效评价结果的无节制地胡乱使用。

三 内容持续丰富

就高等教育支出绩效评价的内容来看，更多地关切涵盖高等教育支出政治成效、流程效能、服务水准、财务表现等在内的综合成绩。高等教育支出是在政府主导的境况下萌芽、演进的，高等教育支出无法抹杀政治影响。各国高等教育支出的政治策略和政治活动与高等教育支出政治成效之间的关联性、发生作用的机制原理、发生作用的进程皆为各国高等教育支出绩效评价研究的重要内容之一。高等教育支出服务绩效的重要性是不言而喻的，作为绩效评价的内容是不容置疑的。高等教育支出绩效管理流程中还引入过程性绩效评价，不仅关切绩效评价的结果还关注绩效评价的进程。在财务表现方面，引入财务易损性参数（Financial Vulnerability），或用杜邦分析法（Du Pont Analysis）、沃尔评分法（Walter Weight Method）等其他方法加以评判。财务易损性参数能较为科学、合理地评价高等教育支出绩效。财务易损性绩效评价模式不需要有关绩效评价活动的所有数据信息，只要采用几个指标与某一基准（bench-mark）相对比就可得到评价结果。为对高等教育支出绩效评价指标展开科学合理的界定，规避转换或更替最终目标。在规划与挑选高等教育支出绩效评价指标时，不仅要以评价结果为取向，也关切评价流程，尽可能减低绩效指标规划与挑选过程中所隐含的潜在危机。

四　能力不断建设

为使高等院校能够回应资金供应者、政府部门和服务对象的多方期盼，合理科学地评判自身绩效。日益强化高等教育机构组织能力的创建与维护，实际上就是加强高等教育机构自身评价绩效的能力，着眼于从内部绩效评价视域提升高等教育机构的组织绩效。高等教育机构的能力创建涵盖：投入一定时间精力制定一个完备的绩效测度系统；实质性地投入资源展开实地培训、全阶段的技术援助；能力创建还需要相当的耐性。经由规划科学合理的绩效评价工具，推动高等教育机构能力创建。高等教育机构能力创建是系统化的工程，从绩效评价视域看，涵盖高等教育机构职责的合理划分能力、科学设置目标的能力、筹措资金的能力、资源部署的能力、策划多种工资薪金标准的能力、吸纳高素养教职工及义工的实力、公开高等教育机构内部信息的修为、提升高等教育服务品质的技能等。经由盘活高等教育部门的发展潜质、培育核心角逐技艺、构建高等教育部门的企业化运营范式、灵巧规避运营治理中的危殆等，推动高等教育支出绩效的提升。

高等教育支出绩效评价也有一定局限性，无法应对处理高等教育发展活动中会遭遇的全部问题和所有挑战。但通过对高等教育支出绩效评价当前发展境况的深入探析，高等教育支出绩效评价管理研究在学术界深度发展的同时，在实际践行中也在持续进步。

第二章 巴西高等教育支出绩效评价
包容性发展成就及问题

第一节 巴西高等教育支出绩效评价包容性的
发展成就

巴西高等教育有着近百年的漫漫发展历程，于 19 世纪初叶，葡萄牙王室在巴西 Rio de Janeiro、Bahia 设立了医药、法律范畴的一些专业学院，譬如，皇家医药学院、护士学院、军事学院。1915 年巴西《Maximiliano 法》的公布实施，彰显巴西高等教育的真正崛起，巴西的第一所高校——Rio de Janeiro 大学于 1920 年正式设立，巴西第一个综合性高校——Sao Paulo 大学于 1934 年正式创建。巴西第一个私立高校——Rio de Janeiro 天主教大学于 1946 年正式设立。巴西在 1964—1985 年的军人统治期间，政府十分关切高等教育在繁荣经济、平稳政局方面的功效，持续向高等教育加大财政支出力度，不仅增加财政资金投入规模，还放宽了高校的招生录取条件，推动了巴西高等教育快速前进，私立高等教育也在同期得到蓬勃发展。1986 年后，军人政权结束统治，萨尔内（José Ribamar Ferreira de Araújo Costa）领导的文人政府施行缩减高等教育财政预算的举措，巴西高等教育发展步履逐步减缓。卡多佐（Fernando Henrique Cardoso）于 1994—2002 年领导巴西期间，巴西国家教育计划 2001 年提出 2011 年巴西高等教育毛入学率要达到 30%—40%，巴西国家革新与公共治理部推动国家革新项目，项目内容之一提出要满足低收入群体的教育需求，在项目推进下，巴西高等教育快速进步。卢拉（Lula da Silva）于 2003—2010 年领导巴西期间，在推进社会公平、公正与社会民主发展中，始终坚持大力发展高等教育，2005 年巴西议会批准通过了 11.096 号法案，在此法案的实施下，巴西施行全民高校计划（University-for-All-Program），扶助支持更多社会成员能够享受高等教育。迪尔玛·罗塞夫（Dilma Vana Rousseff）于 2011 年起执掌巴西政权，坚持不懈地推动高等教育的繁荣发展，以满足巴西社会在工业化进程中对专业技术人员的渴求。巴西高等教育在政府和社会一道的促进下，规模大幅上涨，巴西高等教育在校生人数从 1960 年的 93202 人增加至 1985 年的 1437232 人，又增长为 2003 年的 3887002 人，发展到 2009 年的 580 万人，在 18—24 岁的人员中占比 13%。2011 年在校学生总数达 670 万，比 2010 年提高 5.6%，在 18—24 岁的民众中占比 17.8%。巴西高等教育在殖民制度扰动下，起步不算太早，但发展步伐较大较快，高等教育的宏观构成（形式构成、层级构成、分布构成）与制度（投入制度、治理制度、招录制度）历经了嫁接、调动、革新的发展历程。为确保高等教育的品质与规模一道进步，巴西不断加快发展高等教育支出绩效评价制度。

一　绩效评价包容性的原则

（一）高等教育支出的抱负乃高等教育支出公平

高等教育支出公平是社会公平在高等教育支出范畴内的体现，是人类社会的高等教育支出祈愿。让全部有意向接受大学教育的民众皆可获得高等教育，防范高等教育支出的初始分配、高等教育支出进程、高等教育支出结果的因经济层次的差距造成社会不公平，高等教育支出绩效评价要为高等教育支出公平打造良好和谐的氛围环境，正像平等、泛爱、民主是人类社会在政治中孜孜以求的目的，平等、公正的高等教育支出也是人类社会孜孜不倦所追逐的高等教育支出目的，是人类社会需要长久为之摩顶放踵的远大抱负。

（二）政府引领高等教育支出公平

高等教育支出公平的本质是政府作为导引社会正常运转的主体和操控支配财政资源的枢纽，合理科学地配置整个国家的高等教育资源，以保障所有接受高等教育的个体皆能享有平等的权利，所以达成高等教育支出公平是政府高等教育活动的职责。高等教育支出公平是持续前进的公平、相对的公平，高等教育支出公平的达成进程是披荆斩棘的艰辛进程、历时弥久的进程，只有在政府的持续奋斗与主持引领下，建设民主谐和的国家、包容的社会，那么高等教育支出公平才有达成的可能性。

（三）统筹兼顾效率与公平

在发展中国家，财政实力薄弱，高等教育面临无米下炊的局面，公平与效率孰先孰后？是巴西等发展中国家高等教育支出绩效评价中面对的一个困惑。基于理论视角，高等教育支出绩效评价的公平与效率并不是非此即彼的关系，公平取决于效率，只有高等教育支出增长到一定水平之后，高等教育支出的公平问题才会凸显并引发广泛社会关注。且公平对效率有束缚功效，当高等教育支出的不公平扰动社会安定局面时，断然会干扰高等教育支出效率的达成。在高等教育支出绩效评价中，巴西高等教育支出绩效评价倡导公平、效率兼顾，力求在实际高等教育支出绩效评价活动中规避人为主观因素的干扰，力争得到社会各个阶层、高等院校及所有利益相关者的认可与支持，以实现高等教育支出绩效评价的公平与效率，达成谐和共赢，在公平中追逐效率，在效率中推动公平。

二 绩效评价包容性的指标体系

巴西自 1996 年起，公立高校与私立高校开始对工程、管理、法律、医学等 13 种职业型课程施行毕业生国家统一考试，且每年均增加 1 门国家统一考试课程的科目，来对职业型课程的教学品质展开绩效评价。于 2004 年巴西依照联邦法律打造了国家高等教育支出绩效评价制度（the National Higher Education Evaluation）。巴西高等教育支出绩效评价制度涵盖 3 个组成内容，全国高校学生水准能力考核（National Student Performance Exam）、高校资源评判、高校品质考查。

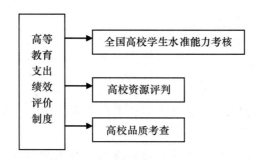

图 2 - 1　巴西高等教育支出绩效评价制度

（一）全国高校学生水准能力考核的评价指标

全国高校学生水准能力考核是巴西高等教育支出绩效评价的主体内容与关键形式。从 1995 年至 2013 年，全国高校学生水准能力考核每年开展一回，考核对象是高校在校生，经由评判在校生所获技能大小、技能的发展地步和知识水准，以判断大学一年级学生的学习潜质和毕业生经过大学修读之后取得的才智水准。全国高校学生水准能力考核含有学术技能测试、社会经济背景问卷调查、对水准能力考核的看法的问卷调查。

学术技能测试主要是评判学生的学术水准与专业技能，涵盖两个领域的测试评判指标，博雅知识与专业知识。博雅制度评判学生对巴西和世界境况及其他范畴的认知、德行伦明。专业知识是评判学生对专业相关理论的驾驭与实际认知。

社会经济背景调查问卷中，调查学生的相关指标：

1. 学生家庭的经济状况与社会境况

A. 家庭的月收入

B. 家庭计算机的保有情况

C. 家庭的社会经济—教育参数

2. 父母境况

A. 父亲的专业擅长

B. 母亲的专业擅长

C. 父亲的岗位职责

D. 母亲的岗位职责

E. 父亲的受教育程度

F. 母亲的受教育程度

3. 学生个体境况

A. 曾就读的高中是私立抑或公立

B. 中学上学时间（早上上学，下午上学、全时上学、晚间上学）

C. 婚姻状态

D. 高中的课程类别（普通教育课程、技术教育课程）

E. 高中教育的学业成绩状况

F. 读书的习性

G. 第二外语为西班牙语、英语抑或其他语言

H. 参加过高校入学考试的预备课程与否

I. 高中教育时期的课余活动情状

J. 参加工作与否

K. 参与家庭的经济活动状况

4. 高校抉择、专业选择与修读领域挑选的有关因素

A. 抉择高校的主要理由

B. 挑选专业的主要理由

C. 打算学习的领域

D. 进入高校学习后的居住安排

E. 修读时间的遴选（全职修读、夜间修读）

5. 有关数据参数

A. 性别

B. 就读高校时的年纪

6. 修读的相关数据

A. 各门课程如葡萄牙语、外语、物理、生物、化学、数学和地理入学考试分数

B. 入学考试各门课程的最终平均分数

C. 高校毕业时的成绩等次

E. 毕业时的境况（合格、优秀、辍学、接着进修）

F. 接受高等教育的时间期限

G. 当年进入学科专业修读的全体学生平均分数

此外还有其他调查指标，在此不再一一列明。

在学生对水准能力考核的看法的问卷调查中，调查指标涵盖，对此类考核的好恶如何，是否认为此类考核过于简单，过于容易，或不妥当不贴合实际，认为此类考核是否有益。

（二）高校资源评判的指标体系

高校资源评判的内容涵盖课程评判与高校评判。课程评判的指标体系涵盖教学资源、教师规模与水准、教学设备设施、教学组织方式等。高校评判涵盖两个范畴，即高校外部评判与高校内部评判，评判的指标体系涵盖有课程部署安排、教学活动、项目设计规划、教学相关部门设置构建等。巴西高校资源评判越来越关切高等院校的社会功效与人均可用资源的配置状况，高校的社会功效显示了高等院校对社会的奉献景况，培育的人才、开展的科学研究项目顺应经济发展与社会进步的需求与否。人均可用资源的配置状况展示了高等院校的图书馆藏规模与品质、实验室数量与质量、生师比与教师水平、教室与教学行动需要的切合度。

（三）高校品质考查的评价指标体系

从 1980 年起巴西每年展开一回高校品质考查，所有巴西高校无论公办或私立皆需要参与其中，最初考查评判的对象是高等院校的教师与在校大学生。后来又扩大考查评判对象的范围，涵盖高校教师、在校大学生、即将毕业的大学生。考查评判的指标体系涵盖高等院校财政状况、各专业的学生规模、实际招录学生人数和最后入学人数的比例、获取学位的学生人数、入学学生的年纪和性别、教师的等级与学历学位、选修课的修读情况等。

三　绩效评价包容性的方法

（一）全国高校学生水准能力考核的方法

在全国高校学生水准能力考核之前，浏览查阅过往的绩效评价报告，明了此次绩效评价的内容，评价范畴、评价基准，然后组织考核，首先由高校供应参与考核的学生花名册，再开始水准能力测试。学术技能测试在全国各地按照同一规定时间实施，并在新闻媒体上进行大事渲染传播。来自专业委员会、教育委员会和其他相关机构的巡察人员在巴西全国各地的各个考场梭巡。在测试之前，学生获得教育部发放的测试说明书，阐释水准能力测试的要旨，测试的流程环节及相关信息。测试采用的主要方式是笔答。测试时考查博雅知识和专业学识，测试中的问题有开放式问答题，多项选择题，考核学生的知识掌握与运用水平，不过分强调简单的重复性记忆。

水平能力测试中，多项选择题采用机器读取方式评分，国家教育研究所对每个题目的合理性、难易程度、可信度评判之后对测试成绩予以等级划分。开放性问答题，教育研究所会给出标准答案作为对学生答案的评判基准，据以对学生的答案给予一定分值。学生的最后分数乃基于其在全国学术能力测试分数的相对位置获得的分值。依照学生测试分数的平均值，每个课程科目的获得从 A—E 的等级判别。学生个人测试分数及分数在全国、地区、班级的相对分值乃为个人隐私，仅学生本人可知，课程科目的平均分数对社会开放。

在对学生测试分数展开等级评判之前，还需要在测试之后，向社会公众揭晓测试的标准答案，如此一来学生就能查明自己问题回答得正确与否，专业人士也可评判测试的品质好坏，学生对各课程科目测试的评价总结果在网上公开宣告，并供给课程编制人员参照进行课程改动。

在对学生社会经济背景调查问卷的查访中，对各个年级、各个专业的学生划分入学级次，分数最少的评分为1，毕业时级次划分时也是分数最少的评分为1，每增加一个级次就加1分。各年级、各专业的级次划分由 1 至学生数目，再标准化级次，表示为学生级次/所有学生数目，各年级各专业的学生的相对级次位于 $\left(\dfrac{1}{N\,c_c} - 1,\ 1 - \dfrac{1}{N\,c_c} \right)$ 之间，也就是（ -1，1）之间。

在学生对水准能力测试的评判的问卷调查中，对学生的评析结果展开分析，比较各类评价结果的权重高低。

在水准能力测试全部结束之后，各个学科专业举办一连串的全国性研商会议，会议参加人来自专业委员会、课程编制人员和高等院校，共同斟酌水平能力测试结果。在研商会议中，国家教育研究所向与会人员披露水平能力测试的结果和看法，会议全程对外报道，司职水平能力测试全程的教育部负责人员能够通过交流洞悉专业机构的主张与看法，并对全部测试活动提出自己的见解。

同时，教育部对水平能力测试给出了一连串的技术性总结报告，归纳分析学生经济社会背景调查问卷的数据资料信息，反映学生的经济社会境况与学习心态。技术性总结报告有对整个水平能力测试结果的整合归纳，也有各课程科目的分析报告，还有供给各课程项目责任人的单独汇总报告。

最后，一些研究组织与独立专家学者对数据信息展开深度探析，教育部对分析结论予以兼收并蓄，并对外及时公告，或以专业论文形式对社会公布，或以技术性报告在较小范围内宣布。

（二）高校资源评判的方法

高等教育部门每 3 年对高等院校展开一次资源评判，在着手评判之前，高等教育部门从国家教育研究所的评价专家遴选库中挑选若干评判专家，再委任评判专家对高等院校的图书馆藏、实验室、教师数量与水平、教室等教学科研所需的软硬件展开评估。高等教育部门在收集了高校资源评判的所需数据信息之后，依照预先设置的基准就数据信息展开加工处理与分析，将分析得到的评判结果交给国家教育协会，由国家教育协会对评判结论实施深度分析并作出终局的评判结论。

（三）高校品质考查的方法

高校品质考查采用经由 Internet 网分发调查问卷的手段收集数据信息材料。在着手展开高校品质考查之前，国家教育研究所聚合高等教育专业人士与各学科的评价专家，先对过去一年的调查问卷重新展开分析总结，基于此汇编新的调查问卷。国家教育研究所再集结有关专家就调查问卷收获的数据材料譬如学生课程修读状况、教师资历水平、教学设备设施、教学内容开展剖析，给出综合性评判结论。教育部将高校品质的分析评判结果提交至联邦政府。500 分乃满分，依据得分由大至小，分为 A、B、C、D、E 共 5 个级次，最高级次乃 A 级。联邦政府凭高校评价分数制定实施相应的高等教育支出政策。调查评判结果还会在 Internet 官网上公开宣告，使州政府、高等院校、社会公众皆对评判最终结果有深刻认识。参与评价的各个专业的得分，毕业生测试获得的平均分值、最后得分均会于评价报告中显示记载。如若某一高等院校的得分低于一定分值，评价专家就会对此高校做出特别调查，并就调查状况作书面总结报告。

四 绩效评价包容性的应用

（一）全国高校学生水平能力考核的应用

按照学生学术表现，对水平能力测试成绩进行分析。使用的数据来自全巴西所有州，所有学科专业。样本来自 13 个专业的140340 名本科生 2004 年的测试成绩，20 个专业 277476 名本科生2005 年的测试成绩，15 个专业 406076 名本科生 2006 年的测试成绩，完成全部课程 7%—22% 的学生视作大学一年级的学生，完成全部课程 80% 以上的视作毕业生。水平能力测试有 40 个问题，分两部分：第一部分的问题涉及博雅教育内容，第二部分的问题涉及专业知识。第一部分的 10 个问题是为评判高校学生对博雅知识的掌握水平，第二部分的 30 个问题是为评判学生对专业知识的掌握程度；辨别大学一年级学生的学习潜质和毕业生在大学修读中发展的能力。在博雅知识与专业学识的问题中，多为开放性问题或多项选择题。在博雅知识问答题与专业学识问答题中，涉及计量知识，反映出高等教育对计量分析方法的要求。但是也需要强调全国高校学生水平能力测试并不仅仅关注单个个体能力的测度。表 2-1 是2004 年 135631 名学生的水平能力测试成绩。表 2-2 是 2005 年270385 名学生的水平能力测试成绩。表 2-3 年是 2006 年 395833名学生的水平能力测试成绩。

2004 年的水平能力测试，博雅知识问答题有 2 个多选题，第 6题、第 8 题涉及计量理论，第 6 题涉及人口增长，要求对随机性进行推定，只有 21.1% 的学生回答正确。第 8 题讨论数据融合，拉美国家 2000—2004 年计算机入网数量的发展进程，用图表说明，只有23.9% 的学生回答正确，70% 的学生选择了错误的答案。结果表明问题难度较大，表 2-1 显示了测试成绩中的性别表现差异，在理疗、医学、兽医专业的博雅知识测试成绩中有性别差异，在药学、牙科、社会服务专业的专业知识测试成绩中有性别差异，在涉及计量知识的题目测试成绩中性别差异更为显著。在博雅知识问答题第6题的回答中，除了社会服务专业外，医学专业学生的测试成绩最高，这是由于医学专业的入学竞争非常激烈，能入读医学专业的学生都非常优秀。

表 2－1　　　　　2004 年全国高校学生水准能力测试成绩

专业	学生规模		计量问题的回答正确率（%）		平均分	
	数额	占比（%）	博雅知识问题6	博雅知识问题8	博雅知识	专业学识
农学	6061	4.5	20.6*	29.0*	42.8	48.8
体育	26843	19.8	18.8	23.8*	39.8	44.9
护理	20623	15.2	19.2	19.9*	42.2	41.7
药学	13989	10.3	21.4	24.7*	44.1	36.3*
理疗	21889	16.1	19.3	20.7*	42.7*	35.8
语言障碍	3258	2.4	19.2	20.0*	42.5	69.0
医学	8124	6.0	39.7*	41.5*	61.7*	50.4
兽医	5657	4.2	23.4	27.4*	44.7*	39.0
营养学	9865	7.3	18.9*	19.6*	41.7	48.1
牙科	7819	5.8	22.8*	23.5*	47.6	46.2*
社会服务	7190	5.3	18.0	22.0	41.2	33.8*
作业疗法	1819	1.3	21.6	19.5	42.5	59.0
生物技术	2494	1.8	21.0	30.7*	43.2	57.8
合计	135631	100.0	21.0*	23.8*	43.6*	43.1*

＊代表在男女生测试成绩间有5%的显著性差异

2005 年的全国高校学生学术技能测试中，多项选择题中没有涉及计量知识。博雅知识测试中学生的分数很接近且都不高，第 5 类工程专业的学生测试成绩最好，总的来说测试结果不是很理想。多数专业显示了不同性别的学生测试成绩有显著性差异。

表 2-2　　　　　　　2005 年全国高校学生水平能力测试成绩

专业	学生规模		平均分	
	数额	占比（%）	博雅知识	专业学识
建筑与城镇化	6170	2.3	68.1*	49.9
生物	24047	8.9	69.0*	29.7*
社会科学	3318	1.2	65.7	57.6
计算机	31907	11.8	67.1*	30.6*
工程一类	8605	3.2	70.1*	45.6
工程二类	16968	6.3	71.3	50.2*
工程三类	4404	1.6	72.2	49.9
工程四类	5139	1.9	70.7*	48.1
工程五类	1158	0.4	75.0*	54.5
工程六类	6854	2.5	71.3	48.4*
工程七类	3418	1.3	70.2*	46.5
工程八类	2229	0.8	64.6	36.6*
哲学	4212	1.6	69.7*	40.8*
物理	3899	1.4	71.0*	37.0*
地理	11089	4.1	69.0*	41.7*
历史	17352	6.4	69.4*	45.3*
葡萄牙语	45273	16.7	68.3*	36.8*
数学	19189	7.1	65.7*	28.5*
师范培训	48258	17.8	64.9*	46.6
化学	6896	2.6	67.9	35.9*
合计	270385	100.0	68.0*	38.3*

*代表在男女生测试成绩间有 5% 的显著性差异

2006 年的全国高校学生水平能力测试中，有 3 个博雅知识问题第 1、6、7 题涉及计量知识。学生博雅知识的测试成绩都比较接近并且较低。心理学专业学生的测试成绩最好，但总体来看，学生的测试成绩不太好。大多数专业学生的测试成绩有着性别上的显著差异。

表 2 – 3　　　　　　　2006 年全国高校学生水平能力测试成绩

专业	学生规模		计量问题的回答正确率（%）			平均分	
	数额	占比（%）	博雅知识问题 1	博雅知识问题 6	博雅知识问题 7	博雅知识	专业学识
商业管理	129810	32.8	24.5 *	55.8 *	11.9 *	44.5 *	46.8 *
档案学	623	0.2	31.8	65.3	12.3	54, 1	52.9
图书馆学	2050	0.5	25.6	59.3	11.5	47.9	41.6
生物医学	5029	1.3	25.5	63.7	14.3 *	47.5 *	42.4 *
会计学	43903	11.1	24.6 *	55.9 *	13.3 *	44.5 *	33.6 *
经济学	12369	3.1	33.2 *	65.1 *	14.2 *	49.1 *	38.9 *
新闻	42875	10.8	23.0	60.6	11.0 *	46.9 *	44.2 *
设计	9240	2.3	24.7	64.4	12.5 *	49.1 *	54.1 *
法律	77250	19.5	27.9 *	59.9 *	13.1 *	47.8 *	41.8 *
师范预科	22.468	5.7	19.3	45.8 *	10.1 *	46.7 *	47.0
音乐	2995	0.8	23.2	65.0	11.3	47.8	49.8 *
心理学	23544	5.9	24.4 *	62.9 *	11.4 *	47.1 *	54.2
文秘	4735	1.2	21.4	52.2	10.0	50.5 *	43.9
戏剧	1731	0.4	21.9	66.3	12.0	49.6 *	53.8 *
旅游	17211	4.3	21.9	55.6	10.3 *	49.9 *	50.3 *
合计	395833	100.0	23.8 *	55.2 *	10.3 *	45.2 *	43.5 *

* 代表在男女生测试成绩间有 5% 的显著性差异

　　计量问题对学生来讲需要有较强的能力才有可能获得正确答案。不同性别、不同专业的学生能力有着显著性差异，且计量问题对多数专业的学生来说都有较高的难度。不同性别、不同专业学生在博雅知识与专业知识中的测试成绩也有所不同。

　　在对学生社会经济境况的调查问卷中，这里选择 Campinas 州立大学（Unicamp）进行分析，Campinas 州立大学是公立大学，是巴西最好的研究型大学之一，科研成果占全国的 15%，授予的硕士博士学位占全国的 10%。巴西的大学入学考试通常由各高校自行组织，自行决定新生的录取。有的大学在招生时还会参考教育部一年一次的国家课程考试成绩，Campinas 州立大学就是如此。社会经济背景数据包括 1994—1997 年 Campinas 州立大学录取的 7093 名学生。其中，6702 名学生就读 4 年或 4 年以上的学科学习，391 名学生学习职业技术专业，由于这 391 名学生的学术特点与 6702 名学生有较大差异，所以不分析这 391 名学生的社会经济景况，6702 名学生中有 1 名的记录毁损，因此只对剩下的 6701 名学生进行分析。这 6701 名学生申请 Campinas 州立大学时，要填写有近 120 个问题的调查问卷，这正是分析的资料来源。除了来自调查问卷的数据之外，还有一个由原始数据构建的综合家庭经济社会—教育参数，建构此参数乃源于，关于家庭收入的信息资料通常不能保证真实度，更何况这个回答是由很少参与家庭经济活动的年轻人做出的。综合家庭经济社会—教育参数由家庭经济部署的参与程度、父母的受教育程度、父母的职业与岗位职责、申请人的住宿规划、电脑的保有情形等因素构成。综合家庭经济社会—教育参数的区间为（0，1），研究所选取的参数不仅在模型构建中有显著的计量意义，也与高等教育支出政策目标密切相关。模型对相关性不强的因素如中学文凭类型，预备课程参与状况，父母景况，入学年龄和性别等不加以考量。所调查的 Campinas 州立大学入学学生性别中 50% 为男性，50% 为女性。问卷中有些问题与国际通行做法有所不同，尤其是关于收入问题，这里使用的是每年巴西官方公布的全国最低工资等级，此处为 60—100 美元。关于 6701 个学生的毕业问题，有 4837 名学生毕业了，占 72.2%；1703 名学生肄业未拿到学位，占比 25.6%，151 名到 2005 年初仍在继续深造，占比 2.2%。把这 6701 名学生放在一类，是因为成绩平均分已经包含了学术成绩，与学位无关。而且肄业未拿到学位的学生社会经济景况与其他学生相近。6701 名学生中，26.8% 的学生读的是公立高中；63.4% 的学生读的是私立高中；0.9% 的学生在就读高中的选项中留下空白；剩下的学生公立与私立高中都读过，这些数据材料较为合理。2004 年时在确认行动项目实施前，6698 名调查的学生中，占 96.6% 的 6470 名学生回答了就读的高中情况，其中 25% 的录取学生来自公立高中；9.8% 的学生宣称每月收入是最低工资单位的 5 倍；48.3% 的学生宣称每月工资最低工资 5—20 倍；41.9% 的学生宣称月收入高于前两者。收入越高的学生学习的领域越有角逐力。与高的职业地位、高收入相关的课程有医学、多数工程专业。低收入等级的学生多修读师范专业和一些科学专业。这种分布与人口分布相反，人口分布中低收入等级的人口比例较大。这种分布显示出大多数学生在入学时没有工作。由于这个参数较为繁复，此处不展开深入探究。这里只探讨Campinas州立大学学生父母的职业等级和受教育水平，50%的父亲、40%的母亲有学士及以上学位；而在巴西多数大学学生的父母有学士及以上学位的占比只有10%。对这些参数标准化后得到参数的相对等级。结果显示与入学申请人成绩显著相关的因素有：

A. 家庭社会经济教育指数属于较低等级

B. 毕业于公立高中

C. 在技术学校或师范学校学习

D. 未参加预备课程

E. 不会第二外语

F. 高中全时学习

G. 女性

H. 年纪轻

其中ABCD项均反映了教育弹性，表明学生早期生活中的劣势转变为高等教育优势，就在技术学校学习的学生而言，这些学生在就读技术学校时已历经艰难角逐，这些学校多为公立技术学校。如果学生从公立技术学校顺利毕业，这种累积效应更为显著。EF项需要展开深入分析才能给出诠释。G项的结果可以在一定水平上预测出，女性在角逐性测试中的表现高于女性学生的发展潜力。H项是唯一的独立特征，与社会、经济、教育境况不相干，也许年纪越小，学习能力也越活跃，年青时期正是发展某种才智、参与学术活动的最佳时期，这一项也需展开深入探讨。

学生对测试的评价不是一边倒的，也不是对主要外部看法的简单复述，许多学生认为测试是政治指示的合法实施，有利于提升高校的质量，和谐教师与学生间的关系。一些学生意识到测试会引起高校间的攀比，起到管束控制、规范统一、监督治理乃至标准化的作用。但测试无法公正评价现有高校绩效的多样性。

（二）高校资源评判的应用

公立高校与私立高校相比，人均拥有的资源更为丰厚，主要缘由乃公立高校更为关切自身社会声誉或学术水平，因而更看重传统的艺术、科学学科和传统的法律、医学职业。私立高校更关注降低成本，增加利润空间，较为眷注能够快速成长的学科，更青睐大课堂方式教学，钟情于发展无须过多专业设备的课程学科，乐意于聘任费用低廉的客座教授，为确保相当的入学率，从高校地点、服务、课程学科而非社会声誉来吸纳学生，不管学生未来就业发展远景，无视社会对人才的需求，更着力于追逐最大化的盈利水平。

表 2-4　　　　　　　　　　　高校资源评判结果

各类资源	公立高校	私立高校
图书馆藏	丰富：学术性、理论化、博雅性	贫瘠：实际性、职业化、快速实用
实验室	多：设备设施齐全	少：设备设施匮乏
教师数量与水平	专职教授多，博士学位	客座教授多，硕士学位
教室	多：小班教学	少：大班教学

（三）高校品质考查的应用

在 2008 年的巴西高校品质考查中，有 2001 所高校参加了品质考查，调查结果反映出，588 所高校的高等教育品质下滑，比 2007 年品质考查时出现教学质量下滑的高校增加了近 30%，受到干扰的大学生约 74 万人。有 588 所高校被评判为 A 级或 B 级，仅有 21 所高校被评判为 E 级，占巴西高校总数约为 1%。评价得分最好的乃 Sao Paulo 大学，得分 439 分；第 2 名为 Porto Alegre 联邦医科大学，得分 415 分；第 3 名为 Minas Gerais 联邦大学，得分 410 分；第 4 名为 Rarubasu 联邦大学，得分 405 分；排名靠前的高校多数乃联邦高校。得分最差的 Maceio 社会司法科学大学得分只有 55 分，倒数第 2 名为 Mawa 工业设计大学，得分 60 分，倒数第 3 名为 Manaus 牙科大学，得分 83 分，倒数第 4 名为 Inter American 大学，得分 85 分，排名靠后的高校多数为私立高校。巴西教育部透露，高校品质下滑的缘由，有学生修读能力下滑，高水平教授过于集中于一流高校。此考查结果，使得巴西更加关切高等教育支出绩效评价。

巴西教育部于 2012 年 10 月中旬公布的高校品质考查的数据结果显露,2011 年巴西高校共有在校学生 670 万人,比 2010 年增长5.6%,在巴西全国 18—24 岁年龄段中,正在高校就读或已获取学士学位的人数占比乃 17.8%,与 1997 年的 7.2% 相比有一个量的飞跃。但此数据依然赶不上邻近的几个南美国家,也未达到 2001 年《巴西国家教育计划》中规划的 2010 年全国 18—24 岁年龄段中 30% 的人数占比上大学的愿景。巴西教育部部长阿罗佐·梅尔卡丹特(Aloisio Mercadante)指出,巴西高等教育普及率有光辉的成绩,也有黯淡的不足,是 20 世纪 80 年代以来政府漠视高等教育支出的结果。

就高校学生人数构成而言,巴西高等教育私立高校占一半,私立高校的学生人数占全国学生总数的 70%,而联邦政府所属高校直至2011 年招收的在校大学生才刚过 100 万。

巴西 2005 年就已实施全民高校计划(University for all),但高校生数量并未得到大幅度增长。巴西统计局的全国家庭抽样调查资料表明,2006—2011 年,高校在校生人数只增长了 15%,增加速度小于2000—2005 年,增速放缓的缘由是人才输送传导体系的前一阶段——高中教育的止步不前。

近十年,巴西高中教育每年毕业生人数未有增加,高校入学人数的增额部分,多为成年人从工作岗位回流高校接受大学教育。Campinas 大学研究员 Sibel Andrade 指出,巴西高中教育常见三大难题乃留级、学业成绩不佳、退学率高。高中教师素养水平多数不是很高,无法确保教学品质,造成学生学业成绩低迷,学生大面积留级,大量学生由于家庭经济境况不佳而退学,众多学生高中没有毕业只是肄业,还有学生连初中都没读完。

另外,高等教育跨国发展也带来绩效问题。依照 WTO 的《服务贸易总协定》(GATES)的规定,高等教育也乃服务性范畴。巴西在高等教育领域放开的首先为研究生教育,国外高校会吸引巴西的优秀学生,发生巴西的人才大量流失海外,减低国内高等教育支出绩效。而外国教育机构的直接介入巴西教育领域必然会引发师资力量的争夺、生源的劫掠,引发对巴西原有高等教育格局的冲击,从而扰动巴西高等教育格局。巴西向来倡导知识乃全社会的共同财产，民众有权享有高等教育服务。但伴随 Apolo 国际公司等私营高校进入巴西教育市场，高等教育在国际资本的驱动下，迫使巴西重新审视高等教育，考量高等教育支出的绩效议题。Apolo 国际公司在巴西 Belo Horizonte 成立了 Pythagoras 高等教育机构，每年招收 1100 名 Belo Horizonte 本地的学生与 200 多名 Curitiba 等地学生，修读工程学与管理学学士学位。由于日益增多的巴西民众企盼获得国际学位，持续进修，许多 MBA 项目在巴西蒸蒸日上。这些 MBA 项目有的乃由巴西国际高等教育机构供应。有的乃由国外高等教育机构远程供应，这些国际教育机构驱动巴西高等教育的跨国化进步，但国际教育机构的教学品质起伏较大，对教学品质过差的国际高等教育机构，巴西政府废止其国内合作办学许可，并在教育部网站等相关网站上向社会公布。跨国发展高等教育有利于开拓高等教育发展的资金源泉，高等教育机构既可向巴西政府争取财政经常性教育预算，还可向联合国教科文组织（United Nations Educational, Scientific and Cultural Organization, UNESCO）寻求跨国学术交流的资金支持，向 Ford 等国际基金会谋求跨国人力资源开发的资金扶持，向私立机构寻觅科学研究所需的资金帮助等，但国内高校未制定合理科学的跨国发展规划，也没有细化的实施举措，行动上也不常展开跨国学术交往，对怎样开拓跨国资源还欠缺正确的认识与可行的操作手段。

五　绩效评价结果应用的包容性

（一）财政资助分配依据

巴西众议院 2012 年公布了新的《国家教育发展规划》，要提高今后 10 年内的财政教育经费，使教育经费达到 GDP 的 10%，比最初政府所定教育经费要占 GDP 的 7% 提高了 3 个百分点，比之前 5% 的教育经费占比提高了 1 倍。在经费拨付时对高校提出细化的数量标准，对教师工资薪金水平、教师资历水平与教育品质皆做出细化的规范要求。国家高等教育支出绩效评价制度为高校评价与专业评价供应了基准，更为财政资金配置提供指导。国家把评价报告作为财政对各高校分配经费的依据，财政对评价差的高校不拨付经费与不提供各类联邦学生资助。

（二）高校运营依据

按照巴西法律规定，教育部在国家教育协会的配合下，有权对高等院校进行认证，认证有效期满后实施再认证。实际情况为，国家对高校定期认证和再认证制度并未严肃施行。高校一旦被授权批准运营，通常不会失去运营资质或丧失认证资格，但国家会对绩效评价成绩最差的高校与课程科目展开深入调查了解情况，在一些特殊状况下有可能取缔高校运营资格。此制度对快速发展的私立大学产生重要扰动，2011 年，巴西 670 万在校生中有 70% 在私立大学学习。公立高校的运营资格尚未有被取缔的先例，政府曾经试图取缔少数几个私立高校的运营资格，但要么受到国家教育协会的诉讼争议，要么为法院所禁止。国家新闻媒介、教育部网站向社会公开被教育部取缔认证资格的高校、招生规模缩减专业的信息，引发社会民众对此类高校、专业的关切。绩效评价之后，私立高校引进新的学科专业，期盼引进的新学科专业会比过去原有学科专业有更抢眼的表现。65% 的高校在绩效评价后重整学科建设，私立高校对绩效评价结果的回应力度强于公立高校，但差距不是很显著，私立高校对 38% 的学科专业进行调整，而公立高校对 30% 的学科专业进行调整。一些高校还专门针对学术技能测试对学生展开全面培训。但高校在运营经费投入、基础设施建设、教职员工资薪金方面变动不大。有的高校，尤其是私立大学，通过绩效评价结果与排名来兜揽学生，吸引更多学生就读于本校。

表 2-5　　全国高校学生水平能力测试引发的学科专业调整

变动项目	变动比例（%）
教室使用测试项目	82.2
改变教学方法	68.3
改变课程内容	66.8
评价学生在测试中的能力	61.4
学科交叉活动	55.5
模拟测试	55.5
改进图书馆	54.5
完善师资力量	52.0

变动项目	变动比例（%）
改善高校形象	51.5
提高学生的图书馆利用率	47.0
发展规划	41.1
营销	41.1
招募新职员	39.1
新的多媒体资源	35.6
网络建设	34.7
教师培训	33.7
增加与商业企业的联系	32.2
学生培训项目	32.2
微机投资	31.7
协会联系	29.7
增加职员工作时间	25.7
更好的教室设施	25.3
更多的学生社团	13.4
提高教师工资	8.0

（三）学生选择学科与高校的依据

巴西高等教育支出绩效评价结果向社会公布之后，学生可按照高等教育支出绩效评价结果，挑选排名较佳的学科专业与选择排名理想的高校。教育部的调查研究发现，得到 D、E 等级的管理、土木工程、法律、化学工程、牙科等学科专业的申请者规模从 35000 降至 18000，课程等级为 A 的学科专业的申请者规模上升了 6%。

第二节　巴西高等教育支出绩效评价包容性存在的问题

一　绩效评价的无效性

巴西高等教育支出绩效评价制度实施伊始，遭遇全国学生协会与一些公立高校的强烈抵触。全国学生协会要求学生消极地对待测试，妨碍绩效评价的推行。全国学生协会和 Rio de Janeiro 联邦大学向法院上诉要求取缔绩效评价，指出，评价结果差的话，会危害一些高校学生的感情。绩效评价不好非学生的过错，而是高校的纰缪或政府的舛讹，因为政府未对高校供应充分全面的扶助。绩效评价不能精确地测度高校品质或学生素养，在文化教育范畴导入市场精神，在高校间与学生间展开对比与角逐没有益处。若高校绩效表现差，乃源于高校未从政府获得必需的支撑，高校不应为此受到惩治。学生学术技能测试成绩不会在学生毕业成绩单中显示，但学生依然不情愿参与学术技能测试。若学生不参加测试，会带来无法获取毕业学位证的后果，他们会参加学术技能测试，但在测试中，也许会交空白卷，或随便乱答，这使绩效评价丧失其可靠性或有效性。

二　绩效评价的非合理性

在巴西高等教育支出绩效评价中，对所有大学使用划一的评价基准，不管是综合性大学或是专业性大学皆用一个标准评判，造成全巴西的高校均按照一个标准模式调治，高校在同一标准下发展，丧失学术的自由，牺牲了高校的多元化。学术技能测试采用同一的、无差异的试卷来测试所有学科专业的学生，对性质有着天壤之别的学科专业按同样的方式处理对待，无论是工程专业或是师范专业，不管文理，皆采用同种测评，无法体现学生学科性质的差异。水平能力测试的试卷乃由教育部委派一组专家编制，是以一组专家的小集体观点当作国家基准，且评判学科专业学识的 30 个问题无法反映各个专业学科的全部有关理论学识。这就牵扯到绩效评价内容的科学性与合理性，使用水平能力测试的手段对所有学科专业开展绩效评价的正当性与有效性。这种绩效评价手段如果在一定专业学科的学生中展开，是符合相同专业学科的不同高校在教学活动中要供应内容同一，职业资质划一的传统观念立场，若专业学科的发展相当成熟完善，此手段是恰当合用的。但在大众化高等教育体系中，学生资质不同，高校水平差距大，理念立场各异，此种绩效评价手段并不妥当。且所有专业学科的评价成绩分为 5 个等次，经由不同等次来反映一个专业学科的好坏，并非妥帖的抉择。譬如，有的学科专业各个课程科目的表现都很好，但还是会有一些学科专业会由于评价分数的差距被归入 E 等次，或者，有的学科专业各个课程科目表现不是很好，但还是会由于评价分数的差距被归为 A 等次。且绩效评价中学生水平能力测试评判的是某一学科专业学生 3 年为一轮的成绩。而一些学科专业的学生毕业人数不多，可能需要耗费较长久的时间，经历再三的测试才可获取吻合巴西高等教育支出绩效评价目标，科学、合理、可靠的绩效评价结果。

三 绩效评价的不公平性

绩效评价最终发展为对学生为高校带来的发展资本的评判，而非对高等教育给学生带来的能力增值的评判。社会声誉高、优等生趋附者众的高校，即便学科专业配置不当，师资力量薄弱，好学生照旧能取得好的测试结果，而脚踏实地地专注于教学但生源质量低下的高校，即便学生尽了最大限度的努力，也可能由于资质平平而无法在水平能力测试中取得优异成绩。如在绩效评价中，参照学生高中毕业时的巴西全国中等教育考试分数或高校入学考试分数，或许能获取货真价实的绩效评价结果。而在绩效评价的学生水平能力测试中未考量各个高等院校的生源质量差别的议题，将全国各不同类别、不同层次的高校放在简单化一的基准下展开绩效评价，必将引发绩效评价欠缺公平与公正。这项绩效评价活动耗费财政资金数额巨大，评判了学生学术技能的水平，评估了高校的品质，但未设置最低评价基准，无法诠释绩效评价结果的实际运用意义。私立高校源于高学历的专职教授规模过小，在评价中失分不少，比起公立高校，私立高校在全国的品质排名中表现远远落后。绩效评价中未测度比较高校毕业生的就业境况，未从就业市场的视域评判学科专业的优劣。正因绩效评价的不合理，巴西一些最好的大学对国家发起的高等教育支出绩效评价活动有一定抵触。

四 绩效评价的政治之争

Cardoso 曾为 Sao Paulo 大学的教授和巴西闻名的社会学家，激烈地抵制过去军政府的统治，在任职财政部长期间通过实施"雷亚尔计划"，有效地抑制了巴西通货膨胀，后于 1995 当选为巴西总统，在任期间大力恢复经济秩序，压缩公共行政开支。Cardoso 统治时期巴西历时弥久的经济停滞，被指摘完全在国际货币基金组织（IMF）新自由货币主义的指引下行动，更因构建巴西国家公务员协会而受到责骂。巴西的学生协会与高等教育教师协会皆对 Cardoso 政府表示强烈不满，无论教育部发布何种政策，都会遭遇各方激烈抗议，高等教育支出绩效评价制度也遭到抵制。2003 年 Lula 任总统后，执行的政策乃批驳过往的全部政府政策。终结了过去的高等教育支出绩效评价机构，抛弃了过往累积的高等教育支出绩效评价的宝贵经验。尽管巴西教育部在 2003 年依然实施高等教育支出绩效评价，但与过去的评价流程相比出现较大的调整，不允许学术委员会参与绩效评价结果的探究分析。巴西政府于 2003 年 12 月发表实施临时性法规，变更了高等教育支出绩效评价的原有法律制度，教育部随后发布新的细则文件，阐释新的绩效评价施行方法与流程，打造了全新的高等教育支出绩效评价制度。新的高等教育支出绩效评价制度中，学生水平能力测试依然保留，只是更改了原有的称谓，在学生中抽样实施，但新高等教育支出绩效评价制度并未规避原有的制度罅隙。

第三章 巴西发展高等教育支出绩效评价包容性的因应策略

政府依法行使国家权利对包括高等教育在内的所有公共事务进行管理，政府通过经济手段、法律方式、行政命令与舆论宣传来管理公共事务。而要确保这些方式目标的达成需要构建相应的组织机制进行管理。高等教育作为国家管理的一种重要公共事务，各国皆于政府部门中构建了相应的高等教育管理制度。20 世纪 80 年代以来，巴西高等教育规模快速增长引致了绩效问题，政府在高等教育管理体系内采用了一系列举措来控制高等教育支出绩效。

第一节 组织机制：各司其职

巴西高等教育支出绩效评价的管理机构乃国家教育研究所、高等教育署、国家教育协会、高等教育评价协会。

国家教育研究所（INEP）早在 1931 年就已组建存在，直接归属教育部管辖，负责组织发端于 1995 年的全国学生水平能力考核活动。从全国学生水平能力考核、高校资源评判、高校品质考查等高等教育支出绩效评价活动收集数据资料，监督测定巴西高等教育支出施行的境况，为巴西高等教育支出的健全供应经验数据，以助力于巴西高等教育支出绩效的提升。

高等教育署（CAPES）隶属于教育部（MEC），自 20 世纪 80 年代末就开始担负高等教育支出绩效评价的使命，此前巴西高等教育支出绩效评价活动均由教育部组建的教育协会管理，或由教育部与国家教育协会一道管理实施。20 世纪 90 年代之后，高等教育署负责管理高等教育支出绩效评价，编制高校教学评价、全国学生水平能力考核的规范制度，选派专家组成绩效评价小组，由评价小组推动实施绩效评价活动，对国家教育协会、国家教育研究所、高等教育评价协会的评价活动施以协调，在全国学生水平能力考核、高校资源评判、高校品质考查中起着关键的功效。高等教育署还承担为教育部高等教育支出绩效评价工作筹措资金的任务，作为高等教育支出绩效评价的管理机构，高等教育署想方设法多途径为全国学生水平能力考核、高校资源评判、高校品质考查供应运作经费，在教育部向立法机关议会提交财政拨款申请书之前，不断与教育部协商谈判，以求争取到充足的高等教育支出绩效评价运作资金；与巴西联邦政府的相关部门比如治理与革新部、财政部一道配合开展高等教育支出绩效评价活动；从经济合作与发展组织（Organisation for Economic Cooperation and Development，OECD）、世界银行（World Bank）争取资金用于巴西高等教育支出绩效评价活动的运作。

国家教育协会（CNE）组建于 20 世纪 30 年代。过去的称谓是联邦教育协会，是官僚部门与准司法机构，运作中遭受各派政治利益团体的扰动。联邦教育协会在 1971 年划转至教育部。巴西政府于 20 世纪 90 年代着手革新联邦教育协会，依照 1995 年的〔9131 号〕法案，将联邦教育协会改建成国家教育协会，有 12 个成员，成员皆由巴西总统挑选与任命，国家教育协会在巴西总统的垂直领导下，直接听命于巴西总统。国家教育协会负责对定期开展的高等教育支出绩效评价的再评价与高校革新实施宏观层面的治理，为绩效评价订立高等教育支出绩效评价的制度规范、基准、评价原则、评价程序、评价方法；对高等教育支出绩效作出最终评判，执掌认定绩效评价结果，国家教育协会还司职管理研究生教育支出绩效评价，治理高校师资队伍。

高等教育评价协会（CONAES）于 2004 年组建，是由教育部选派适当人选构建而成，评价协会独立于政府，共有 13 人作为协会成员，成员来自教育部、高等教育署、国家教育研究所、学生团体、教师队伍、技术管理组织及在哲学、科学、人文学科方面的知名专业人士，一届的期限为 2—3 年。高等教育评价协会监督管理巴西国家教育支出绩效评价体系，评价全国学生水平能力考核、高校资源评判、高校品质考查的施行全过程、实施机制及各种变动，也就是对高等教育支出绩效评价实施再次评价，这也正是元评价。高等教育评价协会也承担任命专家，组建专家委员会的使命，依照绩效评价结果为国家高等教育支出政策提出调整的建设性意见；同州高等教育协会共同配合，评价与监督管理州高等教育部门，向州高等教育协会供应全国学生水平能力考核结果的报告。

第二节　运行机制：层层递进

一　包容性运行理念

（一）运行中的针对性

巴西高等教育支出绩效评价中，面向受教育者的一整套考核方法与考核流程，面对高校资源又有一整套的评判方式与评判流程，面对高校品质也有秩序井然的评价流程与完整健全的评价方式，针对不同评价客体构建实施不同的评价办法与评价程序，反映出巴西高等教育支出绩效评价的针对性、科学性与专业性。

（二）明确绩效评价中各方的职责界限

巴西高等教育支出绩效评价中的管理主体和实施主体相对独立，管理主体不对高等院校径直实施绩效评价，实施主体在绩效评价运作中有着较高的能动性，自主性较强，在合理范围内自由行事，但要接受管理主体的监督与审查，有助于全面发挥政府在高等教育发展中的宏观调控作用，提升高等教育支出绩效评价活动的科学性、可信性、专业性与公平性。

（三）凸显高校的绩效职责

巴西高等教育支出绩效评价运行中，获取的信息主要来自高校的自我评价，高等院校在发展中绩效自由裁量权力较为充分，高等院校可依照自身实际状况编制高等教育支出的绩效要旨，施行内部高等教育支出绩效评价活动，从而刺激高校持续改进内部绩效管理，提升高等教育支出成效。

（四）关注高等教育资源使用效益

巴西高等教育支出绩效评价中，关切受教育者的学习成就，高校学生水平能力考核中不单单查看学生的当下学习状况，还关注学生的潜在学习才智，强调学生修习之后技能的增长状况。在高校资源评判工作中，注重高校向学生提供的学习资源的规模与质量。在高校品质考查中，重视高校师资队伍水平的高低对学生修读效果的扰动程度。

二　层层递进的运行机制

巴西高等教育支出绩效评价中，全国学生水平能力考核、高校资源评判、高校品质考查分头有序展开，全国学生水平能力考核有笔试与问卷调查。高校资源评判有对课程的评判与高校的评判。高校品质考查在高校教师、大一新生与毕业生中展开。最后由教育部对各项调查结果予以汇总，向社会公开最终的绩效评价结果。全国学生水平能力考核、高校资源评判、高校品质考查在运作过程中，有条不紊、井井有条地丝丝入扣、层层递进，最终获得准确度高、牢靠可信的绩效评价结果。

在高校学生水平能力考核中，先组建各个学科的 7 人委员会，由委员会在浏览阅读分析过去绩效评价的内容、范畴、基准的基础上，确定本次绩效评价的内容、范畴与基准，明确之后，对社会公开招标投标，选择具有丰富经验与合格资质的外部承包商，承揽组织学生水平能力考核，首先组织实施学术技能测试，先由专家命题，再在全国统一测试，并对测试结果进行归纳整理，集结为专业报告，提交给各学科专业的负责人士。同时展开学生社会经济背景状况的问卷调查。最后，展开对水平能力考核的看法的问卷调查。将各项测试、调查的结果予以汇总分析，得到技术性报告，提交给教育部，由教育部对社会公布考核结果。

高校资源评判中，首先组建评判小组，收罗高校的自我评价数据资料，评判小组对资料进行加工分析，得出最终的评判结果，将评判结果上交至国家教育协会，由国家教育协会给定评判结论，并向社会公布。

高校品质考查中，首先分析过去一年的调查问卷，据此编制当前的调查问卷，在网上发放调查问卷，回收调查问卷，对问卷的调查数据展开分析，进行综合性评价，得出评价结果，对社会公布，并上交评价结果给联邦政府，联邦政府以此评价结果作为制定高等教育支出政策的参考，来发放与调整教育拨款。

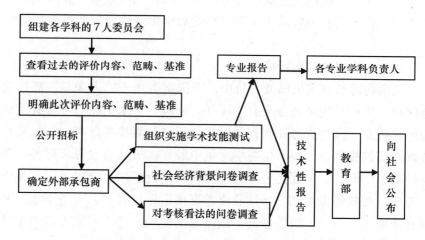

图 3-1   高校学生水准能力考核运行机制

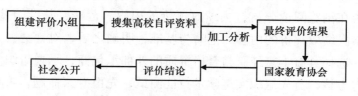

图 3-2   高校资源评判运行机制

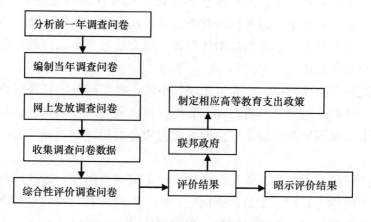

图 3-3   高校品质考查运行机制

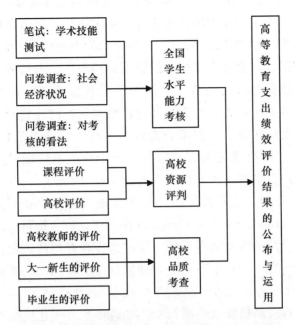

图3-4 巴西高等教育支出绩效评价运行机制

第三节 保障机制：环环相扣

一 资金支持

巴西通过立法确保充足的教育经费，巴西乃全球唯一一个将教育经费议题在宪法之中做出明确指示的国家。宪法中提出，政府向教育投入的资金应大于等于全部财政预算份额的13%，州政府投入教育文化范畴的资金应大于等于州所得税收入的25%，市政府用于教育维持与发展的资金应为所得税收入的25%。巴西财政教育支出占GDP的份额持续提高。教育部的财政资金由企业的教育税收、政府财政经费来支持，财政教育投入的80%用于联邦系统高校教职工的薪水发放与退休津贴补助。

巴西高等教育支出绩效评价的运作总成本没有详细的数据。2002年全国学生水平能力考核中国家支付给外部承包商的经费有3600万雷亚尔，依照当时汇率约为1200万美元。外部承包商需在627个城市 5000 个学科专业的 361000 名毕业学生中组织实施 24 种不同的学术能力测试，学生的人均测试成本为 100 雷亚尔，也就是约 33 美元。巴西全国各类学科专业众多，这 24 种学术能力测试在 2002 年 90% 的毕业生中应用。教育部内部成本的数据资料不详，内部成本涵盖学术协会 168 名成员的活动经费，工作人员准备绩效评价资料的时间耗费，会议举办组织经费，外部顾问分析数据资料的经费开支。所有这些运作皆耗费巨额资金，但就教育部每年投入在高等教育上的 50 亿雷亚尔，即约 16 亿美元而言，这些评价运作成本的规模适当，比例还算正常合理，得到了国家的大力支持与资金保证。

从 1992 年起，巴西教育部对公立高校的经费采取了公式化资金拨付手段（Formula Funding Model）。在公式化资金拨付手段中，各高校能从政府获得的经费涵盖 5 项，基本高等教育财政资金，是基于教职工规模的函数；预算财政资金增加额，是随教职工的职称资历而变更；财政调整款项，是基于人均学生成本而相应调整；专项设备设施维护财政经费；高校发展专项经费。如若依照公式化资金拨付手段测度的预算经费小于人员经费，各高校可经由提出恰如其分的方案与教育部商讨而获取双方认可的补增财政经费。巴西教育部在公立高校的经费资助中还采用了合同资金拨付手段（Contractual Funding Model）。合同资金拨付手段是在邀请一些高校从事既定教育事业时给予对应的资金支持。主要在高等教育机构从事新活动项目时给予一定的资金资助。科技发展计划资助（PADCT）就是采用合同资金拨付手段来获取资助的典范案例，科技发展计划资助的资金部分来源于联邦政府，部分来源于世界银行。科技发展计划资助范畴是材料科学、生物技术、计算机应用科学。合同资金拨付手段在分配高等教育经费时导入市场机制，革新了资金分配体例，增强了激励机制。伴随高等教育与市场的紧密配合互动，合同资金拨付手段未来在巴西会有更为广阔的发展远景，也为高等教育支出绩效的提高发挥着难以磨灭的积极效用。

为改变高等教育支出绩效中的非公允现象，让更多低收入家庭的学生有能力接受高等教育，巴西自 1999 年起着手制定施行财政支持规划为低收入家庭的学生发放助学贷款，按学费的 70% 比例提供贷款，供应给学生的贷款资金中35%来自过去助学贷款的还贷资金，剩下65%的贷款资金来自政府财政资助，2004年财政拨付了8.72亿雷亚尔用于学生助学贷款的发放，约为3亿美元，助学贷款由财政直接拨付至高校，助学贷款还贷利息率非常低，学生在大学毕业后第1年起才需要偿还助学贷款。政府提供的助学贷款使低收入家庭的学生有可能接受高等教育，促进了高等教育机会的平等，至今已有数十万低收入家庭的学生从国家提供的助学贷款中受益。在政府助学贷款的支持下，很多低收入家庭的学生得以进入"象牙塔"进行深造。巴西法律规定非营利性高校可把收入的20%用于向学生发放奖学金，这样非营利性高校才能享受国家给予的税收优惠政策。因此在助学贷款之外，私立高校会向学生供应奖学金，发放的奖学金可被学生用来清偿学费。

巴西公立大学学生总额的1%是10%最低收入家庭子女，公立大学学生总额的48%是10%最高收入家庭子女，而公立高校获得的财政支持较多，也就表现为较多的财政资金用于高收入家庭的子女，低收入家庭子女较少享受高等教育财政资金。为改换此类不公平境况，推动更多低收入家庭的子女能够顺利完成基础教育与中等教育，增加低收入家庭的子女接受高等教育的机会，巴西还不断增加对基础教育与中等教育的财政投资力度，使教育支出政策落脚点由追求规模转移至寻求效益。

二　全面利用高校资源

巴西2002年的调查中显示，私立高校空余位置占比约37.5%。为提高私立高校资源的利用效率，巴西政府规定，非营利性的高校至少要免费向社会供应20%的招录名额，才可享受国家赋予的免税优待，营利性高校至少需要免费向社会供应10%的招录名额，才能有资格享受国家给予的减税优待，经由减免私立高校的税收负担，刺激私立高校尽可能地把空余位置免费供应给低收入家庭的学生。此项政府政策取得了显著成效，已有百余万学生从此项政府举措中获益。私立高校的空余位置得到充分利用，也提升了私立高校的入学率。对应于私立高校闲置资源利用效率的提升，公立高校也响应政府号召，不断扩大新生的招录规模,在政府给予的财政资助保持不变的情况下,公立高校教师担负起更多教学任务,授课时间增多,授课规模扩大,更多以大课形式展开教学活动,负责培养指导更多学生的使命。巴西政府还充分利用现代化手段,着手推广远程教育方式,以更充分地挖掘利用高校资源,培养更多学生。巴西于 2004 年创设了新的高校,The Darcy Riberio 高校,使尽可能多的学生可经由远程教育手段足不出户就能完成大学学业,获得大学学位,偏远地区的学生也可以避免长途跋涉才能接受大学教育,节约了个人受教育的费用,也提高了偏远地区学生的受教育意愿,国家以较低廉的成本快速提高了高校的入学率。

三 提高少数民族接受高等教育的机会

巴西第一个少数民族教育政策乃少数民族高等教育国家奖。巴西少数民族主要乃黑人、土著。巴西人口中黑人占比约为 40%,但接受高等教育的黑人数量很少,大学生中黑人学生的占比不到 20%,为提高大学教育中少数民族学生的比重,国家实施少数民族高等教育国家奖的举措,以资助少数民族学生接受高等教育,调整少数民族学生的入学资质条件,提高少数民族学生就读大学的机会。很多高校把本校 50% 的新生招录名额依据民族人口比重配置给黑人学生与土著学生。为少数民族学生预留高校招录名额是巴西高等教育支出政策中的重要举措之一。起先为少数民族学生预留招录名额并非全国性政策,仅为个别高校的自主举措,个别高校把本校新生招录名额中的 40% 留给黑人学生,还将招录名额中的 10% 留给公立高中的学生,逐渐引发巴西全社会的关切与看重,逐步在所有巴西公立大学中广泛应用,但具体实施方式由各公立高校自主做出决定,譬如 Brasilia 大学把新生招录名额中的 20% 预留给黑人学生,在黑人学生的录取选拔中,黑人学生的入学申请书经 Brasilia 大学的内设委员会筛选,该内设委员会成员为 5 位教师、劳工党众议员与一些黑人学生,最终选拔结果于大学入学考试之前由政府对社会宣布。未获录取的黑人学生和其他学生再在剩余 80% 的新生招录名额中进行角逐,内设委员会在选拔中因招录名额的束缚未录取 20% 黑人预留名额的黑人学生,

若大学入学考试成绩达到要求标准，仍会被 Brasilia 大学招录。20%
黑人预留名额中录取的黑人学生还有机会申请高校助学金。Brasilia
大学还对低收入家庭的学生提供心理咨询服务，激励低收入家庭学生
放下经济包袱，顺利完成学业取得学位。而且，Brasilia 大学还为巴
西土著学生预留一定的招录名额，土著学生的招录活动由印第安基金
会负责展开。2003 年 Rio de Janeiro 大学开始为黑人学生预留 40% 的
新生招录名额。各个高校也相继跟进，开展类似的少数民族预留招录
名额的做法，逐步减少高等教育支出绩效中的不公平现象。

四　统一高校入学考试

巴西高等教育支出政策中革新高校的入学考试制度，各高校皆采
用统一的全国中等教育考试成绩作为招录新生的依据，不再以高校自
设的入学考试成绩作为新生招录依据。25% 的公立高校在录取新生时
开始采用统一的全国中等教育考试，今后所有巴西公立高校皆会使用
统一的全国中等教育考试。在巴西全国施行统一的高校入学考试的要
旨，乃为彰显中等教育的务必性与紧要性，尽可能保障所有学生进入
高校修读机会的均等。给家庭经济状况不佳、没有财力报名参加高校
入学考试考前培训的学生公允的角逐机会，推动高等教育支出绩效的
提高。

五　针对跨国人才流失寓堵于疏

人才挽留项目推动巴西人才的回流。在跨国人才流动中，巴西是
高层次人才的净流失国，20 世纪 90 年代获得奖学金资助出国留学的
巴西科学研究人员中，仅有 51% 流转回巴西，遭遇高层次人才的流
失困境。为改变高层次人才大量流失情况，巴西政府采取了各种举措
挽留人才。2001 年巴西着手启动施行博士挽留项目（The Program to
Promote the Retention of Doctorate Qualified Staff），对有博士学位的人
才给予丰厚的工资薪金、提供完善的科学研究环境、支持人才的跨国
科学研究交流活动等举措，激励本国博士在巴西本土工作，吸引外国
博士流转至巴西工作。还施行了学术精英挽留项目，主要为刺激巴西
高技术人才精英留在巴西工作，搭建巴西学者与国外巴西裔学者的科

学研究交流平台。还实施一些项目旨在吸引巴西裔学者在巴西境内短期工作，尽可能激励巴西裔学者为巴西经济进步添砖加瓦、社会发展尽心尽力。经由各种人才挽留项目的施行，巴西扭转了高层次人才的流失境况。巴西与俄罗斯、中国、印度相比，巴西出国留学人员的归国率十分高，俄罗斯、中国、印度约有80%的海外博士在本国境外工作，而巴西出国留学人员的80%皆在巴西本土就业。

资金支持跨国人员的交流互动。巴西的国家科学推进协会（CNPq）、教育部高层次精英培训基金（CAPES）是巴西参与跨国科学研究活动的主要资金支撑机构，资助方式乃对科学研究项目的资金支持、聘请知名学者访学、邀约著名专家展开科学研究合作、发放研究生奖学金等。资金支持力度最大的是科学研究跨国交流合作，资金支持力度排第二位的是访问学者项目。巴西教育部高层次精英培训基金、国家科学推进协会资金支持了精密科学、人文专业、生命科学专业、地球科学专业和工程专业的研究人员出国进修深造。巴西不仅为本国研究人员、教师、学生出国进修深造提供资金支持，还为外国学生来巴西进修深造提供资助，巴西与非洲国家阿尔及利亚、刚果、喀麦隆等及拉丁美洲、加勒比地区的国家达成本科生项目互助合作条约（The Undergraduate Student Program Agreement），每年巴西政府对来自非洲、拉美、加勒比地区的约600名学生提供到巴西进修深造的资金帮助。还有研究生项目互助合作条约（The Graduate Student Program Agreement），为国外研究生到巴西参与科学研究、文化交流与技术合作提供资金支持。巴西设置了 Milton Santos 大学基金会，为非洲国家的学生到巴西公立大学进行深造供给奖学金等经费帮助。

跨国科学研究合作广泛开展。科学研究项目合作的国家中，展开跨国合作最多的国家是美国，跨国合作按多寡排序依次为美国、法国、加拿大、西班牙、葡萄牙。巴西高校从欧盟实施的拉丁美洲学术培训项目、拉丁美洲高层次人才奖学金项目获得许多资金支持，多个科学研究机构从中受益。在联合国教科文组织（United Nations Educational, Scientific and Cultural Organization，UNESCO）、伊比利亚首脑峰会的推动下，地域邻近，文化传统有相通之处，巴西与伊比利亚美洲国家的科学研究交流合作日益增多，形成了跨国的双边、多边科学研究平台。且在全球经济形式与政治格局的推动下，巴西与俄罗斯、印度、中国的科学研究交流合作也不断加强。巴西与俄罗斯在生物技术、生物医药、人类健康、神经科学、海洋、极地科学技术方面展开合作；巴西与印度就远程教育、研究生教育、消弭文盲、专家学者沟通交流、科学技术研究展开成效明显的互利合作。巴西与中国在地球资源卫星项目方面展开技术合作，在教育上展开专业交流。

海外人才与本土人才一个都不能少。巴西经由施行人才精英签证移民规划、科学技术奖学金规划、博士立足本土的特别规划，主动积极的吸纳海外科学技术精英，充实巴西科学技术精英的规模与质量，再加上跨国科学研究合作活动，极大地提高了巴西科学研究人员的科学研究水平。巴西科学研究人员在专业学术期刊上发表的论文规模翻了一番，科学研究机构的数量、研究人员的规模也皆翻了一番。2006年培养了博士9600名，于专业学术期刊出版发表了17000篇专业学术文章。2007年，巴西施行科学技术革新发展规划，研究生奖学金发放的规模与人均额度得到提高，理工类博士生培养规模也大幅上升。巴西政府经由跨国科学研究交流合作与人才政策的施行，保障了巴西高校的国际声望与世界地位，打造了巴西学术科研精英队伍，提高了巴西高等教育支出绩效。

第四章 俄罗斯高等教育支出绩效评价包容性发展成就及问题

第一节 俄罗斯高等教育支出绩效评价包容性的发展成就

俄罗斯高等教育发端于 17 世纪，到现在已有 400 多年的发展历史，俄罗斯高等教育已有庞大的规模与较完整的体系。20 世纪 90 年代中期，俄罗斯高等教育受教育者人数跌至低谷之后，快速回升。迈入新世纪之后，俄罗斯政府公布《俄罗斯联邦国家教育发展纲要》，为未来 25 年的教育事业订立了明确的发展基调，确定了教育在经济社会中的优先发展地位、发展策略与发展目标。俄罗斯高等教育的发展势头更为迅猛。现在俄罗斯每 1 万人中就有 407 名大学生，远高于德国、英国等发达国家，可见俄罗斯高等教育有着扎实的发展基础。俄罗斯政府在经济社会体制转变的背景下，就高等教育体系中的问题，采取一系列的高等教育政策举措，推动高等教育的顺畅发展。为规避多元化的办学主体，层级化的人才培养结构、多源化的教育资金来源引发办学标准和办学目标差异可能对高等教育支出绩效造成负面影响，俄罗斯构建了相对独立的批准、认证与鉴定的三环节高等教育支出绩效评价制度，并对这种制度不断完善与调整。

一 绩效评价包容性的原则

俄罗斯高等教育支出绩效评价体系在指导思想上侧重于多样的评价观点、多元的评分方法、多种的评价方式。主张高等教育支出绩效评价体系建设需遵循的原则为：

第一，面向国际、国家、家长、学生、企业主多方面的需求。

俄罗斯联邦《教育法》主张，高等教育在教育内容上，要确保受教育者的自主抉择，并为其自由选择创建条件，以达成法制化、实现公民社会为根本目的，让受教育者汲取国际水平的学识与教育程度，养成国际水准的职业品德与文化素养，实现个体特性在民族文化与国际文化中的交融，培养出顺应现代社会多元化需求，勇于担负服务社会责任，具有显著时代特性，繁荣社会与成长社会的卓越人才。

第二，提高对专门人才的要求。

为实现俄罗斯高等教育支出培养专门人才的全方位性，注重受教育者的创造力、个体独特性、自我实现的发展，关注学生的职业发展潜力与文化潜力。俄罗斯高等教育支出要在当今的经济社会氛围内为受教育者的自主定位、自我实现提供激励，拓展其实践技能，塑造其美好心灵，缔造高尚道德。巩固通识教育，达成文理皆通，实现基础知识领域拓宽，专业知识领域的深入。

第三，注意高等教育活动程序的可持续性。

高等教育不仅要满足国家的需要，社会发展的需求，还要符合个体自我拓展的要求。高等教育需要奉行连续性原则，不间断地实施服务创新、组织更新、技能革新，并在高等教育实践活动中不断的改进与完善。

第四，系统的管理方式。

高等教育发展不仅有赖于自身的久远传统，也须虚心学习它山之石的先进经验。不但在高等教育的科研成果和经济社会间搭建紧密的联络沟通，还要打造开放包容的高等教育，达成科学研究和高等教育的融会贯通。高等教育与科学研究的融合进程既存在于高等教育外部层级，搭建一体化的中央、地方、市政的高等教育空间，制定高等教育规范，也存在于高等教育内部层级，订立统一的高等教育方针，施行一体的高等教育政策，教师与学生的交互式教学，互促式科研活动的开展，在内外结合的系统管理下，俄罗斯高等教育发展卓越。

第五，不间断地推动集体中所有成员努力改善工作绩效。

所有高校教师均须职业技能与自身个性兼具，高校教师要不断地提高自身水平，磨砺出顺应时代需要的教学技能，能够把各种变化合理融汇于教学活动之中，订立适宜的、富有独特风格的教育方法，从而提升教学成效。在经济社会信息化发展过程中，要培养教师合理运用信息技术与文化，取其精华，去其糟粕，在教学活动中实现教育内涵与外延的信息化，恰如其分地利用信息技术，提高绩效。

第六，避免高等教育活动损失。

俄罗斯高等教育承担着人才培养的重大职责，担负着社会保护体的责任，肩负为新世纪培育具有高尚品质素养人才的职守，高等教育乃俄罗斯国家兴旺发展不可或缺的要件。俄罗斯快速进入资本主义经济的消极影响、集权社会的沦陷及其道德标准的轰塌在年青一代中产生了负面的社会影响，譬如，道德标准低下，崇尚自我，利己主义盛行，悲观情绪弥漫，等等。社会正需要高校教育活动来对抗这些负面干扰，培养受教育者积极向上，成长为品质优异的人才，这正是高等教育工作的责任。在没有有效的青年组织支持，欠缺合理的社会制度帮助的情况下，高等教育活动需要对受教育者的道德观念进行重塑，帮助其树立正确的世界观，建立豁达的人生观，高等教育的内容要顺应新世纪教育模式的要求，活动方法要遵循俄罗斯高等教育发展战略。

二 绩效评价包容性的指标体系

21 世纪俄罗斯高等教育支出绩效评价指标乃依照劳动力市场与高等教育的交互作用而建构的，较多考量高等教育内容同市场需求的相称性，目的是提升高等教育机构对高等教育活动结果的责任心与使命感。俄罗斯高等教育支出绩效评价指标表明国家对高等教育支出绩效在宏观层面上的要求，乃高等教育支出绩效的保障工具。涵盖如下内容。

第一，优质教育大纲的绩效评价指标。具体涵盖：与国家教育标准相符与否；考量地区劳动力市场及高校特点与否；课程教学过程中是否考量高校特点；理论课程设置与维系的逻辑性；达到俄罗斯教育部倡导的大学生自主行动要求与否；关于大学生自主行动的教学书籍充足与否。

第二，高校教育过程管理的绩效评价指标。主要涵盖：委员会制与一长制的选用；高校活动行政管理机构的系统性与否；明确权力和责任的分散与制衡属性；各系在资金安排及教学工作中自主与否；透明度与开放度的高低；管理活动的法制化与否；应用管理和战略管理融合与否；层级体系权责明确与否。

第三，优秀教育工作者的绩效评价指标。主要涵盖：具有学位、职称的教师占比达到俄罗斯平均指数与否，呈现稳定上升态势与否；教师平均年纪在55岁以下与否；有编制的教师占比达到50%与否；对优秀大学毕业生开展教育科研活动吸引力的强弱程度；教师对法律法规变动的适应力强弱程度，拥有劳动力市场要求的知识技能与否，符合科技进步的需要与否；职务晋升规则能够激发教师发展后劲与否；教师教育科研活动正面效应得到发挥与否。

第四，高中应届毕业生的绩效评价指标。主要涵盖：高校对就读本校的高中应届毕业生入学前培养质量高低；高中应届毕业生入学考试要求提高与否；接受入学前培育的高中应届毕业生考入高校的概率。

第五，大学生知识水平掌握情况的绩效评价指标。主要涵盖：理论学习的管理水平；学生对高校生活、教学、科学活动的融合情况；大学生自治水平，大学生自治机构健全与否。在评价中，使用国家对高校的认证资料、国家鉴定委员会的考查数据、专门基金的专业测试结果、学位工作的测定结论、对毕业生供给情况、劳动力需求状况、社会对毕业生预定景况等各类数据展开综合分析。

第六，高等教育活动的绩效评价指标。从全体教师视域看：教学过程契合教育大纲主张与否；教学活动中新技术与积极修习方法的运用情况；学习成效管理系统性，排名体系管理的修习激励成效如何；教师对自身教育科研活动的评判；课程、教学方法、综合大纲恰当与否。从学生视域看：学生在教学活动中积极与否，能否经由自主思维提出问题，并自主分析提出个人独立主张；修习动力强劲与否；掌握理论知识丰富与否；构建高校学生教育服务成效考核体系。

第七，教材、教研方法、文献资料等信息教育环境保障的绩效评价指标。主要涵盖：信息的包容性；信息资源对受教育者各式需求的满足程度；使用现代技术配合信息资源机构应供应信息服务情况；图书馆的图书量与用户量比例是否不超过 1：50；全体师生的信息素养是否与现代信息技术发展同步。

由上可见，当代俄罗斯高等教育支出绩效评价指标体系充分体现新世纪的时代属性，全面顺应就业市场需求，开放包容的管理体系，同信息社会要求相匹配，关注学生的自主治理与个人风格的发展。

俄罗斯高等教育支出绩效评价指标不仅在国家宏观层级有确切规范，在教育部层级也有着细化的评价指标。教育部层级的评价指标乃对国家宏观层面指标的明晰细化，通常采用数据描述，多反映高等教育系统 3—5 年内的发展情况，经由分析比较各项细分的评价指标，展示高等教育支出绩效发展态势，并阐释与评判这些发展态势，进而获取有利于高等教育支出绩效提升的建议与意见。

高等教育支出绩效评价指标及有关标准化要求为俄罗斯高等教育支出绩效提供了实施依据与规范保证。俄罗斯高等教育支出绩效评价完善的指标体系，对俄罗斯高等教育提出了严要求、高标准，也得到良好的回报，俄罗斯高校毕业生质量在全球有口皆碑。

1992 年、1996 年，俄罗斯公布了《关于俄罗斯联邦构建多层次高等教育的方案》《高等职业教育与大学后职业教育法案》，对俄罗斯高等教育的层级进行革新。采取 3 个层次的高等教育构成。改变了苏联自 20 世纪 50 年代中叶在高等教育阶段只有本科教育而取缔专科教育的单一构成境况，这样俄罗斯高等教育的 3 个层级为：一为高等专科教育，乃高等教育的初级阶段，高等院校依照基础专业教育大纲展开人才培养，历时两年。学业完成后可获得《不完全高等教育毕业证》，培养的是技术员、初级工程师等初等专业人员，可直接就业，或继续接受本科教育。二为学士学位教育，是本科教育阶段，是由高等院校依照基础专业教育大纲在专科教育后实施的基础高等教育，学生按照专业在修习完所有课程，参加实习，考核通过，授予学士学位，历时 4 年。学士学位获得者还可继续深造攻读硕士、副博士学位。三为研究生教育，是硕士研究生教育、博士研究生教育阶段。硕士研究生由高等院校按照相应基础专业教育大纲实施。硕士研究生学习时间历时两年，毕业后获取高校发放的硕士资格证书。在工程师类、医学类、体育类等充满创造性的专业，没有实行学士制，施行专家培养制度，历时 5 年。社会经济学、人文科学、自然科学与其他一些专业职业人才培养，也实施 5 年制的高等教育计划。经过 5 年的修习，学生须经历考核与评价，提交自己独立完成的毕业论文或毕业设计，考核过关者可获取所学专业的工作资格证书，譬如，教师资格、工程学工作资格、农业家资格、经济工作者资格等，也相当于具有硕士资格证书。研究生获得硕士毕业证书后可接着专修副博士学位，修习副博士的学习时长为 3 年。博士研究生由高等院校按照相应基础专业教育大纲实施。获取副博士学位者在历经一段时期的实际工作后，取得一定成就，有权提出博士学位申请，进行论文答辩，通过后就可获得博士学位。对于历经 5 年时间获得工作资格证书的学生，被视为拥有硕士资格，可径直修习副博士学位。同时，为了精简俄罗斯发放的高等教育毕业证书在国外获得承认的流程，俄罗斯于 1999 年签署了打算加入博洛尼亚欧洲高等教育区宣言（Bologna Declaration），打算在学士、硕士这两级全面施行与国际同步的高等教育制度，采用统一的教学评价准则、教育绩效评价准则，并实施统一的考核制度与更具国际可比性的学位制度。俄罗斯联邦构建两类多层级的高等教育人才培养体制：一类是传统的专家、副博士；另一类是学士、硕士、副博士。只有成为专家或获得硕士学位之后，才获取资格进一步修读副博士学位。俄罗斯采取与欧盟国家对等的高等教育硕士学位制度，为高等教育绩效相互认可与国际交流合作打造了良好的平台。俄罗斯于 2003 年 9 月在 Berlin 会议上，正式成为 Bologna 进程的成员并签署了《Bologna 宣言》。《Bologna 宣言》的要旨乃增强欧洲高等教育的绩效，提升欧洲高等教育的国际竞争力，《Bologna 宣言》提及需要在各成员国构建统一的绩效评价指标。

俄罗斯为了强化对教育支出绩效评价，每年对社会宣告《俄罗斯教育质量：发展现状、发展态势、现有问题、发展远景》，对高等教育绩效评价的结果进行合理科学的归纳分析。

总之，在 Bologna 体系的扰动下，俄罗斯高等教育自身特色会在一定范围内渐渐式微，传统的高等教育支出绩效评价指标的特色也会受到相当干扰。可以预见，俄罗斯高等教育支出绩效评价指标体系会不断革新，与国际绩效评价指标相融合。

三 绩效评价包容性的方法

俄罗斯联邦对高等教育支出绩效管理在承继苏联传统的基石之上，借鉴发达国家的成功经验，在高等教育支出绩效评价发展中保持着自身独特性。首先，俄罗斯联邦采取了高等院校批准方式，只有得到批准的高校才是合法的学校。其次，实施国家高等教育支出绩效评价方式，构建了自主的国家高等教育评价协会（State Attestation Service）。国家高等教育评价协会每 5 年对自发提出评价申请的高校展开评价，来保障国家教育标准得以在全国各高校严格遵照执行。若评价结果显示某一高校办学质量低于国家教育标准的要求，则此高校可能被国家要求停止一切办学活动。最后，还采用了鉴定方式。国家鉴定乃依照评价结果，分析探究高校活动情况，若分析结论表明高校活动积极向上，就向高校授予国家鉴定证书表明高校鉴定过关，这时高校就拥有合法权利向毕业生发放国家认可、政府监制的高校文凭，并可获得国家财政资金的支持。俄罗斯高等教育支出绩效评价制度乃由批准（Licensing）、评价（Attestation）、鉴定（Accreditation）这 3 个相互关联且相互独立的环节构成。且批准证书、评价结果、鉴定合格证书皆有 5 年的有效期，过期需重新申请。就各个高校而言，各高校经历这 3 个环节的时间各异，因此各个环节的活动为交叉实施，如图4-1所示。

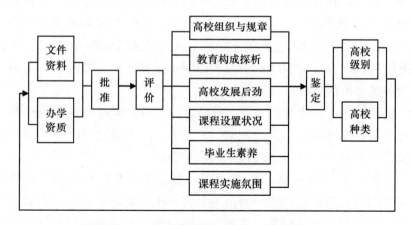

图 4-1　俄罗斯高等教育支出绩效评价流程

（一）批准环节

批准并非一劳永逸，而是须每 5 年重新申请批准，周期性参加以确保高校资质。批准过程中审查的主要内容有，是否有所要求的全部文件资料，涵盖高校组织规章、注册登记证照等；办学资质具备与否，譬如教学软硬件、高校校园面积、教师资质、师生比、卫生防疫达标情况等。这是俄罗斯教育部在批准环节规定审查的明确要求，高等院校申请批准证书须达到这些要求，是俄罗斯高等教育支出绩效评价制度的第一道坎儿。俄罗斯联邦《教育法》承认私立高校具有合法地位，俄罗斯现有私立高校有 700 多所，私立高校多数拥有相关的批准证书。在批准环节的审查内容中并未对高校的教学活动做严格要求，主要是审核高等院校的办学软硬件情况。只要高校软硬件达到要求标准就被准许招收录取大学生，但要获得颁发俄罗斯教育部统一监制的高等教育毕业证书资质，还需要高校提出申请，参与下一环节的评价。

（二）评价环节

评价乃依照国家教育标准对高校的教育内容、教育水平与教育质量合格与否展开评判的阶段。高等院校如果想要参与评价，需要先向国家高等教育评价协会提出申请，由于申请参与评价的高校已经在批准阶段通过了办学软硬件的考察，国家高等教育评价协会评判时主要审核已通过批准高校的具体教学活动、教育绩效状况。

在国家高等教育评价协会展开评价活动之前，申请评价的高校须按照国家教育标准先实施自主评价。自主评价主要是为便于国家高等教育评价协会了解高校对外部评价的预备情况，推动高校内部高等教育支出绩效评价体系的打造，高校须建构全面的内部高等教育支出绩效评价信息资料库，信息资料库的内容来源于高校自主对评价对象与评价指标的测定结果，从而降低国家高等教育评价协会实施外部评价时的成本。高等院校内部自主评价的内容有：高等教育工作的制度建设与实施情况，高等院校行政组织管理情况，受教育者的培养层次与专业结构，受教育者的修习内容；教学活动的开展情况，受教育者的修习效果如何；高等院校内部受教育者培养结果绩效评价体系，教职工水平高低，教学手段与方式先进与否，学校藏图规模大小与质量高低情况，科研活动开展情况，教育技术设施供应情况。高校就这些内容展开自主评价，以书面形式作出汇报，在国家高等教育评价协会开展外部评价之前的一个月把自主评价的书面报告上交给国家高校评价督导司。高校的自主评价报告中，高校须阐释自身对外部评价的准备充分与否，国家高校评价督导司对自主评价报告展开探析，决定高校是否达到参与外部评价的要求。高校负责人要对自主评价报告的精准性与确凿全权负责，承担可能发生的后果。高校如果没有按要求上交全部书面资料，或者没有按照时间要求如期上交书面资料，会丧失资格而不能如期参加外部评价，或须延迟参加外部评价。

　　对国家高校批准—评价—鉴定管理署确认达到参与外部评价要求的高校，国家高等教育评价协会开始对高校展开外部评价。国家高等教育评价协会组建评价专家组，专家组由高校教育部聘任重点高校的研究员、教授及政府部门代表组建而成，专家组对高校的实际状况展开实地考察，与高校自主评价的分析结果进行比对，审核高校是否真实地对自身进行评价。外部评价内容的法律依据是俄罗斯国家高等教育委员会于 1996 年 5 月下达的 "961 政令"，明确规定了高等教育支出绩效评价报告的细化内容涵盖：教育活动的规章管理制度；高等教育构成的评判、探究原因与发展对策；高校的发展后劲；专业学科课程内容与国家教育标准相符合与否；毕业生水平的衡量标准；课程教学的实施环境。因此专家组实施外部评价的主要内容涵盖：评价高校规章制度，主要查看高校规章制度科学、规范与否；评价高等教育构成，主要查看高等教育的构成状况，有无须要改进之处；评价高校的发展潜力，主要查看高校未来教学科研的发展愿景；评价高校专业学科课程建设与发展，主要查看高校各专业的教学大纲与教学计划的实施情况；评价毕业生的最终学习结果，主要查看毕业生的就业状况与学业成绩好坏；评价课程教学实施氛围，主要查看高校教职工水平、图书馆馆藏情况、教学科研设施状况等。

　　（三）鉴定环节

　　对高校展开鉴定是俄罗斯高等教育支出绩效评价过程中的第三个阶段，也是最后一个阶段，是保障俄罗斯高等教育支出绩效的关键一环。高等院校在鉴定环节能够过关就意味着高校合格的完成了所有专业学科课程的培养计划，高校获得在所发放的毕业证书上加盖俄罗斯联邦政府官方印章的资格，高校的全部教学活动受到国家的承认与庇护，并受到国家的财政支持，资金需求属于国家财政预算支出体系的安排范围。

鉴定环节主要评判高校的级别与高校的种类，高校级别是属于高等专科教育，学士学位教育，抑或研究生教育，高校是属于综合大学、专业大学、研究院中的哪一类。

俄罗斯1996年的《高等教育法》要求，高校的国家地位取决于国家鉴定结论，即高校类别的归属。并对综合大学、专业大学、研究院各自的职责与任务予以明确，此三类高等院校均执行高等教育与大学后职业教育大纲，职责与任务有一定的不同：综合大学培养范围较为宽泛，培育高水平的科研人员及教学人员，并为各类人员的深造、培训提供服务，综合大学更为重要的职责为广泛展开基础研究与应用研究；专业大学为一定领域的教学活动与科学活动培育高水平的人才，为各类人员的深造、培训提供服务，重点展开一定专业领域的基础研究与应用研究活动，较综合性大学而言，专业大学的学科专业范围没那么涉猎广泛，譬如铁路交通学院、农林学院、经济学院皆属专业大学。研究院一般来说，至少培养一门学科的专业人员。

鉴定中所运用的指标来自2001年俄联邦国家评审局与高等教育管理部门一道编制的量化指标。鉴别高校级别过程中主要剖析的内容涵盖：教学内容达到国家教育标准的要求与否；科研教学信息中心健全与否；毕业生的知识技能达到国家教育标准的要求与否。鉴别高校种类的剖析内容主要涵盖：教育部门提供的专业名单与相关教学方案完善与否；毕业生有无继续进修的能力与可能；科学研究归属于应用性、基础性还是探索性的性质及科学研究的规模与质量；高校教师编写的专著、教材与教学指导资料的质量高低，及在教学活动中的使用情况与效果；教学人员与科研人员的配备比例；教学实验设备、设施的完备情况；毕业生参与科学研究活动的可能性与就业前景；高校为学生提供的食堂服务、住宿服务、娱乐运动服务及医疗保障服务优劣状况；师生参加国际合作与国际交流的多寡、成效如何；高校作为教育文化中心举办各类教学科研活动的规模与质量状况。

四 绩效评价包容性的应用

俄罗斯教育科学部国家鉴定中心数据信息资料库中容纳有 1200 所大学、300 所高等职业学校的数据信息资料。俄罗斯教育部鉴定委员认定了 854 个大学、970 个专科院校与 7 个高等职业学校的国家鉴定资格，妥善地处理了 113 所大学、14 所中等职业学校与 4 所高等职业学校的级别调整问题，310 所新建的公立高等职业教育机构与私立高等职业教育机构在国家鉴定中顺利过关。在高校中，有 79% 的高校顺利鉴定过关，21% 的大学鉴定未如期过关。其中在公立高校中，7% 的鉴定未如期过关，93% 的鉴定顺利过关；在私立高校中，60% 的高校鉴定顺利过关，40% 的高校鉴定未如期过关。在顺利通过鉴定的高校中，50% 的高校中有 60% 以上的教师拥有要求的学历学位或职称资格，在历史悠久的一流高校中，50% 的高校中资深教授占比达 10%。

在批准、评价与鉴定中，发现不同地区高等教育存在巨大差距。俄罗斯高等教育分级财政预算造成高等教育的区域差距。俄罗斯在高等教育财政制度革新中使用了分级财政预算手段，不但未缩小过去的高等教育区域差距，反而加深了高等教育区域差距。各区域有着显著的经济发展水平差距，并非所有地方财政均能顾及本地区高等教育进展中的资金需要，经济发达地方有能力增加高等教育支出，而经济低迷的地方对高等教育支出有心无力，从而使高等教育进展中的区域失衡情况愈演愈烈，以至于有些区域高等教育发展裹足不前。俄罗斯教育部社会研究中心的调查反映出，俄罗斯社会对高等教育中的分级财政预算制度见解各异，莫斯科有一半以上的人反对高等教育分级财政预算制度，仅有 15% 的人支持高等教育分级财政预算制度；圣彼得堡有 40% 的人持反对立场，近 25% 的人持支持立场。伏尔加河流域地区、黑土带中央地区、北高加索地区、远东西伯利亚地区等经济欠发达地区多数人对高等教育分级财政预算制度持否定立场。区域经济发达的地区对高等教育分级财政预算较为肯定，而区域经济欠发达地区对分级财政预算较为否定。

高等院校遭遇生存发展的危机。俄罗斯联邦法律明确支持，国家联邦预算每年财政教育支出至少为国民收入的10%，财政高等教育支出至少为国家联邦预算支出的3%。但在实际联邦财政预算部署中高等教育支出并未达到法律规定要求，联邦预算用于高等教育支出的经费部署只占高校实际需要经费的20%—40%，且实际资金拨付数额比预算部署更低。俄罗斯联邦法律准许高校自主开展经营性活动，高校可以创办农场、建立工厂，经由股份制手段参与各类机构、组织、企业的商业运作行为，开展中介活动，高校资产可合理地销售、出租、实施证券投资行为，实施有偿培训服务活动，开展科学研究服务行为，将经营性活动中获取的经营利润投入非营利性的高等教育中。虽然高校可开展商业性行为，在市场经济中获取预算外资金来源，高校从事商业活动获得的预算外经费规模不断提高，占高等教育支出的比重由10%提高到25%。但高校并非以盈利为终极目标的企业，高校的商业行为只能作为达成高等教育目标的辅助手段，因此高校在获取预算外经费的能力有限，手段也不够充分，财政支持力度不够的状况下，高校不可避免地会遭遇生存的危情，要想获得长足发展可以说是举步维艰。

高等教育发展包容性的缺失。俄罗斯高等教育实施办学主体多元化，财政预算分级管理制度之后，出现了数量众多的完全依靠收取学费立足的私立高等院校。且公立高等院校也普遍向学生收取学费，收费公立高校的占比由30%上升至50%。学费收费水平较高，在公立高校中，学生可以获得政府助学金，教师工资薪金可得到财政支持，公立高校人均学费1000美元以上，且学费因专业不同、层次各异、高校差别、地区差异而又较大差距，变动幅度相当大。在财政支持乏力的私立高校，学费更是让家境普通的学生苦恼。对应于办学主体多元化、财政预算分级管理制度的变革，就业途径也不再是计划经济时期的国家大包大揽，而是市场经济下的雇主与学生的双向选择、自主择业。毕业生要想获得理想的就业职位，高校的品牌价值、地区效应、学科影响起了很大的作用，这又刺激高校学费地进一步上升。而要进入优势地区、热门学科、一流高校就读需要家庭有着良好的经济背景，才能有消费优质高等教育服务的经济能力。就造成经济水平强的学生才能获取优质高等教育，优质的高等教育多分布于公立高校，而一流的公立高校得到的财政资助多，即越富有的人越能够享受财政提供的优质高等教育服务，引发高等教育支出在富人与穷人之间资源配置的不公平。俄罗斯社会中多数人依然认为政府有义务免费提供高等教育服务，反对高等教育服务收费。但在俄罗斯现有财政状况下，高校收费又是不得已而为之的，最终引发高等教育结果的不公平，无法实现高等教育的包容性。

高等教育支出绩效堪忧。伴随私立高校规模的扩张与数量的增长，公立高校分校越建越多，科研经费日益减少，教师工资薪金水平日益下滑，且薪金拖欠屡见不鲜，高校教师在生计受影响的情况下，纷纷走出"象牙塔"，随着高校众多高水平教学科研人员的出走，高校正常的科研活动无法开展，日常的教学活动受到影响，不但高校教师数量急剧下降，且高校教师素质也在滑落。高校不仅面对优质教师的日益流失，还遭遇优秀学生的大量流失。约有25%的俄罗斯优秀高校毕业生跨境就业。最近十年，俄罗斯的人才跨国流失数量超过100万，流失的人才多数拥有大学以上学位，跨国流失人才中获得副博士学位的人才占比约15%，获得博士学位的占比约2%，每年俄罗斯跨国流失的人才为其他国家、地区缔造的财富价值约500亿美元。同时，毕业生所学非所用，专业与就业职位基本不一致。多数师范类高校的毕业生，出于经济考量，未进入教育领域就业，转行从事其他钱景较佳的工作。学生选修专业时多挑热门专业，毕业时热门专业的人才供应远远大于需求，难以就业，或要就业就得改行，学生不愿意选择冷门专业，冷门专业招不到学生，就业岗位又招不到所需人才。为改变这种就业的供求失衡困境，农林类院校、师范类院校在招生时就与学生签订合同，合同明确学生毕业后按所学专业就业，学费就可以全部予以免除，如果就业岗位与所学专业不符，就须全额缴纳学费，但即便采取如此举措，还是有许多学生最终违反合同，难以保证冷门专业的就业对口，不能解决农林领域、师范领域的人才需求问题。

虽然俄罗斯高等教育支出绩效有许多亟待处理的难题，高等教育发展危机四伏，但俄罗斯高等教育存在巨大的发展后劲，在度过了20世纪90年代经济社会体制休克疗法改革的最艰难时期，未来充满着光明前景，保持着持续进步的可能性，现实中正在稳步上升。

五　绩效评价结果应用的包容性

绩效评价结果的应用对绩效评价政策的运作效果有着直接而显著的影响，俄罗斯的高等教育支出绩效评价结果由教育部直接向社会公开，力保所有相关利益群体知情权，确保绩效评价的公正透明。

（一）依照绩效评价结果明确高等院校的国家地位

俄罗斯公立高等院校和私立高等院校的界限日益淡化。2004 年俄罗斯在私立高等院校联合会召开的会议中明确指出，国家秉持公立高等院校和私立高等院校地位平等的理念，并推行相应政策，全部高等院校无论公立还是私立皆有权公平参与角逐，获取国家联邦财政预算拨款的支持。但是国家联邦财政预算资金只发放给能够培养出达标才俊的高等院校，高等院校能否培养出达标才俊，主要看高校能否达到国家鉴定标准的要求，且俄罗斯不断提高鉴定规则，以确保公立高等院校和私立高等院校培养出达标才俊。可知，能否通过国家鉴定是确定高等院校国家地位的关键要素。高等院校只有在国家鉴定过关之后才能够获取国家赋予的合法国家地位，才有资格向毕业生颁发国家规定统一样式的毕业证书。国家鉴定未过关的高等院校会被裁撤相应级别的国家地位，不具有从事高等教育活动的合法资质。

（二）绩效评价结果和国家财政预算拨款紧密相关

俄罗斯政府把高等院校的鉴定结果和联邦财政预算拨款直接挂钩，高等院校在国家鉴定过关的情况下才可以从国家财政预算中获得相应的拨款。可知，国家鉴定通过与否这一要素会径直扰动高等院校的种种权益，涵盖：高校的社会声誉高低，享有国家财政预算支持与否，享受国家赋予高等院校的其他特殊待遇、政策支持与否。鉴定过关的高校不仅能够享受俄罗斯联邦财政预算资金支持，还有其他特殊待遇，譬如，出版的图书与其他产品上有国家标志，表明其国家地位，高校可享受税收减免，学生可以无须服兵役等。鉴定不过关的高校，没有办学资质，还要把学生转到其他鉴定过关的高校，并要补偿其他高校再培养这些学生所需要耗费的成本。

第二节　俄罗斯高等教育支出绩效评价
包容性存在的问题

目前，俄罗斯高等教育支出绩效评价运转基本良好。从其运行的效果来看，此绩效评价体系对提升俄罗斯高等教育支出绩效有着相当的积极效用，但也有一定的不足与缺陷有待解决。

一　绩效评价的制度建设：理想与现实的背离

从俄罗斯高等教育支出绩效评价的实施效果来看，虽然高等院校已经通过绩效评价全过程，但高等教育实际活动的开展仍然与绩效评价的理想要旨之间存在不小的差距。譬如，Самара 医学院教师编制不能满足实际教学工作的需要。Волгоградский 国立艺术和文化学院，面授形式的学生规模大大超出了批准证书上列明所允许的学生规模。同时，整个社会对高等教育支出绩效评价较为漠视，高等教育机构的管理层不珍重绩效评价，负责人欠缺对绩效评价的领悟，国家立法机关没有采取举措鼓励社会全面参与高等教育支出绩效评价，也缺乏社会参与绩效评价的法律制度基石，绩效评价管理机构缺乏实际权力与威慑力。造成高等教育支出绩效评价的社会参与面非常单薄，对已有绩效评价管理机构产生消极颓败的扰动。高等教育支出绩效评价领域的管理机构在面对关系重大的高等教育支出议题时常常消极怠工，不积极应对处理，只做表面文章，致使高等教育支出绩效低下。

二　绩效评价的实践：教条管理与学术自由的争论

从俄罗斯高等教育支出绩效评价结果来看，有接近80%的高等院校在绩效评价中顺利过关，20%左右的高等院校没有顺利通过绩效评价。在公立高等院校中，有90%以上的高校鉴定过关，只有少数高校鉴定不过关；在私立高等院校中，有60%鉴定过关，未过关的高校占比较大，接近40%。有的高等院校对鉴定秉持否定立场，认为实施绩效评价干扰了高等院校的学术自主性与科学研究的自由性。因此，俄罗斯联邦政府意图进一步简化高等教育支出绩效评价流程，将同时开展批准和国家鉴定，高等院校在第一届本科生完成学业之后就能够马上向国家提出鉴定请求。同时，俄罗斯高等教育支出绩效管理逐渐下放治理权限，各联邦主体、地方自治机构逐步享有一定的绩效治理权限，变更了中央政府在高等教育支出绩效管理中的高度集权。尽管俄罗斯在高等教育支出绩效管理中施行以地方分权为基准的绩效管理体制，中央依然拥有主导性的管理权限，地方依然只拥有从属性的自治管理权限。而且，高等教育支出绩效管理权力在下放过程中出现种种阻碍，譬如，因缺乏绩效管理权力在各级机构间适当分配的经验，无法准确预测与应对社会的高等教育需求，降低了各联邦主体、地方自治机构的高等教育支出管理绩效，高等教育支出绩效治理革新进展较为缓慢。

三　绩效评价的结果应用：数量与质量的矛盾

从高等教育支出绩效评价的运作效果来看，虽然此类评价手段已经运作了近 20 年的历史，但并无发生大的根本性变更。国家批准、评价与鉴定管理署仅仅在书面报告中简单说明了评价过关的高校数目，只单一地指出有多少高校评价过关，而未反映高校评价结果具体怎样，高等教育支出的最终绩效好还是坏，即便多数高等院校的教育水平不错，教育经费使用效益良好，也未能在绩效评价结果中具体表现出来，更无法切切实实地保障受教育者作为消费者的利益，公立高等院校和私立高等院校都无法确保受教育者获取高水平的高等教育服务。批准、评价与鉴定结果的有效期限均为 5 年，每个环节高等院校都需要支付评价费用，各个高校通过不同环节所耗费的时间长短各异，批准、评价与鉴定各个环节连续交错运行。就单个高校看，由于各个环节耗费时间较长，可能鉴定环节刚结束，批准证书的有效期结束了，须重新申请批准证书，使得高校面临繁杂的绩效评价任务。批准、评价与鉴定各个环节的评价项目类似，高校不得不重复性地收集同样的数据资料。在批准、评价与鉴定中，绩效评价专家需要多次对同一所高校进行考察，但每次考察停留的时间短暂，只能对高校有较为肤浅表面的感受，拿到的也只是高校自我评价的资料，没有时间也缺乏精力对高校作出扎扎实实的实地考察，没有办法确保获得最能反映高校实际资源使用效益的第一手资料，从而扰动了绩效评价效率与效果。这也说明，批准、评价与鉴定程序过于形式化、表面化、繁杂化，需要去伪存真，删繁就简，进一步调整与健全高等教育支出绩效评价的方式与方法。由于俄罗斯高等教育支出绩效评价体系还处于探索发展和调整完善的进程中，能否对转型时期俄罗斯高等教育支出水平的提升发挥深远且积极的扰动，还有待于实践中的深入验证。

第五章　俄罗斯发展高等教育支出绩效评价包容性的因应策略

　　步入 21 世纪，俄罗斯政府面对高等教育支出绩效评价中存在的问题，增强了高等教育支出绩效评价的建设力度，先后采取了一些重要举措。其中最引人注目的革新举措是于 2010 年前达成包括高等教育在内的各层次、各领域的教育现代化。俄罗斯联邦政府于 2000 年 10 月颁布实施了《国家教育发展规划》，于 2001 年 3 月颁布推行了 2001—2005 年的《教育发展纲要》，着手推动高等教育结构调整与内容更新；俄罗斯联邦政府于 2001 年 12 月颁布推行了《俄罗斯教育现代化发展构思》。这些教育纲领性文件的公布实施，精准的指明高等教育支出绩效中存在的困惑，明确高等教育支出的要旨、使命、阶段，高等教育支出绩效评价发展的财政保障、法律保护、资源护卫、管理保证，并明确了高等院校、高等教育的法律位置及国家高等教育支出基准，用法律手段护卫国家对高等教育的支出，推动高等教育支出绩效的发展。总体而言，新千禧俄罗斯高等教育支出绩效评价体系的革新，凸显于组织机制、运行机制及保障机制这 3 个关键性的领域。

第一节　组织机制：多方参与

　　组织机制是高等教育支出绩效评价顺遂开展的重要治理因素之一。要将理念转变成践行均须一定的简化处置，而组织机制正是开展此类简化处置活动的手段，将问题分解成具体的可管理操控的活动名目，交至专业化机构来具体施行。只有了解把握组织的架构与各方职责才能够清晰地辨明所要施行的政策举措，也才能通晓领会政策举措在组织架构中塑造的方法与调整的方式。

俄罗斯高等教育支出绩效评价组织机制发展历史不长，在组织架构中，俄罗斯创建了相应机构评判高等教育支出绩效，俄罗斯的高等教育支出绩效评价由多个部门一道协同展开运作，评价部门涵盖：国家高等教育评价协会，批准、评价与鉴定管理署，国家学校认证管理局，国家鉴定中心、国家鉴定中心信息库。各个评价部门各司其职，职能各异，相互间展开紧密协作与配合。

国家高等教育评价协会乃绩效评价的牵头主体，于 1997 年 4 月起建立开展鉴定评价活动。该协会有 43 位成员，其中 44% 的成员乃高等院校管理者代表；16% 的成员乃俄罗斯教育部代表；14% 的成员乃法律与执行权力机构代表；19% 的成员乃社会组织代表；7% 的成员乃其他机构代表；43 位成员中每年要调换其中的 1/3。2001 年、2003 年欧洲高等教育区 Bologna 进程部长会议在布拉格、柏林召开举办时，就皆倡导采取举措提升高等教育支出绩效，各国应构建国家高等教育支出绩效评价部门，提升高校受教育者、社会性机构在绩效评价中的介入力度。为了更好地融于欧洲区的高等教育体系，俄罗斯联邦政府于 2006 年修正了《高等教育与大学后职业教育法规》，倡议增加社会部门、受教育者、高校在高等教育支出绩效管理中的职责与参与度。2007 年俄罗斯联邦政府进一步修正调整了《教育法案》《高等教育与大学后职业教育法规》，旗帜鲜明地表示需要采取措施引导受教育者、雇主积极参与高等教育支出绩效评价工作。俄罗斯联邦2008 年颁布实施了新的《教育与研究机构国家评价规范制度》，赓续强调了受教育者与雇主在高等教育支出绩效评价中的功效与职责。受教育者与雇主乃高等教育支出绩效的最有切身体会的感受者，把受教育者与雇主纳入高等教育支出绩效评价体系内，不但能深刻把握俄罗斯当今高等教育支出水平，高等教育支出满足经济进步与社会发展需要的程度，顺应社会公众需求的水平，还可为高等教育支出规模与结构的完善供给最真切、最中肯的意见。总的来看，参加高等教育支出绩效评价的成员有高等教育管理者、专家学者、受教育者、雇主等与高等教育密切关联的利益相关者。国家高等教育鉴定协会承担着依照有关法律法规制定高等院校评价政策的要务，开展对高校的绩效评价，探究高等教育支出中存在的困惑与难题，归纳总结绩效评价中的经验教训。

俄罗斯联邦教育科学部构建的批准、评价与鉴定管理署是绩效评价政策的实施部门。批准、评价与鉴定管理署承担的要务涵盖：负责接收、审查核实高校提交的批准、评价和国家鉴定的申请书和相关申请资料，组织并协调同高等教育纲要、高等教育机构绩效评价相关的活动；发放高等教育活动批准证书与国家鉴定证明，且负责培训绩效评价专家、出版有关绩效评价的书籍文献资料。批准、评价与鉴定管理署不但为俄罗斯国内高等教育支出绩效保障的主要责任组织，是俄罗斯联邦政府按照欧洲教育标准开展国家鉴定的部门，还是俄罗斯参加国际高等教育绩效保障活动的官方组织，批准、评价与鉴定管理署作为官方组织分别参加了于 2001 年举办的国际高等教育绩效保障网络（JNQAAHE），2002 年召开的中东欧高等教育绩效保障网络（CEENET），2004 年举行的欧亚高等教育绩效保障网络（EAQAN），2006 年开展的亚太高等教育绩效保障网络（APQN）、欧洲高等教育绩效保证协会（ENQA）。

国家学校认证管理局依照俄罗斯教育科学部 1998 年 12 月颁布的《俄罗斯联邦普通教育与职业教育部国家学校认证管理局规范》开展绩效评价，国家学校认证管理局的职责涵盖：评价高等院校；评价高等院校毕业生的培养内容、水平与品质达到国家高等教育基准与否；审查高等院校是否按照国家高等教育基准展开高等教育活动；按照国家高等教育基准制定对毕业生展开评价的手段和对毕业生培养品质实施检查的方式；组建地区、领域和部门共 3 级绩效评价系统。同时，国家学校认证管理局还参与对高等院校批准、评价与鉴定材料的科学规范化分析与归纳总结活动。

国家鉴定中心与国家鉴定中心信息库（ЦБГА）为绩效评价的数据资料支持部门，国家鉴定中心肩负着维护更新国家鉴定中心信息库的使命，向国家高等教育鉴定协会供应资料服务——科学方法保障，国家鉴定中心信息库每年按期更新数据资料，涵盖俄罗斯高校活动指标的基本数据，补充职业教育机构的基本数据等。此信息库所涵盖的丰富资料，不但可以对绩效评价指标的有效性展开深入探讨分析，还对高等教育机构与整个高等教育系统的发展景况实施商榷查究，帮助国家鉴定中心作出高等院校能否通过鉴定的判断，并推动绩效评价的数字化发展。

在批准、评价与鉴定中，高等教育教学方法协会、高校校长联合会及高等院校联合会和国家教育管理部门一道开展高等教育支出绩效评价管理活动。

第二节　运行机制：综合评价

一　包容性运行理念

（一）师生为本

俄罗斯高等教育支出以学生为本，学生的品质与素养乃高校赖以生存的基石，绩效评价政策的制定和施行皆环绕受教育主体学生来展开，对学生的个性化培育是高等院校特色风格的呈现。高等教育发展依靠优秀教师，留住优秀教师，让优秀教师的价值实现最大化发挥，是高等教育支出绩效评判的一个重要意图。

（二）创新性的社会氛围

绩效评价包容性地运行，离不开创新的社会氛围。仅仅依赖高等教育内部无法达成高等教育支出绩效评价的包容性运行，整个社会氛围，涵盖家庭氛围、高等院校教育氛围等皆为扰动高等教育支出绩效评价创新的因素，受教育者的开放性、发散性思维要在社会、高校、家庭共同孕育的土壤中逐渐形成。

（三）明确高校与政府的责权利

高校要顺应社会的进步，为社会培育急需人才，引导社会潮流，推动社会进步。绩效评价中，要推动高校自主权的发挥，政府在权力上予以放手，多从政策机制上给予高校适当指导与恰如其分的管理。作为高等教育机构，要为本地经济进步与社会发展培育更多优秀人才，使高校在市场需求的指引下确定自身的前进目标与发展特色，寻求符合自身特色的发展路径，政府只是从信息与资金上给予支持，让高校在市场中抉择恰当的发展方向，让受教育者在市场中做出效用最大化的选择，实现各方的共赢。

二　综合绩效评价的运行机制

为规避再批准—评价—鉴定各个环节分头开展造成的复杂境况，减低高校在参与绩效评价时的繁重费用，也为俄罗斯尽快融入 Bologna 进程，保证俄罗斯高等教育支出绩效，与国外保持绩效评价体系的同一性，完善高等教育支出绩效评价体系，增强绩效评价运行机制的刚性。俄罗斯从 2000 年 1 月起逐步推行高等院校的综合评价方式，把再批准—评价—鉴定环节归并成一体的评价体系。但保留了批准、评价和鉴定中各个环节的绩效评价特质，要求在规定期限内由指定的绩效评价专家协会对已通过评价、培养人才已历时 3 年的公立高校与私高校再次展开再批准、评价、鉴定。实施统一开展的综合绩效评价，主要为减少重复的绩效评价，缩减绩效评价所耗费的时间，增加绩效评价专家在高校实地考察时间，提高绩效评价效率与效果。综合绩效评价的运行机制如下所述。

表 5 - 1　　　　　　高等院校综合绩效评价运行模式

高等院校综合评价模式		
再批准	评价	鉴定

（一）再批准

高校再批准环节与批准环节差别不大，高等院校提交再批准的书面申请，由教育部组织的高等教育评价协会对高等院校展开再批准活动，教育部依照绩效评价协会的评价结果给出再批准的结论。绩效评价协会对高等院校展开再批准活动之后，由再批准组织依照绩效评价协会的评价结果好坏，向评价结果好的高校予以颁发办学批准证，评价结果不好的高校不予颁发办学批准证。

高等院校即便获取了办学批准证，但并不是说高等院校可以随心所欲地展开高等教育活动。如若高等院校不遵循评价规定展开高等教育活动，评价机构有权暂时取消高校使用批准证的权利，要求高校全部或者部分暂时停止高等教育活动。

在高等院校综合绩效评价中，再批准的功效非常关键，如若高等院校在再批准中没达到规定基准，绩效评价协会就不会对高校展开下一环节的绩效评价。表 5 - 2 是再批准的评价内容，与批准的评价内容相差无几。

表 5 - 2 再批准中的评判内容

再批准	注册资料契合法律规范与否	
	高等教育活动实施条件合乎中央政府与地方政府要求与否	教师编制充足与否
		教师学历学位职称
		教学设备设施
		高校教学楼与教学活动场地
		教师的保障、学生的卫护
		卫生健康基准
		基础设施建设的法律规章与建设基准
	医疗机构与餐饮部门的活动境况	

（二）评价

评价的内容与目的乃评判高等院毕业生的素养、培养内容、培养水平合乎国家高等教育基准要求与否。评价活动中，高等院校在展开自我绩效评价之后，再上交评价的书面申请，由绩效评价协会展开对高等院校的外部评价，给出评价的结论。综合绩效评价中评价的评判内容与再批准—评价—鉴定中评价环节的评判内容相仿。

表 5 - 3 评价中的评判内容

评价	准备资料合乎高等教育大纲规范要求与否
	人才培养内容
	人才培养品质
	高校人才培养品质的内部监督管理制度
	高校内部规范契合国家教育法律法规要求与否

在综合绩效评价中，高校评价的结果如能获得肯定，表示高等院校毕业生的培养水平、培养内容、培养品质达到国家高等教育大纲要求，此乃对高等院校实施国家鉴定的基本前提要件。如若高等院校的某个高等教育大纲被判断为不符合要求，或国家绩效评价组织对高校教育支出绩效未达到国家高等教育基准的境况要求予以整改但高校未按要求整改而再次给予高校提醒与警示，高等院校就会丧失开展鉴定的资格，不能参加下一步的鉴定活动。

（三）鉴定

鉴定时高等院校上交鉴定的书面申请，绩效评价机构对高等院校展开外部鉴定，给出鉴定的结果评判，鉴定活动就此杀青。其中，综合绩效评价中鉴定高校级别的评判内容与批准—评价—鉴定中鉴定环节对高校级别的评判内容相差无几。

表 5 - 4　　　　　　　　　　**鉴定高校级别的评判内容**

高校级别的鉴定	人才培养内容	高等教育大纲的内容和构成
		课程教学大纲和教学计划合乎国家高等教育基准与否
	人才培养品质	高等院校新生招录要求
		高校教学活动的运作与组织
		学生培养品质合乎国家高等教育基准与否
		高等院校的内部绩效评价体系完备与否
		高校毕业生的就业景况
	教学活动的信息—方法保障	图书馆的藏书景况
		教学—信息资源景况
	高等院校信息化水准	计算技术手段具备与否，在教学、科研和管理活动中的应用
	物质—技术要件	教学活动的设施设备、教学楼完备与否
	学生学习生活景况	学生宿舍、医疗、餐饮和活动场地符合要求与否

综合绩效评价中，鉴定高校种类的评判内容与再批准—评价—鉴定中鉴定环节对高校种类的评判内容比较而言，有一定变更，把科学—方法活动作为单独的鉴定内容施以评判，更看重创新手段在高等教育事业中的实际运用；对综合性大学实施高基准、严要求，对高等教

育大纲范畴、研究生学科专业、研究生占比中的要求更为严厉；更为关切受教育者的素养培养，这种转变在研究生学科专业、研究生占比的要求中得到——体现；科研活动依然乃鉴定高等院校的重要评判内容，对高等院校科研经费的要求更为高标准，更为看重专著类科学研究成果。

表 5 – 5 　　　　　　　　　鉴定高校种类的评判内容

		综合性大学		专业性大学		研究院	
		性质要求	数目要求	性质要求	数目要求	性质要求	数目要求
教育大纲	高等教育大纲范畴	必须达到	>5	必须达到	≥1		
研究生教育与补充职业教育大纲的可持续性	研究生学科专业	必须达到	>5	必须达到	≥1	必须达到	≥1
	面授学生中每百位中研究生的比例	必须达到	≥2	必须达到	≥1	无要求	
	科研工作者与教研工作者的培训活动，博士生班，答辩协会	必须达到		必须达到		必须达到	
科学研究	科学研究的方向范围	必须达到	>7	必须达到	>1	无要求	
	科学研究资金（1000RUB）	平均每位教师经费	≥6.2	平均每位教师经费	≥4	平均每位教师经费	≥2.5
		平均每位教师应用研究和基础研究经费	≥5	平均每位教师应用研究和基础研究经费	≥3.5	平均每位教师应用研究和基础研究经费	≥2
		平均每位教师外来资金	≥3	平均每位教师外来资金	≥2.2	平均每位教师外来资金	≥0.8
科学一方法活动	有学位职称者每百位科学研究成果	教材与教学参考书	≥0.5	教材与教学参考书	≥0.3	教材与教学参考书	≥0.15
		专著	≥2	专著	≥1.5	专著	≥1.2

续表

		综合性大学		专业性大学		研究院	
		性质要求	数目要求	性质要求	数目要求	性质要求	数目要求
师资构成	学位和职称	有学位和职称者比例	≥60	有学位和职称者比例	≥60	有学位和职称者比例	≥55
		科学博士和教授比例	≥10	科学博士和教授比例	≥10	科学博士和教授比例	≥8.5

俄罗斯联邦于 2004 年、2005 年聘请欧洲绩效评价专家对俄罗斯高等教育支出绩效评价进行诊断并给出建议。根据欧洲绩效评价专家的建议，俄罗斯 2007 年修订《联邦教育法》《高等教育与大学后高等职业教育法规》，批准通过了 2007 年 20 号联邦政府修正法案，明确指出将高等教育支出绩效评价中的国家评价与鉴定制度实施融合调整。俄罗斯联邦 2008 年颁布实施了《教育与研究机构国家鉴定规范制度》，规定国家高等教育支出绩效评价涵盖两个部分——批准与鉴定。批准乃对机构从事高等教育活动的准许，鉴定乃对国家高等教育基准实施境况的外部评判，如此一来，鉴定的评判内容就是过去评价、鉴定的精简版。

第三节　保障机制：多层维度

俄罗斯在保障高等教育支出绩效的活动中，制定实施了规划保障、管理保障、资源保障、提升保障等全方位多层次的保障制度。其中管理保障与提升保障对高等教育支出绩效评价有着深刻的重要意义，乃绩效评价活动中不可或缺的保障制度要素。

一　规划保障

2007 年俄罗斯颁布实施了教育法律修正法案，要求所有参与绩效评价活动的专家都要接受培训，未接受培训的绩效评价专家不具备纳入绩效评价专家库的资质，不具参与绩效评价的条件，经由强制培训来增强高等教育支出绩效评价专家的业务才具与理论水平。俄罗斯高等教育支出绩效评价活动还在绩效评价成员中引入了国际绩效评价专家，以协助俄罗斯绩效评价组织展开绩效评价工作。在国家批准、评价与鉴定管理署与国家高等教育评价协会之间细分绩效评价的职责任务，国家批准、认证与鉴定管理署负责制定鉴定评价基准，组织绩效评价活动，国家高等教育评价协会担负着对评价结果做最后认证的使命。对高等教育支出绩效评价专家的专门培训及评价职责任务的恰当分工，有利于推动绩效评价的科学化发展与规范化前进，合理规划与引导高等教育的未来发展方向，打造光辉前景。针对俄罗斯职业教育无法顺应劳动力市场的需要，造成俄罗斯高等教育大众化水平滑落，尽管受教育者的规模不断上升，但多数毕业者就业专业不对口，所学无所用，市场上急需的管理人才、法律人才、高级技师又难以在大学毕业生中得到补充。俄罗斯政府提出，构建创新型高等院校，装备一流教学科研设施，打造具有国际角逐力的高等教育制度，政府、企业、社会一道制订职业教育的具体发展计划，构建客观中立的监督管理制度，确保高等教育支出绩效的提升，经由企业专项基金扶持高等院校发展，法律支持高等教育信贷制度的发展与建设。

自 2002 年开始，俄罗斯教育部着手拟定加入 Bologna 进程的各类法律草案。教育部于 2002 年 7 月 23 日向社会公布《关于修改 2010 年前教育现代化 2002—2004 年度执行方案的决议》，明确了俄罗斯高等教育支出绩效评价向 Bologna 制度靠拢看齐的举措。俄罗斯 2003 年 9 月正式签署了《Bologna 宣言》，无任何附加条件，正式参与欧洲统一高等教育区的 Bologna 创建进程，加入欧洲统一高等教育认证制度的创设活动。俄罗斯国内高校的学位证书于 2010 年得到欧洲国家的认可，依照欧洲等级评价基准打造俄罗斯绩效评价制度，俄罗斯高等教育支出绩效可以在欧洲范围内得到评判。因全欧洲推行整齐划一的高等教育基准，俄罗斯学生可到任意一个欧洲国家工作或学习。俄罗斯作为 Bologna 进程的成员，需要在高等教育中的法律中顺应欧洲高等教育革新要求，俄罗斯高等教育立法在一些方面迈的步伐相当大，譬如，俄罗斯已在国内高等教育中普遍使用了两级高等教育制度。在高等教育中构建四年制的学士、六年制（4＋2）的硕士两个级别，以取代过去单一的五年制专家培养制度。俄罗斯在学制改革、欧洲标准学分制的引入规划上，均为俄罗斯早日融入欧洲一体的高等教育空间注入强心剂，也为绩效提升增添动力与活力。

二　管理保障

俄罗斯面临高等院校特别是私立高等院校数量快速增加，国家财政预算资金匮乏，经由法律明确了高等教育支出绩效的综合绩效评价运行机制，在一定水平上确保了高等教育支出绩效管理政策的科学性、民主性，为革新人才培养方式，创新人才培养内容，提升高等院校国家地位，推动分校学院化发展，实现高等院校自我治理，激励私立高校发展壮大提供了有利的机遇。但综合绩效评价运行机制并不能保证鉴定过关的高校高等教育支出绩效肯定高。所以，俄罗斯一些地方逐步组建高等教育支出绩效监督控制体系。依据特定法律构建有针对性的专门组织——高等教育支出绩效监察局（MKO），是俄罗斯国家高等教育支出绩效评价体系的分支机构，可在分析搜集绩效信息数据、预测高等教育发展前景的基石之上，有效及时地厘正高等教育教学活动中的缺陷，采用合理有效的解决办法，对俄罗斯高等教育支出绩效发挥着制度上的保障功效。譬如，Уральскийфедеральныйокруг РоссийскойФедераци 联邦区花费 8 年时间构建高等教育支出绩效监控体系，寄希望于经由监控高等教育支出境况，实时动态地把握与反馈高等教育支出绩效变动情况，推动高等教育支出绩效的平稳提升，并逐步经由地区绩效监控体系推广发展至全俄罗斯高等教育支出绩效监控体系，作为俄罗斯国家高等教育支出监控体系的主要构成内容之一。

2010 年，为整合人力、组织、资金，提升管理效率，俄罗斯撤并了联邦教育部、联邦科学技术革新部，把两个部门的职责权力转交给新设的教育科学部，并适时革新了内部的管理规制与人事体制，教育科学部掌管高等教育支出决策与行政治理权柄。全面反映出俄罗斯要集聚国家高等教育优势资源，重点发展一批世界一流高校的决心与信念。俄罗斯教育科学部在调整治理结构的基石上，引入市场角逐与项目治理手段，推动国家优先发展教育，初步革新高等教育治理规制。取缔政府行政把持，采用公开招标投标手段把科学研究项目向外发包，严控绩效，施行项目监督管理，使用订立合同、评判项目、网上公告等举措增强高等教育支出治理绩效。俄罗斯教育科学部在发展创新型高校不仅革新了管理规制，还将新管理规制推广到重点高校发展计划实施活动之中。

三　资源保障

构建高等教育支出绩效评价的信息支撑，涵盖高等教育支出绩效评价专家、各种高等教育支出绩效评价会议、高等教育支出绩效评价结果等有关数据信息资料，利用数据库技术、当今网络技术构建的绩效评价信息库，不仅为绩效评价供应便利，也让社会公众更深刻地领悟绩效评价结果。

增强高等教育物质技术资源。专门人才培养水平更多由物质基础状况所决定，教学实验场地的宽窄、实验设备的先进与否、教学仪器的完备与否，皆有赖于当代的信息技术。信息技术使得俄罗斯高校可以集中精力发展教育品质。在俄罗斯当前高等教育发展中，受教育者数量持续上升，而师资力量不足以应对，现有教授团体出现人员老化，中青年教师由于待遇工作环境不佳而大量流失，教师教学课时量沉重。教育技术能够帮助教师教学负担减轻，推动高等教育支出绩效的提升。俄罗斯正着手构建统一信息网，推动信息技术广泛使用，重新构造教学活动，应用新技术革新教学手段，采用新方法转换教学方式，充分发挥互联网的积极功效，转变人才培养方式，提升专门人才培养绩效，实现全民高等教育的信息化发展。

高等教育经费优先投入。俄罗斯历史上始终关注高等教育发展，在当代社会也是如此，政府经由法律法规明确指出高等教育发展的重中之重战略地位。1992 年的《俄联邦教育法》、2000 年的《俄联邦国民教育要义》中皆倡导高等教育在国家发展规划中的优先位置，合理规划了高等教育发展的远景与近景，并指出发展的战略举措与具体步骤。2002 年俄罗斯联邦政府提出高等教育发展中要为国民提供高品质的教育、培育高素养人才、恰如其分地施行教育规制等。俄罗斯重视教育发展在高等教育经费上表现为资金的优先投入。俄罗斯1996 年颁布的《高等教育与大学后职业教育法》要求国家教育支出至少为国民收入的 10%，高等教育经费至少为联邦财政预算支出的3%，明确了高等教育经费的支出占比。俄罗斯在优先发展高等教育理念下实施了两种资金拨付手段：一是对个别科学研究项目、大学教学计划、高校助学金、基础设备设施展开的资金支持；二是依照协议要求给予财政拨款，拨款具体数目以实际支出需要和过去科学研究教学成绩为基石而相应确定。新的资金拨付手段与过去依照人头拨付资金手段相比，充满竞争性，充分调动高校的科研教学积极性，刺激高校努力提升科研教学水平，进而提高了高等教育支出的资金使用效率。2010—2012 年，俄罗斯财政支出 RUB690 亿帮助重点高校更新教学设施、鼎新科学研究设备、开展国内外学术交流活动，招贤纳士，吸纳国内外知名专家学者，其中资助国家研究型高校 RUB320 亿，资助联邦高校 RUB270 亿，资助莫斯科国立大学（Московский государственный университет имени Ломоносова）、圣彼得堡国立大学（Санкт-Петербургскийгосударственныйуниверситет） RUB100 亿。

多途径拓宽高校经费来源。伴随市场经济的发展，高等院校掌握了新的资金获取途径，构建多源头的资金支持体系。多数高等院校年预算资金中相当比例来自内部预算，市场资金的投入、从商业化经济行为中获得的收益等预算外资金已发展为高校运营资金的重要源泉。譬如，Тюменский государственный университет 大学每年可以获得的联邦财政拨款 RUB100 万，内部预算资金 RUB600 万。国家对全日制高校的财政支持有 20% 的增长幅度，高校所筹措的各种预算外资金每年有 RUB10 亿之巨，确保了高等院校发展所需资金，推动高等教育充分全面的发展。

四 提升保障

为提升高等教育支出绩效，俄罗斯不断推动高等教育支出绩效评价的标准化、国际化发展。俄罗斯于 2003 年正式加入 Bologna 进程，根据《Bologna 宣言》，俄罗斯的高等教育支出绩效基准依照欧洲高等教育基准展开相应维新。为实现对高等教育支出绩效的广泛有效监管，俄罗斯于 2004 年引入了 ISO 9000 和 ISO 2000 国际基准。

为适应经济发展需求与社会发展的要求，俄罗斯调动与整合高等教育专业构成，修正更改专业目录，于 2003 年在高等职业教育中采用新的专业分类基准。并变更了高等院校的学科专业设置，增加法律、经济、管理等过去较为落后薄弱而社会又较急需的学科专业，增加对这些学科专业的资金投入，扩大其新生招录规模，放松入学限制，对建筑、交通、工业等学生规模超过市场需要的学科专业予以一定的控制收缩。2006 年俄罗斯进一步整合学科专业，编制了新的人才培养方向目录，涵盖 171 个本科生学科专业、176 个硕士研究生学科专业，并留存过去的 111 个人才培养方向目录。明确阐释了未来就业岗位对大学毕业生的需求条件，详细规定了职业活动的作用客体、范畴、使命、类别；着重于全方位培育受教育者才具，要求受教育者不断提升自身博雅学识、职业技能，实施探究式、模块化、践行化、多元化的教学手段，高等教育大纲涵盖博雅学识课程科目、职业基础课程科目、职业专业课程科目、生理课程科目、教学生产实践课程科目、国家测试等。

革新高等教育教学内涵与实质，拓展人文教育内涵与外延。俄罗斯在高校委员会下设置了人文教育中心，人文教育中心的职责乃编制符合现代社会需要的人文教育内容，明确人文教育中各专业学科的基本教育纲要，重新编制教学参考书、教科书。人文教育中心还担负着在人文教育发展中培养教学人才与提升教师水平的使命，增加人文课程科目，实现文科、理科的融汇渗透交互发展。俄罗斯高等院校近年来陆续新开设了文化学、人类文明史、社会学、教育心理学等人文课程科目，以期提升受教育者的综合素养，确保高等教育支出绩效。

统一俄罗斯全国高校入学测试。在实施统一入学测试之前，高中毕业生须分别参与高中毕业测试和高校入学测试。高中毕业测试乃任课教师编制试题给予评分，高校入学测试由高校自行组织。考生需要到申请的高校参与测试，有时还须上申请高校的考前补习班。俄罗斯地域宽广，各地经济发展有较大差距。一些考生由于路程过于长远、经济窘迫，只好不申请一流高校，造成不同地区、经济背景有别的学生高校入学机会不公平。高校招生中的自主命题测试存在恣意性与人为性，易于出现入学测试的寻租设租；高中毕业生须应对两回测试，测试的心理负担过于沉重。俄罗斯统一全国高校入学测试乃高等教育发展中革新力度最大的举措之一。统一全国高校入学测试制度顺应社会发展、政治进步的诉求，21 世纪俄罗斯加快了政治领域与经济范畴的革新，强化了政府对经济社会的中央威权，期待推动国家发展规模与品质，重新打造俄罗斯的国际强国形象。推行高等教育的国家统一入学测试，也乃国家权威的反映。且统一俄罗斯全国高校入学测试可推动高等教育的 Bologna 进程，提升俄罗斯高等教育支出绩效，确保国家对高等教育的全方位、多层次的绩效管制与监控。俄罗斯联邦政府未经由行政指示手段强制推行统一的大学入学测试，而是采取试点方式逐步推进。俄罗斯国家统一的大学入学测试从 2001 年起，开始在 5 个俄联邦主体的试点实施，2003 年在 48 个联邦主体推行。2008 年俄罗斯高校统一入学考试首次在全国范围内施行，2009 年 5 月 26 日上午 10 点，伴随各考场监考员的开考指令，俄罗斯全国各地的所有高中毕业生参加了全国统一的大学入学测试，俄罗斯实行 30 多年的大学自主招生制度画上了一个句号。从 2009 年开始，全体高中毕业生皆需要参加全国高校统一入学测试。全国高校统一入学测试既是学生获取高中毕业证的根据，也是大学的入学测试成绩。为确保全国高校统一入学测试的公平与公正，俄罗斯还设立全国高校统一入学测试的社会监督系统，必考科目数学与俄语决定着学生可否获得高中毕业证，观察员对这两门必考科目展开监督管理。在统一入学测试期间，还开启了毕业生热线电话，社会各界人士皆能对测试活动中的违规行为实施揭发检举和征询商榷。俄罗斯全国高校统一入学测试能从试点到正式实施，在争议中前进，体现了革新的正当性与可行性。针对全国高校统一入学测试会扼杀天才的指责，俄罗斯政府允许各高校有一定的自主招生范围。自主招生中，全俄罗斯学生奥林匹克比赛最后获奖人员，参与国际中小学学科比赛的俄罗斯代表队队员，120 种高校举办的中学生奥林匹克比赛的获奖人员有资格经由面试进入高校修读。俄罗斯教育科学部测算，此类学生占比约为 10%。高校还有权组织相关专业补充入学测试。全国高校统一入学测试主要考察学生的知识水平，有利于消弭高校招生中的人为影响因素，使经济背景不同、不同地区的学生皆有相同的高校入学就读机会；全国高校统一入学测试使得学生能够同时向多所高校提交入学申请，可节约在不同地方的不同高校参加测试的开销；全国高校统一入学测试把高中毕业测试与高校入学测试合二为一，学生的心理压力也大为减轻。俄罗斯教育科学部也证实，全国高校统一入学测试有助于消弭地区间的失衡。在全国高校统一入学测试的试点地区，农村学生就读高校的比例有所上升，逐渐和农村人口在全国人口中的占比一致。在高校新生中，来自人口规模在 10 万人以下地区的学生占比上升了 10%。楚瓦什共和国（Чува шскаяРеспу блика）在试点之后，到外地高校读书的学生占比从 5% 提升至 20%。在圣彼得堡（Санкт-Петербург）上大学的外地学生占比由 32% 提升至 47%。莫斯科也是类似情形，莫斯科的高校不再仅仅为莫斯科本地人的高校。俄罗斯教育科学部部长指出，试点中大规模学生测试成绩未达标，乃源于学校教学水平低下，全国高校统一入学测试有利于消弭中学教学水平低下的缺憾，提升中学教育品质。总体看，俄罗斯在全国范围内施行统一的高校入学测试，是俄罗斯在高等教育领域 Bologna 进程中的实质性进展与成功举措。

　　严格考核高校毕业生。俄联邦国家高等教育署发布《俄联邦高校毕业生国家评判规范》，国家高等教育评价协会依照此规范，对高校培育的毕业生素养水平进行评判，依照评判结果决定向毕业生发放学位证、学历证、技术等级证与否。对毕业生的考查内容十分全面，分阶段性考查和终局性考查，有技能考核、理论知识考查，着重考查毕业生的理论知识、专业技能、实践水平，还考核学生的毕业设计、毕业论文，考查手段有答辩、测试等。雇主一道参与对毕业生的考查。对毕业生的考查非常严格，在俄罗斯一流的高校，对受教育者的淘汰率十分高。莫斯科国立大学、鲍曼技术大学（Московский государственный технический университет им. Н. Э. Баумана）每年都有近 1/5 的受教育者无法顺利获得学位。同时，俄罗斯社会盛行终身教育，仅有一个学位证书在工作中远远不能满足岗位职责的需要，尤其在政治圈、商业圈中更是如此。很多高等院校的受教育者都在修读两个以上的学科专业，高等院校也顺应市场需求，准许优秀学生在学校修读不同的学科专业，但需要负担一定的教育费用，高等教育协会非常注重学生修读多个专业的学术品质，在多个学科专业修读中同样严格考核，没有丝毫放松。

第六章　印度高等教育支出绩效评价
包容性发展成就及问题

第一节　印度高等教育支出绩效评价
包容性的发展成就

印度为了确保与提升高等教育支出绩效，于 1994 年组建了国家高等教育支出绩效评价协会（NAAC），对印度的高校展开绩效评价。鉴于印度有着规模庞杂、数目繁多的附属学院，NAAC 施行院校评价。经过近 20 年的发展，NAAC 绩效评价逐步成长与完善并步入成熟，从最初的普遍不赞成发展到普遍肯定的漫长发展历程，在绩效评价的原则、指标体系、方法、应用方面逐渐形成了一整套具有科学性与操作性的完善体系。

一　绩效评价包容性的原则

为了确保绩效评价的合理性与有效性，NAAC 明确规范了绩效评价的准则，这些准则能够帮助绩效评价专家灵动合理地展开绩效评价，使得参评院校能够认可绩效评价专家的评判工作，保障了绩效评价专家评价结果的公正性与认同度。

（一）客观性

客观性对绩效评价来说是十分关键的一个准则。绩效评价专家各自学术背景、经济社会境遇不同，利益相左，很有可能会由于偏见而造成绩效评价的不客观、不符合实际，与真实情况有出入。绩效评价当然期待能够以客观事实为评判依据，公正、实事求是地评价各参评院校是绩效评价的基本要求。

（二）可靠性

可靠性在绩效评价中非常重要。可靠性是绩效评价各个环节的基石，所有的绩效评价部门在组织展开绩效评价时，都期盼绩效评价专家在实施绩效评价时以可靠性为准，真实牢靠地确认各参评院校提交的数据资料，脚踏实地地实地调查搜集信息资料，如实再现和利益关联方交流沟通的信息。严格是绩效评价可靠性的强有力保证。绩效评价程序步骤上的严谨能够达成合理科学的时间分配部署，确保评价小组信息沟通交流的顺畅。严格的绩效评价程序能够确保绩效评价活动的圆满完成，达成最终的绩效评价意图；散漫的、随意的绩效评价难以获取各个利益关联方的充分信赖，也无法确保参评院校经由绩效评价获得一定的发展与进步。可靠性有利于绩效评价专家获得各利益关联方的主动配合与密切合作，从而保障绩效评价结果的社会认同。

（三）可信性

可信性乃绩效评价最最重要的准则。无论是参加绩效评价院校的自我评判，还是绩效评价专家的外部评判，从里到外、由上至下皆离不开可信性。经由开诚布公的交流、耐心诚恳的聆听、增进互信的活动、公正客观的评价，信任维护巩固了绩效评价的全过程。绩效评价过程与绩效评价结果有赖于适当密切的交流沟通，绩效评价人员与参评院校各个部门工作人员间的交流有赖于有效合理的口头沟通与书面交流。与各个利益关联方共同分享绩效评价结果也离不开适当有效的书面疏通与口头交流。可信性对于实地绩效调查中的交流沟通是不可或缺的，对增加调查的记录价值也是非常重要的。

（四）适应性

有效的绩效评价严肃可靠，但并非棱角过度、完全无弹性。在各不同经济社会背景的利益关联方各异要求下，需要绩效评价活动存在一定创新，具备合理适度恰如其分的弹性，特别是在印度次大陆，在参加绩效评价的高等院校多样化的境况下，绩效评价人员在实施绩效评价对参评院校进行实地调查的过程中，需要极强的适应性、弹性、灵活性与随机应变性，从而保障绩效评价正常运转。

（五）目的性

合理的绩效评价能够激发参加绩效评价的高等院校的变革与发展。快速变动的国际高等教育氛围与高等教育体系的核心理念需要参评院校做出顺势而动的根本性创新。恰当合理的绩效评价能够帮助参评院校全面把握自身的状况、较好地理解需要改善的环节，并提出妥帖、有操作性的建议以方便参评院校据以订正改进。绩效评价专家组提出的建议的意图是推动参评院校实行恰当相宜的革新举措，激励参评院校适当厘正。绩效评价的最终意图是取得参评院校对绩效评价活动的支持，合理甄别参评院校的不完满之处，帮助参评院校提升自身高等教育活动能力。

（六）团队合作

团队乃现代管理的常用概念。印度高等教育支出绩效评价十分关切团队领导的治理与引领功效，但团队内各成员之间的相互配合协调也有举重若轻的地位。缘于集体智慧与团体活动的丰硕性、革新性与效用累加性，团队合作更利于绩效评价活动的顺畅进行和完满达成。组织行为学的权威 Stephen P. Robbins 强调，工作团队经由其内部各个成员的一道努力合作可以打造出积极主动的协同功效，各个成员共同努力所缔造出的杰出成果、开创的卓越团队工作绩效远远高过单个成员单枪匹马工作所产生成绩的简单加总。

二　绩效评价包容性的指标体系

在对印度的 140 所大学、3492 所学院展开了绩效评价之后，NAAC 利用自己在绩效评价活动中所获取的丰富实战经验，与国际绩效评价日渐融汇，面对不断变换、快速更新的国际高等教育发展背景下的绩效评价基准，开始持续完善与创新高等教育支出绩效评价体系与评判方式。NAAC 经由多次召开绩效评价专家研究讨论会议，获取了各利益关联方的积极回应与高等教育主管部门掷地有声的支持，NAAC 颁布了《高等院校绩效评价体系与评判新方法》，从 2007 年 4 月 1 日起正式运行。

在《高等院校绩效评价体系与评判新方法》中，NAAC 规定了高等教育支出绩效评价工作的 7 项基本基准。绩效评价体系与评判新方

法与过去规程相比有所变换，第6项基准与第7项基准的用词进行了
更改，调换了一些基准的权重明细，并在绩效评价体系与评判新方法
中细致地阐述了各个基准内不同绩效评价关键点的权重明细，细化的
数据资料见表6－1：

表6－1　　《高等院校绩效评价体系与评判新方法》绩效评价
基准、关键点与关键点的切实权重

绩效评价基准	绩效评价关键点	大学	自治学院	附属学院
		关键点的权重明细		
1. 课程设置与发展	1.1 课程设置境况	90	50	10
	1.2 学术发展远景	30	20	15
	1.3 课程的市场回应	10	10	10
	1.4 课程革新景况	10	10	5
	1.5 课程理论知识的践行与运用	10	10	10
	权重加总	150	100	50
2. 教学工作与绩效评判	2.1 招生方式与学生资质	20	30	30
	2.2 教学需求的适应性	20	35	45
	2.3 教学活动的开展景况	90	170	270
	2.4 教师学历与资质水准	60	65	65
	2.5 教学评价活动与创新	50	40	30
	2.6 教学评价的践行与应用	10	10	10
	权重加总	250	350	450
3. 科研、咨询与普及	3.1 科学研究发展景况	40	30	15
	3.2 科学研究成果水准	90	50	25
	3.3 咨询活动境况	20	10	5
	3.4 科研普及活动	30	40	40
	3.5 科学研究协作境况	10	10	5
	3.6 科研发展、科研咨询与科研推广的践行与运作	10	10	10
	权重加总	200	150	100

绩效评价基准	绩效评价关键点	大学	自治学院	附属学院
		关键点的权重明细		
4. 硬件设备设施与软件设备设施	4.1 硬件设备设施境况	20	20	20
	4.2 硬件设备设施的维护境况	10	10	10
	4.3 图书馆馆藏景况	35	35	35
	4.4 信息通信技术的应用情况	15	15	15
	4.5 其他设备设施	10	10	10
	4.6 硬件设备设施与软件设备设施的实践应用境况	10	10	10
	权重加总	100	100	100
5. 受教育者发展与支持	5.1 受教育者发展境遇	30	30	30
	5.2 受教育者赞成与否	30	30	30
	5.3 受教育者活动境遇	30	30	30
	5.4 受教育者支持与发展的践行与运作	10	10	10
	权重加总	100	100	100
6. 高校的治理与引导	6.1 高校发展远景	15	15	15
	6.2 高校组织管理境况	20	20	20
	6.3 高校发展战略与发展构思	30	30	30
	6.4 高校人事治理景况	40	40	40
	6.5 高校财务与资源治理境况	35	35	35
	6.6 高校治理与引导的践行与运作	10	10	10
	权重加总	150	150	150
7. 革新手段	7.1 高校内部绩效评价体系	20	20	20
	7.2 革新的详细方式	15	15	15
	7.3 与各利益关联方的互动、沟通、协作	15	15	15
	权重加总	50	50	50
	总权重	1000	1000	1000

三 绩效评价包容性的方法

印度有数量超过 350 的大学与数量超过 18000 的附属学院。囿于印度各地区附属学院绩效千差万别、规模庞杂，NAAC 施行两步绩效评价方法。在第一个评价阶段内，各附属学院处在申请绩效评价的预先准备时期，首先需要申请获取附属学院绩效评价资质（IEQA）。只有在附属学院获取绩效评价资质之后才可接着提出申请进入第二阶段——NAAC综合绩效评价。同时，大学、自治学院与重点学院仍然适用一步绩效评价法。为达成绩效评价的有效性、权威性与科学性，NAAC使用一连串举措完善绩效评价体系，合理设置各个绩效评价基准内的绩效评价关键点，恰当构建各绩效评价关键点内的绩效评价标杆；明确各绩效评价基准内绩效评价关键点的恰当权重；变更绩效评价的等级评判体系，由以往的9级等次评判转变为全面更新的4级等次评判，即，给予绩效评价过关的高校以A、B、C、D这4个等级评判，代表绩效评价结果分别为优秀、良好、及格与不及格，A、B、C等级表明绩效评价过关，D等级表示绩效评价未过关；革新高校的打分方式，由以往的百分比转换为4级等次的累加平均得分（CGPA）打分方式，各绩效评价基准内全部绩效评价关键点得分经由事先编制的明确程式计量获取，进而获得各绩效评价基准的平均得分（GPA）。采用对各绩效评价基准所规定的细化权重，最后绩效评价结果经由7项绩效评价基准的7个平均得分（GPAs）的加总获得累加平均得分（CGPA）。得到累加平均得分之后，各所参与绩效评价的高等院校会获得一个相应的字母等次、成绩标示与评判地位，表示该高等院校的绩效评价景况（见表6-2）。

表6-2　　　　　　　　　　　　**4级绩效等次评判体系**

累加平均得分	字母等次	成绩标示	成绩标示的诠释
3.01—4.00	A	优秀（评价过关）	高等院校绩效评价结果达到所期望的高标准严要求
2.01—3.00	B	良好（评价过关）	高等院校绩效评价结果大于所期望最低标准宽要求
1.51—2.00	C	及格（评价过关）	高等院校绩效评价结果达到所期望最低标准宽要求
≤1.50	D	不及格（评价不过关）	高等院校绩效评价结果小于所期望最低标准宽要求

　　4级等次评判体系将字母等次转换为数字得分（汇总而来的累加平均得分），此种等次评判体系的特质在于：（1）绩效评判范畴更为宽广，

打分更加规范、科学与标准。绩效评价涉及 7 个评价基准，36 个绩效评价关键点与 194 个绩效评价标杆，绩效评价范畴关涉至高校的课程设置、教学活动、科学研究发展、教学资源、教学管理、受教育者服务与革新手段等高等教育的方方面面。因此，使用累加平均得分手段获得的高校最终绩效评价分数，使得绩效评价结果更为合理、科学、标准、可信与可靠。（2）将极度的偏见消减至最小。在绩效评价活动中经常会出现个人偏见，个人的极度偏见会大大扰动绩效评价结论的客观性与公正性。但在运用累加平均得分体系之后，即便出现一些个人的极度偏见，在非常细化的绩效评价指标中，极度的个人偏见会逐渐减小影响，不会对总的绩效评价结果发生过大扰动。（3）任意两个等次之间存在 1 分的数值差距，便于绩效评价活动的些微调动。（4）由于缩减了绩效评价标准偏差，使得绩效评价结果变得更为精准，同行绩效评价专家小组的绩效评价差异实际更是式微。减少了绩效评价基准的差距，大为减少了人为主观因素对绩效评价活动的扰动，同行绩效评价专家小组由非常细化的绩效评价标杆着手展开绩效评价活动，使得绩效评价更为客观、有效与公正地运转，各绩效评价专家彼此之间的绩效评价差异大为消减，让最后得到的绩效评价结论也更为准确、可信与合理。（5）在任意的绩效评价环节中，消减了可调动的范畴，因此，同行绩效评价专家小组的绩效评价会更贴近客观事实，更实事求是。把高校绩效评价总得分由 100分调动至 1000 分，各项绩效评价基准的绩效评价关键点内均明确了恰当的权重比例。因此，在各绩效评价关键点内评价得分人为可变更、扰动的范畴非常小，不会较大地扰动高等院校绩效评价的总体得分，使得同行绩效评价专家小组的评价结果也更为精准、科学与可信。

　　同行绩效评价专家实施实地考察工作的最后一个重要环节乃准备同行绩效评价专家小组书面报告。同行绩效评价专家小组书面报告中的重头戏乃整体分析高校绩效与提升高校绩效的意见与建议，这也是撰写同行绩效评价专家小组书面报告的重点与难点。同行绩效评价专家需经由认真细致的实地调查与详尽有理有据的探讨分析，方可汇总出各高等院校的特色、缺陷及为高校绩效提升给出相应的合理化建议与恰当意见。实地考察完成之后，同行绩效评价专家小组把高校累加平均得分（CGPA）与同行绩效评价专家小组书面报告递交给 NAAC，

NAAC 依据同行绩效评价专家小组的书面报告给予各高校相应的身份评判。高校 CGPA、4 分等次与相应的成绩标示就构成了 NAAC 高校的评判证明（参见表 6 - 2），评判证明书有 5 年的有效期，5 年之后，还需再次开展新一轮的绩效评价与身份评判。

四　绩效评价包容性的应用

在印度高等教育支出绩效评价中，主要是经由累加平均得分体系获取各高校的绩效评价关键点得分与各高校的累加平均得分。精确测算出各高校的累加平均得分乃 NAAC 对各高校展开绩效评价与身份评判的基石。《高等院校绩效评价体系与评判新方法》中绩效评价关键点内均明确给出详细的绩效评价标杆，在同行绩效评价专家小组实地考察各个参与评价的高校之时，会参照这些绩效评价标杆而测度绩效评价关键点的得分与评价基准的平均得分。这里仅就评价基准 1 内课程设置与发展绩效评价关键点 1.1 课程设置的绩效评价标杆展开阐释（具体参见表 6 - 3），其他 6 项绩效评价基准（教学工作与绩效评判，科学研究、咨询与普及，硬件设备设施与软件设备设施，受教育者发展与支持，高校的治理与引导，革新手段等）不再展开一一解释。

表 6 - 3　《高等院校评价体系与评判新方法》的绩效评价基准 1 内
绩效评价关键点 1.1 的绩效评价标杆

绩效评价标准 （细化权重）	绩效评价关键点 （细化权重）	绩效评价标杆
1. 课程设置与发展 大学（150）、 自治学院（100）、 附属学院（50）	1.1 课程设置境况 大学（90）、 自治学院（50）、 附属学院（10）	1.101 课程部署是否符合高校的人才培育要旨
		1.102 所使用课程是否符合地区/国家的发展需要
		1.103 课程设置是否有利于受教育者的全方位发展
		1.104 课程安排要着重切受教育者的就业能力
		1.105 课程安排要重关切受教育者国际视域的培育
		1.106 课程开展是否有利于合理价值取向的建立
		1.107 课程开发是否与校内外专家学者展开合理沟通
		1.108 课程开发是否与用人单位展开合理沟通
		1.109 全体教职员是否在课程开发中不断革故鼎新

在《高等院校绩效评价体系与评判新方法》中，参加评价的高校各绩效评价关键点用 4 级等次进行恰如其分的等次划分，即 A、B、C 和 D，各个字母相应表示优秀（4 分）、良好（3 分）、及格（2 分）和不及格（1 分）。随之，各绩效评价基准内各绩效评价关键点的总得分就经由其规定的细化权重测算得到，从而也就测度出各绩效评价基准的平均得分（CR-GPA）。使用对各绩效评价基准所确定的细化权重，经由 7 项评价基准的 7 个平均得分测算得到最终绩效评价结果的累加平均得分（CGPA）。此处用位于西孟加拉邦的自治学院——J. D. Birla Institute, Kolkata 为绩效评价案例来阐释高等院校 CGPA 的测度程序：

首先获取 J. D. Birla Institute 绩效评价基准 1 的平均得分（CR - GPA1），采用下面的手段：

绩效评价基准 1 中 5 个绩效评价关键点的得分（KA - GP）分别为：X1.1，X1.2，X1.3，X1.4，X1.5；

J. D. Birla Institute 绩效评价基准 1 平均得分的测度计算公式乃下列程式：

$$（CR - GPA1）= \frac{（50 \times X1.1）+（20 \times X1.2）+（10 \times X1.3）+（10 \times X1.4）+（10 \times X1.5）}{100}$$

J. D. Birla Institute 绩效评价基准 1 中 5 个绩效评价关键点的得分（KA-GP）分别乃：X1.1 = 3，X1.2 = 2，X1.3 = 4，X1.4 = 4，X1.5 = 3；测度程序参见表 6 - 4：

表 6 - 4　　　J. D. Birla Institute 绩效评价基准 1 的平均得分

课程部署与安排	权重	绩效评价关键点得分	绩效评价关键点得分权重	总得分
1.1 课程设置境况	50	3	50 × 3	150
1.2 学术发展远景	20	2	20 × 2	40
1.3 课程的市场回应	10	4	10 × 4	40
1.4 课程革新景况	10	4	10 × 4	40
1.5 课程理论知识的践行与运用	10	3	10 × 3	30

课程部署与安排	权重	绩效评价关键点得分	绩效评价关键点得分权重	总得分
总得分	100			300

因此，J. D. Birla Institute 高等教育支出绩效评价基准 1 课程设置与发展的累加平均得分为：

（CR－GPA1）$= \dfrac{300}{100} = 3$；其他 6 个评价基准的平均得分绩点（CR－GPA）采用类似的手段测算获取。

其次，J. D. Birla Institute 累加平均得分（CGPA）的测度程式：

$$(CGPA) = \frac{[(100 \times GPA1) + (350 \times GPA2) + (150 \times GPA3) + (100 \times GPA4) + (100 \times GPA5) + (150 \times GPA6) + (50 \times GPA7)]}{1000}$$

J. D. Birla Institute 的 7 个绩效评价基准平均得分（CR－GPAs）各自为：GPA1 = 3.0，GPA2 = 3.0，GPA3 = 3.5，GPA4 = 2.7，GPA5 = 3.0，GPA6 = 3.1，GPA7 = 2.5；根据前面的测度程式，

J. D. Birla Institute 累加平均得分（CGPA）

$$(CGPA) = \frac{[(100 \times 3.0) + (350 \times 3.0) + (150 \times 3.5) + (100 \times 2.7) + (100 \times 3.0) + (150 \times 3.1) + (50 \times 2.5)]}{1000} = 3.035$$

最后，各个参与绩效评价的高等院校均可获得 1 个字母等次以显示其绩效高低，及相应成绩标示与由测算出的累加平均得分 CGPA 反映的身份评判，J. D. Birla Institute 总的累加平均得分（CGPA）为 3.035，介于 [3.01，4.00] 范围内，达到 A 级等次，成绩标示乃为优秀，表明不仅评价顺利过关，而且 J. D. Birla Institute 绩效评价结果达到所期望的高标准严要求。

表 6－5　　　　　J. D. Birla Institute 绩效评价最终结果

大　学	邦	CGPA	得分
J. D. Birla Institute, Kolkata	West Bengal	A	3.035

大学和附属学院累加平均得分（CGPA）的测度方法和自治学院

累加平均得分（CGPA）的测度方法类似，只是在一些绩效评价标杆上的权重高低有所差别。

五 绩效评价结果应用的包容性

（一）绩效评价结果和政府财政投入高度相关

在打造一种高等教育支出绩效评价制度时，需要着重思量如何处理绩效评价结果。将绩效评价结果和政府财政投入资金款项恰当挂钩，有助于提升高等教育支出的绩效。印度把支持"提升"而非"责任"视作绩效评价的主要宗旨。印度大学拨款委员会依据国家高等教育支出绩效评价协会对各高校的绩效评价和身份评判结果分配财政拨款，坚持高等院校只有接受绩效评价与身份评判才能获取政府财政资金支持。政府经由此种经济手段调节高等教育事业发展，从而有效地推动高校教育支出绩效的提升。

（二）推动高等院校自我完善

印度高等院校在办学活动中有着极大的独立性、自由度。此种办学的极大自主性不可避免地造成同类高校在经历一定时期的发展后，相互之间境况有着很大的差距。当然，此种差距若仅仅体现于不同的办学特色，值得提倡；但实际上，此种差距常常表现于高校基本结构差异与运作模式不同上，甚而有的高等院校根本无法保证基本的教学活动品质。为此，印度高等教育支出绩效评价的最重要目的之一就是要求全部高校依据基准做好基本教学工作。也就是说高等教育支出绩效评价是关系到高校基本结构与基本办学过程的监察审视，其根本要旨乃确保高等院校内部治理体制的顺畅运作。

（三）引导社会公众与政府作出正确抉择

多年以来，当学生、家长、雇主与政府要作出有关高等教育的抉择时，高等教育支出绩效评价为此提供了充分的帮助，使其深刻体会到选择经由高等教育支出绩效评价获取身份评判的学校或专业会为自身带来巨大好处，远远超出选择未经由高等教育支出绩效评价未获取身份评判的学校或专业所引发的益处。尤其是，印度政府每年将数千亿美元的科学研究基金投入到高等院校中，其中一个抉择基准就是，审查高等院校通过高等教育支出绩效评价并获得身份评判与否。

(四) 增强用人单位选用毕业生的信心

印度的高等教育已相当普及，每年从高等学校毕业的学生数目十分庞大，但并非每个大学毕业生都能成为社会精英中的一员。即便成长为社会精英，也不见得会获得高薪待遇。怎样找到自身满意的岗位职业，雇主怎样从众多大学毕业生中挑选岗位的合适人选，其中个人才干为关键要素，此外，毕业于何所高等院校是对潜在雇员第一印象的关键影响要素。即，高等教育支出绩效评价的结果，给雇主在人员聘用时提供了明确的导向信息。在印度这个关切诚信的国度，高等院校的信誉声望会对高校毕业生的未来生活与就业产生重要扰动。

(五) 不断提升高等教育支出绩效评价基准

各个时期的高等教育支出绩效评价基准反映了当时的高等教育水准与教学品质，必定是当时高等教育支出绩效评价专家认识水准的显现，并非一劳永逸再无变更。当前，印度高等教育支出绩效评价要求每 5 年为一轮实施必要的再次评价，经由不断的评价工作，逐渐提升对高等教育支出水准与品质的领悟与体会，进而不断修正高等教育支出绩效评价基准，使绩效评价基准更能顺应社会进步与经济发展的要求；需要高等院校经常性地依照新的高等教育支出绩效评价基准来严格要求自己，规范自身高等教育活动，从而推动印度高等教育水准的整体提高。同时，印度高等教育支出绩效评价的管理机构激励高等院校有意识地抉择那些具有高尚专业造诣、善于挖掘高等教育活动的不足与缺陷的高等教育专家，作为高等院校自身的批评者（Critics），要旨就是为高等院校的未来规划与发展放置一面可资借鉴的镜子，进而在高等教育水准与品质评判上获取更顺应社会公众要求的新基准，以指导高等教育支出绩效评价活动，提升高等教育支出绩效评价活动的客观性、有效性、合理性、可靠性。

第二节 印度高等教育支出绩效评价 包容性存在的问题

一 高等院校内部绩效评价工作缺乏系统性

印度高等院校尽管已经展开了内部高等教育支出绩效评价工作，但欠缺制度化与系统化的发展。这主要表现于当前高等院校的内部绩效评价机构，譬如学术协会与学科委员会，均为临时组建而非专门的绩效评价部门。怎样促使高等院校，特别是绩效评价合格的高等院校，系统地实施内部绩效评价活动成为国家高等教育支出绩效评价协会必须解决的问题。因为合理采取措施激励高等院校，从而让参与绩效评价的全部高等院校均可以最大限度、最大可能地利用资源、抓住绩效评价机遇与激发高校发展潜能是内部绩效评价活动的准则。为此，国家高等教育支出绩效评价协会采用设置跟踪高校内部绩效评价的机制，但还有很多具体困惑亟待处理，跟踪机制由哪个部门实施？跟踪机制何时施行？怎样施行跟踪机制？跟踪机制的实施结果是否要对外宣告？国家高等教育支出绩效评价协会在跟踪机制运作中能够发挥的功效如何？

二 绩效评价方法与基准亟待革新

印度高等教育支出绩效评价体系的建立已有一段时日。事实证实，绩效评价制度需要不断与时俱进，以顺应时代进步与社会发展的需要。譬如，怎样确保评价合格高校的绩效就是一个急需处理的议题。国际通行惯例乃由高校外部绩效评价部门经由再次评判，考察这些高校评价有效期满时的绩效境况。印度也依据此国际通行惯例，但再次评价是不是要对绩效评价基准予以提高，怎样设定新绩效评价基准，是不是要大幅度地改换评价等次体系，怎样辨别评价不过关后的二次评价和评价有效期满后的二次评价，二次评价后有效期的时长几何，都是急需解决的问题。

同时，绩效评价过程也许会造成高等院校日益同一化。虽然高等院校自身特色乃绩效评价中的一个评判要素，但一些高等院校开始克隆某些一流高等院校的成功做法；NAAC 制定的绩效评价说明书是为了方便高等院校准备自我评判的书面报告，但也起到了克隆的功效。多数高等院校为了应对绩效评价，仓促上马一些教学科研管理举措，造成高等院校不断同一化，丧失特色，减少了多样性。绩效评价中虽然也关切参与评价的高等院校学术特色、教学特质，以推动高等院校能打造出别具一格、与自身境况恰如其分的发展路径，但还是有高等院校单纯为了评价而评价，拾人牙慧，抛弃了自有特色，最终造成各高校规行矩步，千人一面，没有任何可以令人印象深刻的发展领域。NAAC 期望，在总体绩效评价所需求的各个基准稳定以后，高等院校会不断摸索打造自身优势，最终发展衍化为自身特色，这才是绩效评价的要旨与要求。

三　申请鉴定的高校激增引发矛盾

印度高等教育支出绩效评价已从过去的各方普遍质疑转变成各方鼎力支持，特别是大学拨款协会在 2004 年实施的支持国家高等教育支出绩效评价协会活动的新政策，引发申请绩效评价的高等院校大量增长。国家高等教育支出绩效评价协会最开始策划平均每月评价 30 所高等院校。但在实施中困难重重，譬如，绩效评价工作场所不能满足需要，绩效评价人员规模过小，NAAC 和高等院校为绩效评价基准、评价方式的选择争论不休，申请绩效评价的高等院校类型各色各样，不同高等院校的评价要求繁杂等。高等教育支出绩效评价在扩张绩效评价范围之时，需要确保自身的权威性，绩效评价的平稳性、精准化，规避程式化的绩效评价，这些挑战急需解决。

一方面，高等教育支出绩效评价专家组实地调查时可能会遇到参加评价的高等院校精心粉饰的虚假绩效。NAAC 发现，和同行绩效评价专家组见面的代表受过高等院校的强化训练与教导，在对高等院校代表和学生代表的访谈中，更多的是对高等院校管理的赞美与对院校领导交口称赞，难以获取高校真实绩效，不易发现问题。有的高等院校耗费大量时间悉心准备绩效评价文件资料，期望给同行绩效评价专家组留下良好的印象。也就是说，为尽可能让绩效评价专家组对高校留下好的印象，打出高分，高等院校呈现的是经过美化、浮夸的绩效，而非真实的、可信的绩效。高等院校对同行绩效评价专家组的过分热情周到、美化校园与大手笔投入基础设施建设以面对绩效评价专家组实地考察的种种举措，受到了高校教职工与社会各界的普遍指责与广泛质疑。另一方面，同行绩效评价专家组成员欠缺专业的绩效评价手法培训，需进一步接受正规的指导与训练。在对印度东北部绩效评价后获得的反馈研究报告中，90%以上的高等院校对绩效评价专家组的构成表示认可，但有的高等院校对绩效评价专家组的评价工作表示不认同。其中一所高等院校对绩效评价专家组的评价手段颇不赞同，认为绩效评价专家组的实地调查是吹毛求疵，鸡蛋里挑骨头，且丝毫不体谅高等院校实际情况；约有10所高等院校认为在实地调查中同行绩效评价专家根本没有任何开展绩效评价工作经验。此外，部分高等院校质疑同行绩效评价专家组没有严格遵循绩效评价规定流程展开绩效评判活动。高等教育支出绩效评价的可靠性、可信性与有效性在相当程度上取决于绩效评价专家，因此，对同行绩效评价专家组成员进行正规的训练与指导，是非常关键也是十分有必要的绩效评价工作要求。

四　国家高等教育支出绩效评价协会与有关各方欠缺融洽关联

印度高等教育体制的复杂性与多样性造成高等教育支出绩效的千差万别，这就要求统一部署与管理绩效评价活动。国家高等教育支出绩效评价协会经由咨询与协作等手段，与政府、大学拨款委员会及一些专业协会取得一定联系，并展开协作交流，但这些联系与交流协作较为形式化，还需深入严谨地开发彼此间的协作交流潜力。国家高等教育支出绩效评价协会对高等教育支出绩效的掌握是点状的，而非网状，对申请绩效评价的高等院校个体进行分散的、孤立的考察分析，欠缺对国家与邦整体高等教育支出绩效的整合考察分析。国家高等教育支出绩效评价协会只同印度30多个专业协会中的3个协会展开协作与沟通交流，协作沟通层面过于狭窄，有待于进一步拓展。

五　跨国绩效评价亟待开展

印度乃世界最大的人力资源流出国之一，大学毕业生期盼其学位证书能获取国际认可，公司期盼其雇员能在国际上有所作为。印度还是发达国家高等教育出口的广阔市场，澳大利亚、美国与英国都积极向印度出口高等教育服务。譬如，英国与印度高校已签订有约 400 个合作项目，这还未把开放大学等提供远程高等教育服务的合作项目包括进来。因此跨国绩效评价也亟待展开，而最关键的问题乃协调印度与其他国家绩效评价机构间的利益摩擦与冲突，加强绩效评价机构在地区层面或国际层面的交往对话。值得庆幸的是，各国外部绩效评价机构的运作机制有着相通之处与相近之处，较易发掘出共同语言，展开跨国绩效评价。

第七章　印度发展高等教育支出绩效评价包容性的因应策略

第一节　组织机制：分类分等

印度自从 1947 年独立之后，几乎所有关于高等教育的专业机构皆向国家建议要关切高等教育支出绩效的提升并控制高等院校数量的过度增长，印度国家计划署曾明确要求中央有关教育行政部门严格限制各邦高等院校的新建数量与新生招录规模，但印度高等教育几乎一直都在保持着大步伐的增长速度。正如世界比较高等教育学专家 Philip G. Altbach 所言，印度独立之后，高等教育发展非常快速，但这种发展在相当程度上并没有受到国家相关发展计划和发展建议的扰动。印度一直希望能够合理策划本国高等教育的发展并至少提出了十余种的革新方案，但这些革新方案皆宣告破产。印度高等教育领域有印度理工学院等世界知名大学，但印度多数大学都在一定程度上受到绩效难题的困扰。高等教育支出绩效影响了印度整个经济的发展与社会的进步。

鉴于高等教育支出绩效的普遍下滑且欠缺专门的绩效评价机构，1986 年印度《国家教育发展策划》指出需要构建一个专门的绩效评价协会以强制地定期开展绩效评价。因此，印度大学拨款委员会于1987 年宣告组建国家高等教育鉴定评价协会（National Accreditation Assessment Council)，专门司职监察和评价高等教育支出绩效。国家高等教育鉴定评价协会在评价中，先由各高等院校依照特定的参数展开自我评判；绩效评价专家小组在查清各项评价指标的基石上展开绩效评价获得一定的评价结论；对同类高等院校自我评判与专家小组绩效评价结果展开考核与调查，对各高等院校作出最终评价结论。该鉴定评价协会运用自己制定的绩效评价基准与评价手段对高等院校及其课程设置部署展开深入分析和精细评价。1987 年经由立法机关通过的《印度技术教育协会法》则要求组建一个专司专业技术类高等院校绩效的全国绩效评价协会，该绩效评价协会依照已编制好的评价规划与评价机制定期对专业技术类高等院校及有关的高等教育发展计划展开评判并给出见地和建议，对所评判的高等院校或高等教育发展计划给出是否赞同的评判结论。而印度政府于 20 世纪 90 年代建立了私立高等院校评价协会，以加强对私立高等院校的绩效评价活动。1994 年大学拨款委员会又推动建立了国家高等教育支出绩效评价协会 NAAC（The National Assessment and Accreditation Council），对高等教育支出绩效展开严密控制与细化管理，对高等教育机构与课程实施评定，帮助高等院校达成发展目的，倡导高等院校展开自我评判，改革教学与科研活动方式方法并展开各类高等教育创新。国家高等教育支出绩效评价协会 NAAC 持续扩张与增强自身在印度高等教育界的影响力，强化自身绩效评价主体地位，探寻有关各方的协助与支持。NAAC 决定对不低于 15% 的高等院校绩效评价合格的邦展开整体探讨分析，并在互联网上公开发布了 Haryana 邦、Tamil Nadu 邦、Kerala 邦与 Karnataka 邦这 4 个邦的绩效评价分析报告。这些绩效评价报告向印度政府提供大量的有针对性、建设性的见地和建议，充分展示了国家绩效评价协会的咨询功效与智囊功效。NAAC 还举办邦一级与区一级的高等教育支出绩效评价会议。至今，已经举办了 Kerala 邦、Karnataka 邦和 Tamil Nadu 邦这 3 个邦的绩效评价研究讨论会。Karnataka 邦还召开 3 个地区绩效评价研究讨论会。这些会议不仅推动了印度国家绩效评价协会活动的顺利进行，还有效地激励各个邦政府和地区政府努力提升高等教育支出绩效。绩效评价机构对印度高等教育支出绩效的提升正在并已经发挥了一定的功效。

同时，为保证高等教育支出绩效，保证高等教育品质，致力于持续提升高校教师的教学科研水准，大学拨款委员会设置有专门的哲学硕士、哲学博士、大学领导（university leadership）等项目供高校教师选择，开展师资力量的培训，以帮助高校教师实现理论知识更新、专业技能提升。1987 年印度构建了学术进修学院，向高校教师进一步深造供应进修课程。进修课程共有两种：一种是时长为 4 星期的导向性课程（orientation courses），主要教授与社会、环境发展和高等教育有关的理论知识，比如，印度高等教育制度、高等教育哲学、高等教育教学法、高等教育心理学；高等教育学科的革新与提升；高等教育管理与个性发展等。此种导向性课程的主要培训对象为新入职的高校教师。另一种是时长 3—4 星期的再进修课程（refresher courses），主要培训对象为已有一定工作年限和一定工作经验的高校老教师，高校教师每 5 年至少参加一次再进修课程的培训，以更新高校教师的理论知识水准及能力构成。这些进修培训项目远远不能满足全部高校教师的深造需求，一些大学也参与向高校教师提供进修培训课程。学术进修学院还为校长们提供时长 2—3 星期的研究探讨课程。经由设置专门进修学院提供面向高校教师与管理人员的培训项目被视作提升高等教育支出绩效的有效革新之一，到 2012 年全印度的学术进修学院已有 50 余所，20 多万名教师参加了再进修课程的学习，50 多万名教师参加了导向性课程的学习。

第二节　运行机制：内外结合

一　包容性运行理念

高等教育支出绩效的扰动因素是多种多样的。长期以来，印度政府不断探讨高等院校怎样才能达成高绩效。印度政府已确定了一种确保达到高等教育支出绩效基本要求的 7 步绩效评价运行观念。此 7 步绩效评价运行观念乃：追求优异、拔尖、非凡；领悟绩效内涵与外延；行动引领与导航；以受教育者为本；推陈出新、勇往直前；不懈培育绩效评价能力的发展；1 年 1 轮绩效评价活动的习惯性思想。

印度择取 7 步绩效评价运行观念而非 6 步或其他的缘由，是因为在印度文化传统中，数字 7 乃幸运数字，彰显突出、显要、不同凡响，譬如宇宙扩展形成了 7 大洋、印度有 7 位伟大圣人等。无论是哪种 7，都隐含此类主张，即要获取卓越地位、达到精神满足都需要历经一定的艰难困苦，承受一定的荆棘载途。NAAC 使用了 7 大基准对高等院校实行绩效评价也蕴涵着此种意念。事实上，此7步绩效运行观念涵义较为宽泛，其涵盖了绩效评价过程的多元性和绩效评价目标的多样要素，从一定程度上看，7步绩效运行主张隐含着一种精神束缚与管控的理念。

第1步，追求优异、拔尖、非凡。在印度传统文化中，精神生活至关重要。大多数印度人皆从小就满怀宗教信仰或精神寄托，印度社会的基本构成与序次体现了此种精神寄托或宗教信仰的巨大影响。社会行为动机研究人员坚持，强烈的意愿会对目标的达成发生重要扰动。印度人的传统文化特征印证了此种观点，印度人极其赞同与信奉此类观念。印度久负盛名的基督圣徒 Swami Vivekananda 曾倡导一种教育理念，即绩效是一种思想观念、一种态度立场。事实证明，在印度，凡是把马马虎虎的态度转变为绩效至关重要观念的高等院校，后来都获得了长足的进步、大幅的发展。因此，印度认为对优异、拔尖、非凡的追逐是保障高等教育支出绩效的关键一环，只要所有高等院校均将个体追求拔尖转变为集体追求拔尖作为高等教育发展信念，学校走向优异、拔尖、非凡的路途必定畅通无阻。事实上，这也是印度准备打造高等院校绩效文化的一种典型体现。绩效是一种不懈追逐优异、拔尖、非凡的过程。印度高等教育支出绩效的特性就在于少数高绩效的高等院校和多数普通绩效或低绩效的高等院校共存于印度高等教育体系之内。此类绩效等次的划分，尽管在一定程度上强化了高等教育支出绩效结构的失衡，但却使追逐优异、拔尖、非凡的绩效成为全部印度高等院校的奋斗目的。该价值目的要求在评价高等院校时关切3个范畴，即优异、拔尖、非凡的绩效基准的开发境况；优异、拔尖、非凡的绩效经验与实践的推广及应用境况；不懈改进绩效的规范化举措的开发与应用境况等。

第2步，领悟绩效内涵与外延。绩效乃多维的概念。描绘组成绩效的要素并不难，难的是对绩效进行准确界定。当前普遍赞成的绩效定义是合目的性。在目的明确的境况下，达成该目的的标杆参数就能够得到明确，怎样实现该目的的操作程序也就应运而生。NAAC 已明确了7项基准，各项基准皆有一连串的绩效测度参数。印度人认为，测度对于把握高等院校治理水准与教育教学效能十分关键。测度可分为定性测度和定量测度，而高等教育活动中有许多难以测度的无形效能。绩效不会必然产生，绩效乃高等院校不懈努力、长期发展的成果，且此种努力、发展是需要相当才智方可得以落实。因此，要明确构成这种充满才智的努力的要素，明确高等教育各利益关联方在这些努力中的供给与需求，明确怎样把这些努力和印度本土国情、高校校况完美融会贯通起来十分关键。同时，还要全面把握高等院校发挥功效的各方面绩效测度细节。

第3步，行动引领与导航。Aristotle 曾经指出，成功决定于行动。印度高等教育专家倡导，一次行动比一打纲领更有实效，通晓绩效理论无法保证可以达成绩效。高等院校需要把战略发展策划转变为可操作的绩效举措。个体的纤小举措能够带来高等院校的整体大调换。NAAC 提倡各高等院校均要建立内部绩效保障部门 IQAC（Internal Quality Assurance Cells），由此把绩效问题导入规范化建设的发展路径与征途。内部绩效保障部门专司编制高等院校内部绩效保障活动方案，并和其他部门一道配合、沟通协作，把绩效保障方案予以贯彻落实与实打实地施行。行动引领与导航的绩效评价运行观念有助于高等院校形成绩效评价的道德基准与德行风尚，有利于提升高等教育支出绩效。

第4步，以受教育者为本。受教育者的称心度最能代表高等教育支出的绩效。受教育者在校修读后所获取的才干怎样，乃评判高等教育支出绩效的一项重要标杆。受教育者参与绩效评价有助于高等教育支出绩效的提高。受教育者参与高等教育活动的方式多种多样。印度将受教育者参与绩效评价方式分为两类，即学术参与方式与市场参与方式。在市场参与方式中，受教育者被视为消费者，消费者权益受到密切眷注。此时高等教育被看作产品服务，学生就是此高等教育产品服务的消费者。高等教育产品服务品质是用符合需求为基准测度的。但是，很难把高等教育视为产品，若把高等教育看作一种产品服务，那么这种主张将受教育者在产品开发活动中的功劳抹杀了。在学术参与方式中，高等教育被视为一种提供知识服务的社会活动，在此活动中，受教育者与教育者均为参与者。对于优秀的教育人员来说，爱好多样且富有才智的受教育者乃其活动契机的源头。受教育者与教育者在教室内外的交流沟通和受教育者的回应乃高等教育支出绩效的重要构成内容。

NAAC 提倡受教育者参与的绩效评价手段，凭此使受教育者修读经历更为丰富。NAAC 已实施了一连串的举措，譬如受教育者特准、设置受教育者回应系统、广泛传扬受教育者参与绩效评价的经验等。受教育者参与绩效评价眷注的绩效乃由下至上，是向受教育者要绩效。教育者、治理部门等对高等教育支出绩效有着重要扰动，但此自下至上的绩效与高等教育支出绩效评价的意图是一致的。此类在受教育者绩效要求驱动下的绩效评价手段，是改善与确保高等教育支出绩效的不二选择。

第 5 步，推陈出新、勇往直前。当今社会处于日新月异的发展境况。高等院校需要持续提升办学能力、求实创新，勇往直前，与时俱进，以应对社会变革的挑战。合目的性的绩效乃动态化观念。不同时段的绩效评价参数有着天壤之别。远程教育、教育的私营化、商业化、国际化等都对高等教育支出绩效提出了革新要求。国家层面、高校层面、个体层面等都需持续革新的理念与行动，在资源匮乏、管理日益规范的境况下不懈努力。同时，经由分享国内外的先进经验提升创新能力，推动高等教育支出绩效不断增长。

第 6 步，不懈培育绩效评价能力的发展。绩效评价正逐步发展为一种专业性的活动，有专门的评价机构和专门的评价理念。决策者、治理部门及广大师生皆需要了解把握绩效评价的过程与绩效评价各项参数。因此，就需要加强绩效评价范畴的培训和学习，巩固高校的教学科研能力建设。印度针对高等教育领域各类别人员设计了不同的培训模式，培训 3 类高校教职工，一类为和高等教育政策与高等教育管理活动有关的行政工作人员；一类为高校层面专司具体绩效运作的行政工作人员；一类为专司绩效治理的管理人员，从而使各方参与绩效评价的能力得到大大提升。

第 7 步，1 年 1 轮绩效评价活动的习惯性思想。印度人非常拿手一次性的活动，譬如印度人精于组织举办一次高水准的体育运动盛事，但却不长于培育一批杰出的运动员；印度人专长于部署高校 1 天之内的活动，却不知怎样让学院在 1 年中至少顺畅运作 180 天。完成前者要求一次性的活动才干，而完成后者则要求可持续的发展才具。绩效评价乃一种赓续的、无休止的活动，要求有一定的才具、恒心与持久力。NAAC 开展的 5 年一轮绩效评价乃一次性的，不能够确保绩效的可延续性、不中断性。今天的食品不能解决明天的饥馑，眼前的绩效评价等次不能确保将来的绩效。因此，把绩效评价设成 1 年 1 轮的活动则是确保高等教育支出绩效可延续性进步的有效手段。1 年 1 轮的绩效评价并非直接指实际评价活动，而是指需要在观念中要养成这样一种习惯，无论何时都要有绩效评价观念与绩效评价文化。只有如此，才能实现高等教育支出绩效的可延续性与可兴盛性。

二 内外结合的运行机制

高等教育支出绩效不是靠评价而产生，而是经由高等院校自身执着不懈的建设和努力形成的。NAAC 作为外部高等教育支出绩效评价的执行主体，必须要得到各高等院校的支撑与协助，才能有效推动外部绩效评价功效的达成。因此，NAAC 自实施绩效评价伊始，不断加强开展和高等院校的交流与沟通，增进高等院校对绩效评价的支持配合和领悟。同时，NAAC 还经由多种形式如发布通知公告、集中组织培训和举办会议研究探讨、探寻受教育者对绩效评价活动的理解把握等，致力于绩效评价共同体的搭建。同时，不断推动高等院校建立与完善内部绩效评价机制的认知和行动。印度高等教育支出绩效评价思想证实，高等院校要真正地确保与提升高等教育支出绩效，需要建立内部绩效评价机制，搭建受教育者广泛参与机制。内因对事物的发展起着定夺性、关键性功效。高等院校自我追逐优异、拔尖、非凡的意识、强调行动引领与导航、评价 1 年 1 轮习惯性思维的巩固强化等有效固化了高校自我绩效评判的意识与行为，同时又主动积极协助外部绩效评价活动的开展。以内促外、内外结合乃高等教育支出绩效评价取得卓越成效的关键之处。

（一）绩效评价的外部运行机制

在绩效评价的根本理念引领下，即全部绩效评价活动的最终目的乃推动高等院校练好提高与确保绩效的内功。不管是对高等院校所有活动展开绩效评价，还是对个别专业、少数课程展开绩效评价，第 1

步都需要高等院校或有关院系提出自我评价书面报告，涵盖高等院校或学科专业内部绩效评价机制及运行境况；第 2 步是在与有关高等院校、院系专业协商后组织召集同行绩效评价专家队伍，在探析高等院校或院系提交自我评价书面报告的基石之上，并就绩效评价指导原则、评价手段、评价标杆及评价流程对专家展开集中培训之后，进行田野调查、实地考核；第 3 步是准备评审报告，评审报告定稿之前要送交被评价高等院校展开沟通交流，合理吸收被评价高等院校的意见，或随报告附上高等院校的意见；第 4 步是正式向社会公布评审报告。印度高等院校自愿参加绩效评价，由于通过绩效评价的高校可以获得财政拨款，促使高等院校主动接受绩效评价。

（二）高等院校内部绩效评价体系

高校参与绩效评价之后，高校内部的绩效评价活动主要为追踪评价机制的打造上，这是内部绩效评价体系得以发展与完善的重要扰动因素，有助于高校内部绩效评价活动的科学化、规范化开展。内部绩效评价活动主要评价内容涵盖组织治理、课程部署安排、教学、科学研究发展成就、基础设备设施与对受教育者的扶持等。这些评价内容同国家高等教育支出绩效评价协会的评价基准大体一致，只是高等院校自身乃设计与施行绩效评价的主体。但是，国家高等教育支出绩效评价协会并不是对高校内部绩效评价置之不理，评价协会不仅为高等院校内部绩效评价的组织构成与评价手段提供指导，帮助高等院校内部绩效评价体系的顺利运作，还对高校内部绩效评价体系展开循环递进式的评判，直至高等院校内部绩效评价体系逐步完备。

从长期看，追踪评价的成效如何是由绩效评价制度化水准所决定。为此，国家高等教育支出绩效评价协会指导评判过关的高等院校组建内部绩效评价部门，全方位多层次确保高校绩效。高校内部绩效评价部门不但司职监控高校绩效，更肩负着提升高校绩效的使命。国家高等教育支出绩效评价协会期盼内部绩效评价部门可发挥催化剂、触媒的功用，推动高等院校内部绩效的改进。

内部绩效评价部门的活动由绩效评价咨询协会统一管理，绩效评价咨询协会由高校校长担当主席职位，协会成员有高校行政人员代表、高校教师代表及地区社会代表，主要司职明确内部绩效评价部门的使命，及保证高校的教育举措契合绩效评价基准，确保这些举措获得贯彻落实。2004 年 3 月，国家高等教育支出绩效评价协会颁布实施了《在评价过关的高等院校组建内部绩效评价组织的规范》，并于互联网上对社会宣告。评价过关的全部高等院校均已遵循此规范行事，相继成立了内部绩效评价部门。这不仅增强了高校对绩效评价活动的决心与信赖，还推动了国家高等教育支出绩效评价协会再次评价活动的施行。

（三）对评价有效期满的高等院校施行再次评价

2004 年 3 月，国家高等教育支出绩效评价协会鲜明指出再次评价的架构。再次评价的特色有：一是高等院校的核心价值为再次评价的基石，高校核心价值涵盖帮助国家经济进步、社会发展、培育受教育者的国际视域与跨国活动才具、扶助受教育者树立准确无误的人生观与价值观、推动科学技术的开发运用与打造世界一流高校。高校核心价值反映了在日益更新的经济社会境遇之中高等院校怎样奉献自身的心力，此也乃健全完善绩效评价基准的凭据。二是高等院校在评价有效期内怎样进一步完善其核心价值为再次评价的关键要素。再次评价从绩效的维护、绩效的提升与首次评价报告对高等院校的扰动及功效这 3 个视点，考核高等院校在首次评价结束之后的 5 年中为开发拓展高校核心价值所作出的工作与取得的成就。这 3 个视点交互作用，彼此关联，需绩效评价协会作出整体全面的评判。

（四）不懈鼎新绩效评价运作机制

国家高等教育支出绩效评价协会主要从 3 个范畴健全完善运作机制，从而使绩效评价更为全面、专业与公正。首先，展开专业评判。评判对象是大学院系，评判内容与评判程序同高等院校绩效评价类似，评判着力眷注院系教学功效发挥的效率与效益、教学方案的拟定、在该专业学科中的发展地位及对专业学科发展的奉献高低等内容。评价协会已确定好专业评判的方法、手段、基准。国家高等教育支出绩效评价协会先期对物理、生命科学、英语、化学、管理、经济学与国际研究等七大专业学科展开评判活动。其次，促使绩效评价人员更加专业化。国家高等教育支出绩效评价协会不断加快培育绩效评价人员，将绩效评价人员培训计划举办频次由每年 1 回增至每年 4

回。专业绩效评价人员的增加，能避免申请评价的高等院校数量过多引起的评价水准滑落，从而保证绩效评价的专业品质。还签订合作协议以减少绩效评价人员的内部冲突与矛盾，并施行协调员发展计划，从绩效评价人员中遴选出专门的协调员，强化同行绩效评价专家小组的内部协调机制。再次，设置投诉受理机制，保证绩效评价工作的公正性与透明度。国家高等教育支出绩效评价协会明确规定如若高等院校对绩效评价结论有争议，必须在收到绩效评价结论证书的 30 天内书面提出上诉。执行委员会收到投诉的书面报告后先予以详细审查，再交由仲裁委员会展开深入调查研究。仲裁委员会先要搜集并探析上诉高等院校的自我评价报告、同行绩效评价专家小组书面报告、书面上诉请求书等有关资料信息，再召集组织听证会，邀请同行绩效评价专家小组主席一起听取上诉高等院校的陈述理由。如若需要，仲裁委员会将派遣调查人员去上诉高等院校进行实地核查取证。最后，执行委员会参照仲裁委员会的看法做出最后决议，并将决议反馈给上诉高等院校。2004 年 5 月，仲裁委员会在 Bangalore 第一次召集举办研究讨论会，从此投诉受理机制开始在印度正式运作实施。

第三节 保障机制：奖惩分明

印度中央人事开发与高等教育部专司高等教育事业管控，具体掌管大学拨款委员会、中央重点高校、重要科学研究院及专业协会。印度中央一级的大学拨款委员会（UGC）是半独立、半官方的中介组织，高校拨款委员在运作中有着相当大的独立自主权。主要司职对中央高校及附属学院、科学研究院的财政资金拨付，就政府高等教育资金划拨及其他高校相关议题向印度中央人事开发与高等教育部给出建议，并对财政拨款的运用予以规范化管理监督，引领与协整高等教育事业的发展。大学拨款委员会对高等教育支出施行监督管理，运用经济与强制的手段督促、指导和协调国家高等教育支出绩效评价协会（NAAC）对高校进行绩效评价，两者就绩效评价方式与绩效评价内容的看法相同，即绩效评价必须形成书面报告并公开发表以增加绩效评价的公正性、权威性与透明度。同时，对绩效评价结果进行排名，并将绩效评价结果与大学拨款委员会的拨款直接挂钩，规定高校若不接受绩效评价就不能从政府获取财政拨款与财政补贴，在实施具体资助计划以绩效评价结果为依据来部署安排，譬如，UGC 把部分发展性拨款和院校的身份评判直接挂钩，对在评判中获得优异结果的高等院校给予财政奖励，且高校可自主安排财政拨款，自由决定将财政拨款更多地分配给绩效评价结果佳的学科专业，抑或用于扶持绩效评价结果差的学科专业，皆悉听尊便。印度还参照绩效评价结果进行人事变动决策，印度高等院校把绩效评价结果作为调整人事的一个重要参照，绩效评价结果与印度教职工利益有着密切关联。这使得绩效评价变得相对敏感、扣人心弦，受到高校内各利益关联方的热切眷注。在此境况下，印度把绩效评价与奖励惩罚的关联关系向社会公开宣布，并且在人事管理章程与绩效评价规范中明示，以一种坦坦荡荡、公开公平的姿态面对所有高校教职人员。印度之所以能够如此胸襟坦荡地行事，是因为一方面绩效评价的要旨是提升高等教育支出绩效，改进高等教育体系自我治理自我修复的功效；另一方面，印度实行中央与地方合作的高等教育支出治理体制，政府掌控、统一治理、大学拨款委员会（UGC）主持、多方一道参与、各级财政相互协调配合，中央政府创设并治理中央高校和国家重点学院，邦政府有权创办并治理邦属高校，邦属高校数量及其在校生的规模均占全国高校数量和在校生总规模的 80%，印度高等教育经费的 75% 以上来自中央政府及邦政府，公办高校在印度高等教育事业中占据主导地位，且公办高校收取的学费非常低廉，整个高等教育事业的发展极其依赖财政资金的支持。

同时，在大学拨款委员会的财政资金支持下，印度实施了高校提升发展方案、发展科学和技术教育及技术研究的基础设备设施方案、高等教育部门评价发展方案等推动高等教育支出绩效的项目。经过多方努力，印度高等教育支出绩效获得新的飞跃。步入新世纪之后，印度政府仍然努力不懈地实行提升高等教育支出绩效的各项举措，只是在具体发展方案上作出一定的协整。

第一，施行具有超常进步潜质的高校发展项目与具有超常进步潜质的学院发展项目。在项目施行的第 1 阶段（1996—2001 年第 9 个五年计划）中，大学拨款委员会批准 Jawaharlal Nehru 大学、Madras 大学、Haiderabad 大学、Jadavpur 大学与 Pune 大学这 5 所超常进步潜质的高校，并拨付 3 亿卢比专项经费给这 5 所高校，专项用于高校基础设备设施建设。在第 2 阶段（2002—2007 年第 10 个五年计划）中，又批准 12 所大学与 47 所学院为具有超常进步潜质的高校与具有超常进步潜质的学院。2007 年，又批准了 4 所大学为具有超常进步潜质的高校，161 所学院为具有超常进步潜质的学院，以加强这些高等院校基础设备设施建设为要旨，推动高校教学革新，运用现代学习与评价手段，在本科生阶段开展弹性选课制，从而使这些高等院校发挥模范带头功效。还激励这些高等院校积极从事科学研究活动，实现教学科研齐头并进，一道快速发展。在第 3 阶段（2008—2013 年第 11 个五年计划）中，继续实施有超常进步潜质的大学、院系和中心计划，全面提升高等教育品质，加大投入，改善高校基本办学条件，培养学生的多种才干与技艺，改革学习模式，加强科学实验室基础设备设施建设，密切科学研究同教学、产业的关联关系。

第二，施行 UGC-INFONET（Information Net）建设项目。信息网（INFONET）乃运用信息通信技术将高等教育部门与教学治理活动直接链接起来的网络系统。该网络系统由印度教育研究网（Educational Research Net，ERNET）负责运作管理，而印度图书馆信息网（Information for Library Network，INFLIBNET）作为独立的高校之间的网络系统，专司协调与整合高等教育部门和印度教育科学研究网之间的关联关系。凭借信息网与已构建的信息数据库，大学拨款委员会向各高等教育部门提供教学与科学研究数据资料。已有 149 所高校经由信息网建立起密切的电子关联关系，运转的全部资金均由大学拨款委员会提供。

第三，实施教学和科学研究国家级测试（NET）项目。此教学和科学研究国家级测试项目涵盖对科学研究人员的才略考查与初级科学研究奖（JRFS）测试，目标乃保证高校专职教师与科学研究人员的最低水准。此类测试 1 年中组织 2 回，测试设在 6 月、12 月，大学拨款委员会为测试过关者颁发初级科学研究证书。大学拨款委员会授权各邦召集举办邦一级的才略考查（SLET）对高校中专任教师与科学研究人员施行才具测度。

2004 年大学拨款委员会拨付给国家高等教育支出绩效评价协会 1.1 亿卢比以帮助协会进一步改进办公条件。大学拨款委员会的资金支持，极大地激励了高等教育支出绩效评价体系的发展与进步。国家高等教育支出绩效评价协会更为主动、积极地向大学拨款委员会供应极具操作性的绩效评价方式、方法与手段，帮助大学拨款委员会监督高等教育支出绩效，把高校的绩效评价结果与身份评判结果、邦的评判分析书面报告等信息快捷地向大学拨款委员会反映与沟通。

国家高等教育支出绩效评价协会不懈努力地争取和更多的专业协会、行业协会一道合作，为高等教育支出的绩效提升共尽心力，2003 年，国家高等教育支出绩效评价协会组织有关绩效评价基准的专业学术会议，同 Tata 社会科学协会及一些社会服务教育学校共同研究探讨社会服务教育的绩效保障。国家高等教育支出绩效评价协会正着手编制社会服务教育学校的绩效评价指南。

为资助弱势群体学生能够顺利完成学业，持续开展科学研究，实现高等教育支出绩效的包容性发展，印度设立多种奖学金，这些奖学金由印度政府相关部委或专业机构设立，大多面向表列种姓学生和表列部落学生。大学拨款委员会设置了博士后研究奖学金，资助已取得博士学位和发表了科学研究著作的表列种姓学生和表列部落学生在专业领域开展高级科学研究活动，每年资助 100 名符合条件的优秀人才。大学拨款委员会还设置"研究生奖学金"，每年资助 1000 名符合条件的研究生，根据学位课程修读年限发放 2—3 年的奖学金。社会正义部和部落事务部设置了 Rajiv Gandhi 国家研究奖学金，每年资助 2667 个名额，其中资助 2000 个表列种姓学生，667 个表列部落学生。资助学生在人文、科学、社会科学、工程技术等专业领域攻读博士学位。现已有 4041 名表列种姓学生和 2036 名表列部落学生获得 Rajiv Gandhi 国家研究奖学金的资助，2010—2011 年共资助了 19.9 亿卢比。中央政府设置的少数宗教群体学生 Azad 国家研究奖学金，资助少数宗教群体学生修习哲学硕士学位或博士学位，每年资助 756 个符合条件的学生。

第八章 中国高等教育支出绩效评价包容性发展成就及问题

第一节 中国高等教育支出绩效评价包容性的发展成就

高校教育支出绩效评价是我国教育财政管理制度的创新内容之一，处在起步期，评价原则、评价指标体系和评价方法均处于早期发展阶段，因此，要不断总结实际工作经验，认真研究解决评价活动中面临的新情况、新疑难，且从理论视角对此活动展开探讨，从而逐渐完善中国高等教育支出绩效评价的科学理论与指标体系，来推进此项活动的规范化、制度化发展。

一 绩效评价包容性的原则

指标体系的设计，与高等教育支出绩效整体评价的公正性、科学性和可操作性，会对绩效评价制度的成败直接产生影响。所以，在树立端正的价值取向以后，就应设计合理具体的指标来评判高等教育支出于经济性、效率性、有效性、公平性等领域的绩效，进而打造出完整合理的绩效评价指标体系，全面评判政府在维护与推进高等教育服务层面的绩效。这里阐明高等教育支出绩效评价指标体系设计的有关原则。

（一）基本原则——以价值导向为基石

设计评价指标与构建指标体系是有着相当强技术性的活动，需依照一定的原则，而最根本的原则——选择具体评价指标和设计指标体系，要从价值导向着手，以保证评价指标体系可有效地体现出高等教育支出绩效。

1. 价值导向和指标体系间的关联

指标体系与价值导向有着密切的内在关联，这表现为：

（1）价值导向引领着指标体系的设计和确立

评价指标的内容由价值导向决定。价值导向作为高等教育支出绩效评价的基本元素，无法直接应用于高等教育支出绩效的测度，需经由一定的介质才可用于评价活动，而此介质即为指标体系。评价指标乃测度高等教育支出绩效的手段，是各种价值导向在高等教育支出绩效上的反映。所以，评价指标衍生于价值导向，是价值导向的具体体现，价值导向约束着评价指标的内容，有何种价值导向，就需有相称的指标来支持。譬如，以经济性当作绩效评价的价值导向之一，就需要评价指标体系中涵盖可以有效测度财政资金在经济性层面绩效的指标，像高等教育支出的 GDP 弹性，受教育年限的高等教育支出弹性等指标。

（2）价值导向引领指标体系的成长

因其对指标体系的引导效用，价值导向不但影响着评价指标的内容，还对评价指标体系规模及各指标在评价体系内的权重发生影响。譬如，当对经济性内在的诠释从最初简单的数量上的节省延展至质与量的一体，特别是关注质量上的经济性之时，就应从最初单一选用体现数量波动的指标变更为选用同时体现数量与质量波动的指标来全面测度高等教育支出在经济性层面的绩效，特别是增加体现质量波动的指标在整个评价指标体系中的比重。具体说来，不但需选用体现经济性的高等教育支出占财政教育支出比等指标，还需选用体现投入产出效率的指标，如高等教育支出的 GDP 弹性、校舍利用率、教学仪器设备利用率、图书利用率、教学用房利用率、生均教学用房面积等；不仅需选用体现经济性的指标，还需选用体现有效性状况的指标，如资金的到位率、专款专用率、助学贷款发放率、助学金发放率等；不仅选用体现国家整体高等教育支出状况的指标，还需选用体现居民获得高等教育服务质量变化的指标，如毕业率、高等教育毛入学率、毕业生人数、毕业生学位获取率、毕业生一次性就业率等。而且，若只用教育基建费占高等教育支出的比例、教育事业费占高等教育支出的比例、人员经费占财政教育事业费的比例、公用经费占财政教育事业费的比例、专职教师经费占人员经费的比例等纯经济性类指标来体现政府高等教育支出的绩效，而不选用相应的指标来测度政府高等教育支出在效率方面的绩效，或偏向数量指标而忽略质量变动指标，会使质量变动的合理内涵无法在评价工作中获得全面反映，并容易产生对政府高等教育支出活动的误导，使得政府过于追逐高等教育支出规模而忽略提升高等教育支出质量，这不但与评价的价值导向相违背，也会引发消极的导向。

价值导向还会影响评价指标体系的完善方向。譬如，在新中国成立伊始，为重造政府威严，提升政府的社会发动能力与统一调配社会资源的能力，中国把达成满足政府管理需求视为评判的基本价值导向，但在欠缺有效监督的状态下，有时政府用自身利益代替公众利益，施行"政府本位"的价值导向。在此价值导向的引领中，高等教育支出绝对规模等"硬"指标在指标体系内居于主导位置，而和群众获得的高等教育服务质量密切关联的毕业率、覆盖率、综合评价世界排名等指标在指标体系内较少提到。改革开放至今，伴随高等教育支出绩效评价理论的深化和民主社会的建设，保障与发展公众利益为绩效评价的价值导向。为较好地提高公众利益，达成经济性、效率性、有效性、公平性目的，在高等教育支出评价指标体系内逐步导入全面考量经济性与效率性的高等教育支出对个人收入的弹性指标、反映绩效的有效性指标、推动绩效的效率类指标、展现社会效益的效果类指标等。在此全新的评价指标体系内，绝对的高等教育支出规模类指标的权重持续滑落，而显现公众实际获高等教育水平的评价指标的权重则在持续攀升。可见，价值导向乃评价指标体系的核心，指引着指标体系的发展规划，引领着指标体系的调整，在指标体系的规划与确定层面起着根本性功用。

（3）价值导向是辨别指标体系规划的主要标杆

正由于价值导向指引着绩效评价的思路，乃评价指标规划的根本依据，所以，在规划详细的评价指标之时，需从价值导向着手，以确保有关的评价实践可以全面显现出既定的价值导向的需要。能否全面体现价值导向且与价值导向的变动保持步调相同，是评判高等教育支出绩效评价指标体系设计科学、有效与否的主要标杆，也是评判一个绩效评价体系成功与否的主要标杆。

2. 根据价值导向正确设计评价指标体系

价值导向是评价指标的基础标准。所以，在设计评价指标体系的过程中，需从树立的价值导向着手，依照价值导向的本质与需要来设立评价指标，并正确设定各种指标的比重，以全方位、正确地测度高等教育支出的实施状况。

（二）技术性准则

评价指标体系在内容上要和价值导向相同，在技术方面，评价指标体系还需依照如下准则：

1. 整体性准则

高等教育支出绩效评价体系需依照高等教育的体系性与综合性特征，实施系统性的全面评价理念。在对评价指标实施"投入（条件）—转化（管理）—产出（素质和效益）"规划设计之时，考虑背景评判、投入评判、过程评判、结果评判等指标，防止单用产出指标评判高等教育支出绩效的单一性与缺点。而且，在评价之时，结合前置性评判、形成性评判与总结性评判，不仅关注成果的评判，还关注过程的考评和完善，把学校自评、省市测评、督导验收等的消息回馈及评价论断等相结合，使所有因素互相作用，放于评判的总体与整个阶段中，以全面推动高等教育的进步。

2. 定量指标与定性指标相融合的准则

高效的绩效评价体系，应达成定量与定性指标的合理结合。单纯的定性评判，会让评价全然依靠评价人的主观评判，从而难以确保评价结论的客观性与正当性，会让评价对象出现强烈的抵触心理；但只关注定量指标，也无法保证评判的合理与客观，由于高等教育服务的特殊性，难以仅仅经由定量指标测度高等教育服务中反映的绩效高低，譬如群众对高等教育的肯定度等。所以，在规划绩效评价指标体系的过程中，需树立定量指标和定性指标融合的准则，来保障评价结果的全面性与客观性。

3. 动态性和稳定性相融合准则

为方便对比与评判，高等教育支出绩效评价指标体系一经树立，其内容不应经常发生改变，在一定阶段中需保持一定的平稳性。伴随社会主义市场经济体制的建设及公共财政架构下高等教育支出制度的日益健全，指标体系也需实时调动、充实与健全，即指标体系还需保持相应的动态性。

4. SMART 准则

此准则乃绩效评价指标设定中广泛依循的基准。S（specific）：说明绩效评价指标需为具体的、确实的，而非抽象的，似是而非的。M（measurable）：说明绩效评价指标乃可测度的、可评判的，评价指标能使用具体手段测定，能形成数量指标或行为强度指标，而非模糊、主观的陈述，绩效评价指标本身可以测度。A（achievable）：说明绩效评价指标是可以达成的，而非太高或太低、或与实际不符。R（realistic）：说明绩效评价指标是实际的，而非假想的或虚设的，可以获得完全的有关资料，评价主体可作出对应的评判，为确保评价指标体系能有较强的实践性，指标的界定应尽可能明确，指标体系的设定不仅要防止过于啰唆还要突出要点，而指标有关的数据在当前的人力、物力情况下是可以获得的。T（time bound）：说明绩效评价指标需有一定的时限性，而非单单只有含糊的时间要求或完全不顾及完成期限。在评价指标系统内，评价人员需使用一定的时间界定，也就是设置达成此绩效指标的时间期限。譬如，高等教育支出对个人收入的弹性指标需依照一定时间（如月、季、年等）的有关数据计量，若完全不考量计量的开始时间结束时间，那么就很难获取有关指标的可比数据资料。

二 绩效评价包容性的指标体系

依照高等教育支出绩效评价的根本准则和技术准则，能够对应地建构高等教育支出绩效评价指标体系，但此内容很难直接用相应的指标来测度，所以在设定评价指标之时，指标体系可划分为四类指标：投入类指标、过程类指标、产出类指标与效果类指标，用以显现高等教育支出从起始至结束全过程的运转情形与绩效水平，在一定程度上保证了评价指标体系的 SMART 准则与整体性准则。此类指标和高等教育支出活动的全过程及效应步调相同（见图 8 - 1）。

首先，投入类指标。投入类指标多显现高等教育支出活动中财政支出的所有情形，涵盖人力、财力与物力的投入，通常由支出规模与支出结构层面来显现财政支出水平，而支出规模涵盖绝对规模、相对规模与支出增速等，其中绝对规模是指在一定阶段中（通常指一个财政年度）高等教育支出的总量，体现了高等教育支出在总额上达到经

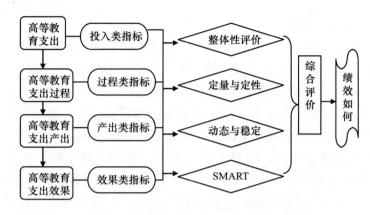

图 8 - 1   高等教育支出绩效评价的指标选择与评价活动过程

济社会与教育进步需求与否，显示了政府对高等教育支出的尽力程度；相对规模指在一定阶段中，高等教育支出和其他有关指标的比值，譬如高等教育支出占财政总支出的比值，高等教育支出占 GDP 的比值等；而支出增速则主要体现了高等教育支出达成教育需求扩张的要求与预定政策目的与否，具体指标设定如表 8 - 1 所示。

表 8 - 1   投入类指标

投入类指标	内部结构	<u>教育基建费</u> 高等教育支出
		<u>教育事业费</u> 高等教育支出
		<u>人员经费</u> 财政教育事业费
		<u>公用经费</u> 财政教育事业费
		<u>专职教师人员经费</u> 人员经费
	地区结构	<u>A 省生均高等教育支出</u> B 省生均高等教育支出
		<u>A 省生均高等教育成本</u> B 省生均高等教育成本
		<u>A 省生均高等教育支出的教育成本弹性</u> B 省生均高等教育支出的教育成本弹性
	财政层级结构	<u>中央院校生均财政教育经费</u> 地方院校财政教育经费

其次，过程类指标。过程类指标乃测度高等教育支出在教育体系内使用效率的指标体系。它能够有效地诠释高等教育内部绩效的大小，是明确教育"生产函数"的核心指标，过程类指标得分的大小决定了在支出总量相同的情形下，教育支出的产出与绩效水平的大小。因为过程类指标体现的是全部教育系统内的资金运用与管理情形，所以涵盖很多具体指标，可化解为人力资源使用效率指标、物力资源使用效率指标与管理效率指标共三类，具体指标设定如表8－2所示。

表8－2　　　　　　　　　　　　过程类指标

过程类指标	人力资源使用效率	$\dfrac{学生人数}{专职教师人数}$
		$\dfrac{学生人数}{非专职教师人数}$
		$\dfrac{专职教师人数}{全体教职工人数}$
		专职教师学历构成
		专职教师职称构成
		$\dfrac{专职教师总工作量}{专职教师人数}$
	物力资源使用效率	校舍利用率
		教学仪器设备利用率
		图书利用率
		教学用房利用率
		$\dfrac{教学用房总面积}{学生人数}$
	管理效率指标	资金到位率
		专款专用率
		助学贷款发放率
		助学金发放率

再次，产出类指标。高等教育的重要任务乃培育培养学生与提供高等教育服务，所以高等教育支出的产出反映于学生与科研层面，因

高等教育支出绩效评价包容性的比较研究

此，测度高等教育支出产出的指标也分为学生培养能力性指标与科研成果性指标，具体指标设定如表8－3所示。

表8－3　　　　　　　　　　　　产出类指标

产出类指标	学生培养能力性指标	高等教育毛入学率
		毕业生人数
		毕业生学位获取率
		毕业生一次性就业率
		毕业生性别比
		毕业生家庭来源构成
		每十万元财政经费培养学生数
	科研成果性指标	科研成果获奖率
		科研成果转化率
		获取专利数

注：其中毕业生家庭来源构成指标与毕业生性别比指标体现了教育资源配置的公平状况，毕业生家庭来源构成涵盖城乡、地区与收入情况等内容，毕业生性别比是测度性别公平的主要标杆，而性别公平又是高等教育资源配置公平的主要内容。

最后，效果类指标。高等教育支出的产出可以对经济社会的方方面面形成影响功效，此影响功效经常可称之为效果或效益，高等教育支出需达成的效益是政府投入高等教育的终极目标，涵盖经济效益与社会效益两个层面。经济效益涵盖高等教育对经济增长的作用及对人力资本的累积功效，依据人力资本理论，教育的功效反映于可以提升人的劳动生产率，从而提升受教育个人的收入水准。若教育可以高效地提升人的劳动生产率，则在使个人受益的同时，还能够推动经济发展与技术前进；社会效益涵盖人口素质的上升、社会文明水准的提升、综合国力的增强、社会公平的推进等，此乃测度高等教育支出绩效水平非常重要的层面，具体指标设定如表8－4所示。

表 8 - 4　　　　　　　　　　　　　　效果类指标

效果类指标	经济效益	$\dfrac{\Delta\,高等教育支出/高等教育支出}{\Delta\,受高等教育者个人收入/受高等教育者个人收入}$
		$\dfrac{\Delta\,高等教育支出/高等教育支出}{\Delta GDP/GDP}$
		$\dfrac{\Delta\,非财政性高等教育资金}{\Delta\,财政性高等教育资金}$
	社会效益	社会公众满意度
		$\dfrac{\Delta\,高等教育支出/高等教育支出}{\Delta\,犯罪率/犯罪率}$
		受教育程度与生育率的关联度
		$\dfrac{\Delta\,高等教育支出/高等教育支出}{\Delta\,社会贫困/社会贫困}$
		$\dfrac{\Delta\,高等教育支出/高等教育支出}{\Delta\,就业率/就业率}$
		$\dfrac{\Delta\,高等教育支出/高等教育支出}{\Delta\,各地收入差距/各地收入差距}$

注：指标 $\dfrac{\Delta\,高等教育支出/高等教育支出}{\Delta\,受高等教育者个人收入/受高等教育者个人收入}$，体现出高等教育支出对人力资本的累积功效；指标 $\dfrac{\Delta\,高等教育支出/高等教育支出}{\Delta GDP/GDP}$，体现出高等教育支出对经济增长的作用强度；指标 $\dfrac{\Delta\,非财政性高等教育资金}{\Delta\,财政性高等教育资金}$，体现出高等教育支出引导社会投资，一道创建高等教育的能力；社会满意度乃测度高等教育支出社会效益的主要指标之一，但其为定性指标，所以为取得客观实际的支持，需经由调查问卷手段获得指标的实际值，且能考虑高等教育服务综合评价世界排名上升水平（名）；指标 $\dfrac{\Delta\,高等教育支出/高等教育支出}{\Delta\,犯罪率/犯罪率}$、受教育程度和生育率的关联度体现出高等教育支出对人口素质及社会文明程度的作用；指标 $\dfrac{\Delta\,高等教育支出/高等教育支出}{\Delta\,社会贫困/社会贫困}$ 与 $\dfrac{\Delta\,高等教育支出/高等教育支出}{\Delta\,各地收入差距/各地收入差距}$ 体现出高等教育支出对社会公平的推动功效。

三　高等教育支出绩效评价包容性的方法

高等教育支出绩效评价计分活动共涵盖 4 个阶段：阶段 1 是对评价指标实施无量纲化对待，去掉原始变量量纲的干扰；阶段 2 是对具体指标施行计分（实际运用中，阶段 1 与阶段 2 往往合并在一起进行）；阶段 3 是对评价指标设定权重；阶段 4 是依照特定的指数合成手段，对评价指标的加权计分，获取量化的评判结论。详细过程见图 8 - 2。

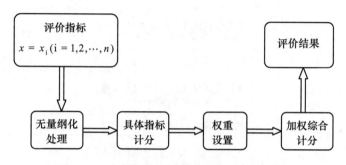

图 8 - 2　高等教育支出绩效评价计分流程图

　　阶段 1，无量纲化转换评价指标（具体指标计分）。因高等教育支出绩效评价涵盖价值导向评判、技术评判，加上各种指标的内容与量纲均有差异，无法获得全面的评判结果，需要对定量指标与定性指标施行各异的处理方式进行无量纲转变。定量指标的无量纲化转变通常由评价者运用一定的计量模型与计量方程，依照一定的评判标杆，对指标实际数额实施计量对待，获得有关指标的评判分值。譬如一高校绩效评判中"生师比 = 32"指标和"毕业生一次性就业率 = 91%"指标的内容与量纲截然相异，无法简单地实施综合对待，因此需要把定量指标自身的数值和已定的评判标杆施行对比，转化为可以一致测度的计分标杆（譬如五分制、十分制与百分制等）。依照标准值的明确方式（譬如加权平均法），能够取得各指标值的 5 个级别的标准数值，再用相邻两个级别的标准值的算术平均值做 2 个级别的临界数额，就能够获取 5 个级别的区间标杆数额，再赋予各级别加分的分值，就可取得一个指标区间与相应分值的标杆（见表 8 - 5）。

表 8 – 5　　　　　　　　　指标的标杆值、标杆区间与计分区间

评分档次	标杆值	标杆区间	计分区间
好	A1	最优值 – （A1 + A2）/2	100—80
较好	A2	（A1 + A2）/2 – （A2 + A3）/2	80—60
中等	A3	（A2 + A3）/2 – （A3 + A4）/2	60—40
较差	A4	（A3 + A4）/2 – （A4 + A5）/2	40—20
差	A5	（A4 + A5）/2 – 最差值	20—0

为加强各指标计分结果的精确性，使得即使指标值同属一个级别，也可辨识出指标值的高低不同，这就要对指标实施指数化的打分方式。常见方式有功效系数方式，功效系数法使用的计算方程（施行百分制）为：

$$d_i = \frac{x_i - x_i^{(s)}}{x_i^{(h)} - x_i^{(s)}} \times 40 + 60$$

其中，d_i 表示第 i 项指标的单项评价分值；x_i 表示第 i 项指标的实际分值；$x_i^{(s)}$ 表示第 i 项指标的不合意分值；$x_i^{(h)}$ 表示第 i 项指标的合意分值。此处的"指标不合意分值"与"指标合意分值"乃评判标杆，应按照指标的内容与属性来明确。

在实际评判活动内，可依照高等教育支出绩效评价系统的特征，把评判标杆设定为多级别，并相应改进功效系数方法。修改过的功效系数法的计算方程（百分制）是：

单项指标分值 = 本级计分区间下限 + （指标实际分值 – 本级标杆区间下限）/（本级标杆区间上限 – 本级标杆区间下限）×（本级计分区间上限 – 本级计分区间下限）

譬如就"毕业生一次性就业率"指标而言，设置标杆区间分别是"好（100—95）""较好（95—90）""中等（90—80）""较差（80—75）""差（75—0）"，当一高校"毕业生一次性就业率 = 91%"之时，该指标 = 80 + （91 – 90）/（95 – 90）×（100 – 80） = 84 分。

定性指标的无量纲化措置是经由评价人员运用自身的学识与经验，依照评判客体在一定领域的作为，施行主观分析辨别的方式明确

评判指标的级别，再依照对应的等级参数与指标权数计算可获得的分值，即常用的全面分析辨别方法。

与定量指标相比，因为定性指标缺乏一个确定的数值界定，在实际活动中为定性指标确定分值有一定难度。为增强定性评判的精确度，可以对定性指标设定级别与给定评价基准，由评价人比照评价基准对各指标给予相应分值。譬如定性指标的级别也区别为 5 级，并对各个级别给定评判语句、分值界定，见表 8－6，再要求评价人依照自己的辨别力在各级分值幅度内赋予指标相应的具体数值。

表 8－6　　　　　　　　　　定性指标评分标准和分值界限

评分级别	好	较好	中等	较差	差
评语	…	…	…	…	…
分值	100—80	80—60	60—40	40—20	20—0

阶段 2，设定评价指标权重。指标权重也叫作指标权数，是指在评判指标系统内所有指标所占的比例，在指标系统一定的情况下，权重的变化直接影响评价结果。根据高等教育财政支出绩效评价指标体系和评价标准的特点，Delphi 法是一种较为理想的指标权重赋值方法。

Delphi 法又名专家意见法，是 20 世纪 60 年代美国 RAND 公司与 Douglas 公司共同研制出的一种经由有选择地合理搜集专家意见的方法。用 Delphi 法确定指标权数，是依照指标对评价结论的干预力度，由有关专家结合自身经验和分析判断来明确指标权数，大多数是采用专家调查问卷的方式，对收回的问卷展开统计分类之后，对各指标实施运算，就运算结果征询专家建议，再定明各指标的比例。因为 Delphi 法实施简单易行，若挑选合适的专家，就可以比较准确地体现大众意见，由此得到普遍的推广运用。

阶段 3，高等教育支出绩效评价结论（加权全面计分）。在高等教育支出绩效评价计分活动中，对评价指标进行无量纲化转换（具体指标计分）与指标比例设定之后，依照各个指标的权数与得分实施加权综合，最后得到量化的评价结论。计算方程见下面公式：

$$指标综合得分 = \frac{\sum p_i^* d_i}{\sum p_i}$$

其中，p_i 与 d_i 各自是第 i 个指标的权数、得分，$\sum p_i = 1$。

在评判结论好坏的区分中，根据指标得分，依照 85、75、70、60 及 60 以下 5 个分数线把评价结论划为优、良、中、低、差 5 个级别，也可依照评价活动的实际情形弹性设定级别。

四　绩效评价包容性的应用

此处选择湖北省的高等教育支出数据实施绩效评价。

（一）湖北省高等教育支出基础性指标的数据来源

投入类指标、过程类指标、产出类指标、效果类指标的原始数据来源于《中国统计年鉴》《湖北统计年鉴》、财政部网站、教育部网站及统计局网站。

（二）湖北省高等教育支出评价指标的无量纲化

因为所挑选评价指标的计量单位各异，由此在分析之时，需就指标展开无量纲化转换。因为使用功效分析法对数据的无量纲化转化，可就各个评价指标明确其合意分值与不合意分值，且把合意分值作标准上限，不合意分值作标准下限。依照相关资料先找到或计算出各个指标的极大值和极小值，且把极大值与极小值分别作为该指标合意分值与不合意分值，再展开评分。

（三）湖北省高等教育支出评价指标的比值界定

经由功效系数法对前列评价指标展开无量纲化转换，转化成所有评价指标百分制分数之后，还应对前列的评价指标界定比重高低。评价指标体系中的总权重为 100，各项指标的具体权重，依据各项指标在指标体系中重要性的不同，采用在总权重中予以适当配置安排，采用 Dephi 法进行确定，邀请若干理论专家学者，对指标的权重在总权重 100 中内赋值，对各专家的观点予以综合整理，明确各项指标的具体权重数值。

1. 第一层评价指标比例界定。因为投入类指标、过程类指标、产出类指标与效果类指标这 4 类指标在评价活动中的重要程度是旗鼓相当，由此对第一层评价指标可分别界定其比例为 0.25。

2. 第二层评价指标比例界定。依照各个指标重要程度的差异，分别界定其权重，见表 8 – 7。

3. 第三层评价指标比例界定。依照相关数据的计算，第三层评价指标比重界定情况，见表 8 – 7。

（四）湖北省高等教育支出绩效评价结果

在对评价指标实施无量纲化处理与评价指标比重界定之后，可相应计算出各层评价指标取得的分值，并使用加权综合求和的方式计算得出湖北省高等教育支出绩效评价的最终得分，如表 8 – 7 所示。

表 8 – 7　　　　　　　湖北省高等教育支出绩效评价结果

一	权重	二	权重	三	权重	分值
投入类指标	0.25	内部结构	0.4	$\dfrac{教育基建费}{高等教育支出}$	0.23	79
				$\dfrac{教育事业费}{高等教育支出}$	0.22	
				$\dfrac{人员经费}{财政教育事业费}$	0.26	
				$\dfrac{公用经费}{财政教育事业费}$	0.14	
				$\dfrac{专职教师人员经费}{人员经费}$	0.15	
		地区结构	0.3	$\dfrac{A省生均高等教育支出}{B省生均高等教育支出}$	0.36	
				$\dfrac{A省生均高等教育成本}{B省生均高等教育成本}$	0.38	
				$\dfrac{A省生均高等教育支出的教育成本弹性}{B省生均高等教育支出的教育成本弹性}$	0.26	
		财政层级结构	0.3	$\dfrac{中央院校生均财政教育经费}{地方院校财政教育经费}$	1	

续表

一	权重	二	权重	三	权重	分值
过程类指标	0.25	人力资源使用效率	0.3	$\dfrac{学生人数}{专职教师人数}$	0.25	69
				$\dfrac{学生人数}{非专职教师人数}$	0.15	
				$\dfrac{专职教师人数}{全体教职工人数}$	0.16	
				专职教师学历构成	0.24	
				专职教师职称构成	0.10	
				$\dfrac{专职教师总工作量}{专职教师人数}$	0.10	
		物力资源使用效率	0.3	校舍利用率	0.16	
				教学仪器设备利用率	0.24	
				图书利用率	0.31	
				教学用房利用率	0.15	
				$\dfrac{教学用房总面积}{学生人数}$	0.14	
		管理效率指标	0.4	资金到位率	0.25	
				专款专用率	0.21	
				助学贷款发放率	0.31	
				助学金发放率	0.23	
产出类指标	0.25	学生培养能力性指标	0.6	高等教育毛入学率	0.16	78
				毕业生人数	0.15	
				毕业生学位获取率	0.15	
				毕业生一次性就业率	0.18	
				毕业生性别比	0.11	
				毕业生家庭来源构成	0.13	
				每十万元财政经费培养学生数	0.12	
		科研成果性指标	0.4	科研成果获奖率	0.34	
				科研成果转化率	0.38	
				获取专利数	0.28	

一	权重	二	权重	三	权重	分值
效果类指标	0.25	经济效益	0.55	$\dfrac{\Delta 高等教育支出/高等教育支出}{\Delta 受高等教育者个人收入/受高等教育者个人收入}$	0.36	74
				$\dfrac{\Delta 高等教育支出/高等教育支出}{\Delta GDP/GDP}$	0.39	
				$\dfrac{\Delta 非财政性高等教育资金}{\Delta 财政性高等教育资金}$	0.25	
		社会效益	0.45	社会公众满意度	0.19	
				$\dfrac{\Delta 高等教育支出/高等教育支出}{\Delta 犯罪率/犯罪率}$	0.18	
				受教育程度与生育率的关联度	0.16	
				$\dfrac{\Delta 高等教育支出/高等教育支出}{\Delta 社会贫困/社会贫困}$	0.13	
				$\dfrac{\Delta 高等教育支出/高等教育支出}{\Delta 就业率/就业率}$	0.15	
				$\dfrac{\Delta 高等教育支出/高等教育支出}{\Delta 各地收入差距/各地收入差距}$	0.19	

最后得到总分是 75。

（五）湖北省高等教育支出绩效评价结果

依照前面的计算得分状况，评价结果分值乃 75 分，根据前述高等教育支出绩效评判计分结果等级评定比对表，可以得到湖北省高等教育支出绩效评价结论是"良"。

五 绩效评价结果应用的包容性

（一）以绩效预算为引领，增进高等教育资金使用效率

经由对高等教育支出项目预定目标的测度、考评与对资金使用的跟踪问效，在管理人与执行人之间建立了效率理念，干预决策的合理与依法行政，评判结论在预算部署、执行力考评等层面的运用，提高绩效评价活动的公信度，推动预算束缚体制的构建与改进。绩效预算

是指预算不单单依据法律制定的额度进行编写，而是以绩效评判结论为根据编写预算、实施预算、审核预算的财政支出方式。美国联邦政府减少财政赤字的主要手段之一即依照绩效评价结果去掉不重要的支出项目与绩效低下而支出数额巨大的项目。中国经由减掉那些绩效低下而财政支出数额庞大的高等教育项目，从而达成改进与优化财政高等教育支出构成。并把事业发展目的引入部门预算，由财政部门依照绩效评价结论，确定部门完成其职责与事业目的所需花费的预算数额，完全纠正原来预算强调发放、忽视绩效及预算数额编制的任意性与非客观性的缺点，提升预算编写的合理化水平。同时美国专家Catherine Werro 提倡施行"电子预算"，坚持电子预算会给政府预算供应一个崭新的全自动操作架构，并实现预算和绩效信息间融合的系统化，这也为中国绩效预算改革供应了一种全新的改革路径。

（二）依照绩效评价结论实施人事制度革新，打造绩效评价的激荡和回馈体制

具体来看，绩效评判结论多使用在如下层面：第一，与高等教育工作者的工资薪金相关联。因为我国高校薪金施行级别工资体制，工资的法定性造成其调节变化缺乏弹性。所以需要逐步施行人事制度革新，逐渐去除高校薪金的资历薪金体制，依照绩效评判的结论对成绩显著的工作者或部门给予表扬激励，逐步构建以绩效为准则的工资薪金制度。第二，应用于职务的调整。职务调整具综合属性，其调整会对薪金、奖金、工作氛围等产生影响，所以是相当关键的激励举措。把评价结论和职务调整挂钩，对在绩效评判中不断获取优异成绩的受评人给予相应的职务调整或在升职时优先考量，并确实贯彻实施。第三，构建合理的收益分享与结余制度。高校工作者能够获取教育部门因效率提升而节约下来的一些资金。具体有 3 种方式：账目能够细化的领域，对结余资金进行发放；账目不易细化的领域，分配特殊资金；结余资金可应用于预算外的活动。同时还实施褒奖、记功、绩效警告、通报批评、典型宣扬、能力挖掘和提升等奖惩手段，并且物质奖赏和精神奖赏两手抓，使高等教育部门确实保持改善绩效的持久推进力。

（三）经由绩效评价结论的对照作用，施行标准化治理

Poister[1] 提出，绩效评判至少在 4 个层面拥有主要的标杆功效：应用于现在和历史的对比；事实绩效和绩效基准的对比；机构或项目间绩效的对比；机构或项目内绩效的对比，并确立"外部基准""公共类基准"及"统计性基准"等，以便各基准的推广应用。美国 Oregon 标准治理、Florida 标准治理、Minesota 里程碑及 Texas 未来规划等均为使用基准推动绩效提升的典型。把绩效评价结论应用于对比，即比照个人、机构及项目间的绩效高低。应把比对限定于工作环境相当近似的个人、机构或项目上。因此中国可以打造高等教育支出绩效"比对组"，把若干可比性强的高等教育单位进行比照，用于发挥激荡与推动效用。打造全国层面的"绩效评价标准库"，对评价活动中的典范加以广泛宣传，以发挥巨大的示范影响，激发与推动后进的高等教育单位为提高绩效而持续奋进。

（四）以绩效结论为引领，增强高等教育服务市场的竞争性，提升公众的满意度

在一定程度上看，公众的受益高低与满意与否才是评判高等教育支出绩效的根本标杆。根据公众满意度进行的绩效评判能够牢固高等教育支出的合法度与合理度。不仅要经由绩效评价导入竞争机制与市场机制，达成竞争性抉择与高等教育服务市场化导向，提升高等教育服务的品质；还要经由公众满意标杆的施行，评判高等教育服务和公众满意度间的距离，并经由优化资金使用的效率，减少社会成员获取高等教育服务时的资金成本与非资金性成本，切实构建出服务型与效能型高等教育。绩效评判的结论还应用于高等教育决策最优化、绩效评判方案的完善、高等教育审计、组织重构及高等教育资源的合理分配等领域。

---

① Theodore H. Poister. Measuring Performance in Public and Nonprofit Organizations, John Wiley & Sons, 2003, p. 135.

第二节　中国高等教育支出绩效评价
包容性存在的问题

中国高等教育支出作为财政支出中的主要内容之一，在财政支出绩效评价已顺利开展并取得一定成绩的境况下，高等教育支出绩效评价有着良好发展基石与发展前景，但作为一种特殊的财政开支，且绩效评价发展历程较为短暂，发展中存在一定的困惑。

一　制度建设：空 VS 空

1. 法律和制度保障的空白

中国财政支出绩效评价制度有一定发展基础，但高等教育支出绩效评价法律制度却近乎空白，还处于起步探索之中，这对高等教育支出绩效评价的进一步发展有一定的扰动。从国外高等教育支出绩效评价发展经验来看，绩效评价要取得实际成效离不开法律的支撑，离不开运作的规范化与科学化。譬如新西兰政府在革新教育财政治理时，将治理核心由投入转至产出，眷注教育部门经费部署应达成的效益，即为绩效，于 1989 年与 1994 年相继制定实施了《公共财政法规》与《财政职责方案》，明确规范了教育资源部署安排的职责界限，设计了提升教育资源运用效率与效益的驱动机制。就中国高等教育经费现有运用境况而言，无论是绩效评价系统及评价标杆的确立，或是绩效评判的相关政策、手段、办法的决断，抑或绩效评价活动的布局与调度，有关汇报机制与评判结果的应用监察机制等都欠缺法律保障。尽管财政部门与教育部门表明要革新高等教育支出决策流程，对国家重要高等教育投资项目由决断立项、实施项目、完结验收直至绩效评判，施行全方位、全过程监督治理，但至今尚未出台全国划一的高等教育支出绩效评估法律规章，使高等教育支出绩效评价缺乏法律束缚与制度护卫。

2. 有效监督机制的缺位

尽管政府逐步关切高等教育支出监察机制的打造，有的地方着手施行财务集中核算与国库集中收付体系，但此类监察体系仍然有一定的不足。一是在监察中仅审核高等教育支出的合法性与合规性，而未审核高等教育支出的经济性、效率性、有效性与公正性。二是监察高等教育支出时仅关切问题的治理，而未关切治理问题产生的缘由，未能提出合理的治理对策，从而难以增进高等教育支出使用效益与效率。三是监察高等教育支出时采用的方式依然为审计式的鉴证与财务报告的事后监察，没有采用事前监察、事中监察与事后监察相结合的监察方式。

3. 高校预算编制和管理的忽视

高校年年皆在编写预算，但预算编制模式每年皆大同小异，高校很少切实眷注绩效评判对预算编写的重要功效，更少借助绩效评判结果来查究当年预算或为次年预算编写供应参照。高校的预算编写、预算实施与预算绩效评判应为完整的一体。绩效预算管理需要以绩效为指引，视绩效的最大化为预算管理的根本要旨，视预定绩效目的的实现为预算管理的根本需求，视高等教育资源分配的最后成效为测度预算管理的基本标杆，并在预算编写、预算实施、预算监察等各项治理工作中始终坚持绩效不放松。但多数高校在预算资金部署中单单眷注如何使用资金而不管预算资金使用后能够达成的成效，对低效或无效的高等教育支出项目不加以严格甄别，在高等教育支出责任上也未形成恰当的监察管理与究责制度。

4. 缺乏明确的管理机构

很多国家皆设置高等教育支出绩效评价组织，作为高等教育支出绩效评判的主体，作为绩效评判体系的设计方与绩效评判活动的监督管理方。而我国正欠缺具有社会声望高的高等教育支出绩效评价综合治理部门，高等教育支出绩效评价活动由不同的治理组织分散施行，各治理组织于评判中使用的评判指标、评判方式与评判流程千差万别，未能形成统一的、完整的高等教育支出绩效评价系统，造成绩效评判结果存在巨大差异，相互之间没有可比性，不能保证绩效评价结论的公正性、可信性与客观性。

二　指标体系：一 VS 多

（一）价值导向的单一性

中国高等教育支出绩效评价时，对不同的高校采用同样的价值标杆进行评判，完全无视评价客体特有的外部景况、内部构造与发展意图，无法体现社会对高等教育的多样化需求、多层次需要。评价组织在编制评判指标、评价流程之时，常常依据教育行政管理规范，依照自身主观的价值观念与价值取向来编制评判标杆，无视不同评价客体的不同价值立场，造成高等教育支出绩效评价沦落成高等教育行政治理的狭隘手段，造成高等教育支出绩效评价仅仅能够评判高等教育活动的狭隘范畴，且此类绩效评判结论常常被视为高等学校整体水准的展示。所以，高等学校为获得外在形态上显得更为卓越的绩效评价结论，以至不惜舍弃有利于学生潜质提升的项目，而只把教学和科研仅仅限定于狭窄范畴之内。

（二）评价指标的僵化性

中国高等教育支出绩效评价常常应用严格的程式化方式描绘绩效评价标杆，较少考量绩效评价标杆的灵活性与合理性。这就表明编制的绩效评价标杆是固定不变的，不能调整。一旦明确了绩效评价标杆，就在高等教育支出绩效评价中发挥决定性功效，高等教育支出必须以既定绩效评价标杆为指引，实现评价标杆的要求。评价标杆的僵化性，无法顺应社会需求的变更。这种僵化束缚了高等教育活动的开展。事先明确的散乱的绩效评判标杆与高等教育教学活动规律不相称，高等教育工作受到评价标杆的束缚，难以显现高等教育工作的特质，使灵动的高等教育教学活动变得僵硬，无视高等教育的人性化，忽略了高等教育教学内容的丰富性及教学方式的创造性。高等教育支出绩效的评价客体多为抽象的工作情况或人的发展情况，有很多内容无法直接接触感受，高等教育支出的一些绩效评判标杆无法完全预先知晓而彻底纳入，这就造成高等教育支出的一些效果可能并未在评价标杆中所体现。同时，中国的高等教育支出绩效评价过于要求绩效评价标杆的可测性，过于眷注定量分析标杆，为获取量化数据信息，对各种情况界定数值，施行再次量化。这又造成过分眷注评价标杆的可测度性，对较为抽象或不易用具体数据反映的绩效评价客体，完全无视，而这些评价客体又具有一定指引功效，在实践绩效评价活动中就会只管具体行为标杆，而漠视绩效的内涵品质与整体水准的改善；各类标杆价值取向的差别造成评判分值之间的差距，譬如高等教育支出中不仅有校园基础设施构建与修缮项目、教师工资薪金、学生生活补助、科学研究经费，还有人员经费、公用经费等，同类支出中的不同项目间有着较大的差别，此类标杆在高等教育支出绩效评价中怎样恰如其分地展开评判仍然较为困难，且不同地区、不同高校采用的会计核算方式有别，造成高等教育支出欠缺可比的基本信息，且各高校具体情况有着极大差别，这更使得确定绩效评价标杆的难度更为加大。高等教育支出绩效的公共性和繁杂性特征，也造成难以在短期内发掘出恰如其分的标杆来评判全部高等教育支出项目，也很难寻找到合意的工具来分析比较高等教育支出的社会效益与长期效益；评价者的水准参差不齐，在对标杆评判时，会造成评价分值的不均衡。这些均会引发绩效评价结论缺乏客观性，评价结论与客观事实的违背。

三 结果应用：多 VS 一

高等教育支出绩效评价活动结果的应用，乃保障绩效评价活动深入发展的根本基石，但在实际绩效评价活动中评价结果的应用面临很多困难。（1）绩效评价结论使用手段单一，欠缺绩效治理的有效手段，诸如绩效奖赏、精神赔偿、增益分享、共享节余、绩效薪金、绩效协议等手段皆可采用，但并没有落到实处。对结果的使用只简单地运用奖励与惩罚，而忽视了高等教育工作者才具的开发和高等教育机构能力的提升。（2）结果使用的表面化较为严重。绩效评价结果最直观的应用应为预算编制的主要参照。绩效评判是绩效预算的体现与结论，绩效预算是绩效评判的预设与基石，如若绩效预算制度未完备设置，绩效评价机制也就不易完备构建。若高等教育支出绩效评价体系不够完备，缺乏法律规范的鼎力支持，高等教育支出绩效评判结论仅可作为相关部门的存档文件，或作为相关部门治理新上项目的参照物，对高等教育支出绩效中的问题无法有针对性的处理，对相关责任者无法形成有效的激励约束机制，责任者无视绩效评价结果，评价任务完事就好，评价结果优劣关系都不大，造成高等教育支出绩效评判活动只是走过场，无法起到应用功效，还使高等教育支出绩效评判的社会权威性大打折扣，阻碍了高等教育支出绩效评判活动的深入进行。(3)欠缺绩效评价所需的配套手段。国外有着较为完备的信息公开机制、激励和束缚制度、复议制度等保障绩效评价的顺畅开展，而国内欠缺这些配套手段，也就无法得到详尽数据。在国外，绩效评价组织使用先进的信息处理技术，构建出庞大的高等教育支出绩效评估数据信息库，有完全的投入产出方面的信息数据，不但有高等教育收支均衡与否等基本信息，也有高等教育支出产出与成本核算范畴的详尽数据，为评判各类高等教育支出项目的投入水准、效益境况与扰动态势，展开纵向分析与横向对比，保障绩效评价活动的高歌猛进。中国还欠缺绩效评价信息处理技术，在数据的搜集、处理分析上有较大阻碍，这扰动了对高等教育支出绩效的评判。

第九章　中国发展高等教育支出绩效评价包容性的因应策略

第一节　组织机制：行政主导

一　行政主导的组织机制格局

高等教育支出绩效评价的组织部门，即为组织实施绩效评价工作的部门，司职制定评价活动步骤与活动目的，订立绩效评价的详尽部署并予以组织执行，在区别绩效品质的基石上主导全部高等教育支出绩效评价活动。高等教育支出绩效评价的合理组织机制乃确保高等教育支出预算合规合理、提升高等教育资金使用绩效的根本要件，组织机制的活动存在于绩效评价全过程，是确保绩效评价的认真严格施行，达成绩效评价要旨的关键要素。

中国高等教育支出绩效评价多为政府举办，是由财政部门和教育部门主导，司职高等教育支出绩效评估活动的组织管理，不仅可以确保绩效评价活动的切切实实、富有成效的履行，防止产生绩效评价结果的偏差。高等教育支出绩效评估活动作为专业性极强的活动，还吸纳相关专业领域的学者介入。在施行高等教育支出绩效评价中，全面发挥建立已久的教育财政咨询协会的功效，在财政部门和教育部门恰如其分的引领下，同协会一道编制详细的绩效评估机制和评估方式，对各个部门应承担的职责使命作出清晰明确的规范，承担组织领导和评判结果审查的职责，对申诉意见重新审查评议，修正评价方案。

中国高等教育支出绩效评价以政府为主导的组织机制发挥了积极向上的正向效应，填补了政府治理手段革新引发的隔断，推动了高等教育支出的顺畅运营；激发了我国高等教育支出绩效评价的探索、践行与革新；组织了高等工程本科教育评估、新办普通高等学校的合格评估、学位与研究生教育评价等一系列的全方位、多视域、广角度的绩效评价，提升了绩效评价工作的成效，确保了高等教育支出的运作效益，推动了高等教育发展品质。

中国政府部门径直介入高等教育支出绩效评价的境况还会长久延续。此乃由于，也是最主要的缘由，中国政府对高等学校治理观念的变化乃艰难而漫长的发展历程。虽然当前社会成员期盼政府将高等院校治理权限下放，但高等学校缺乏自我治理、自我束缚的合理制度与丰富经验，造成政府对高校治理权限下放心有狐疑。高等院校的确难以完美的彻底自治，政府于"放权"和"放心"两相权衡也的确不易作出适当抉择，政府全面放权的时机尚未成熟。在这种情况之下，中国政府要和美国一样全然推却外部质量的掌控职责不切合客观实际；中国在短期内要学习运用英国式外部质量的间接介入形式也不大可行。第二个主要缘由为，高等教育支出管理制度变革乃中国改革开放进程中的一块难啃的硬骨头，政府办学、政府治理的方式至今未有重大革新或变更。只要此种集权治理模式还存在，政府径直评价高等教育支出绩效的方式就不会大幅变更。与国外相比，中国尤为关切政府部门在治理高等教育支出中的功效。《高等教育法》明确，高等学校需实行共产党基层委员会指引之下的高校校长责任制，教育行政部门要密切监管与评价高等学校的办学品质、教育水准。这充分显示出，中国高等教育支出治理制度决定了今后较长时期内均要在行政主导前提下从外部来确保高等教育支出绩效，此种模式同荷兰、法国绩效治理有着相近之处。第三个主要缘由为，中国由古至今均保有一切听凭政府评估的习惯思维定式。在"官本位"观念下造成了高等学校认官不认民的立场，一方面细心听取政府评判见地；另一方面无视社会评价意见，甚至还排斥民间组织的评价。中国推行真正意义上高等教育支出绩效评估的历史并不长久。绩效评价传统并不深厚或高等教育支出品质文化有待深化，高等院校欠缺接受外来势力评价尤其是社会评价的自觉自愿意识理念，政府更偏向于将高等教育支出评价当成一类特权而非一类科学，社会也未形成介入高等教育支出绩效评估与监督高等教育支出使用效益的积极理念。要发展高等教育支出绩效的外部保障还面临一定困惑，在今后较长时期内，国家只能采取行政方式施行外部品质保证，政府依然会于高等教育支出绩效评价中充当关键角色，发挥重要指引作用。

二 以政府为本的价值取向

国外高等教育支出绩效评价的理念历经三个变动时期：第一阶段，绩效评价理念的萌发（1900 年至 20 世纪 30 年代）。在此时期，高等教育支出绩效评价主要内容为高校的教育成效与效益，在评价中多参考学生修读的水平能力测试数据，运用教育测度的评估手段。对高等教育支出绩效评价效用的把握体现于逐步推进的高等教育评判发展之中，评价活动由测度学生学习水平发展至评价高等院校教育品质，展现出对高等教育支出绩效评估效用的早期认识发展状况。从高校内部自发的高等教育支出绩效测度，体现了绩效评价的日后发展轨迹，立足于高等教育，经由测度更为细致准确的了解高等教育支出绩效。第二阶段，绩效评价理念的形成（20 世纪 30—50 年代）。在此阶段，出现了以高等教育宗旨为基石的 Tyler 评估手段，发展出一个全面的高等教育支出绩效评价系统，高等教育支出绩效评定机制日臻健全与完善。Tyler 倡导高等教育支出绩效宗旨是高等教育的受教育者自身美好期盼，是源自高等教育客体内部的强烈意愿，高等教育支出绩效评价是测度高校实现高等教育支出宗旨的活动，是对高等教育自身发展需要的明确，展示了高等教育支出绩效评价以高等教育为根本的理论现实。第三阶段，绩效评价理念的发展（20 世纪 50 年代至今）。在此阶段，各式高等教育支出绩效评价新方式层出不穷，绩效评价理念的发展显现为若干倾向：眷注于高等教育的根本，指出绩效评价并非依赖于决策者预估的高等教育要旨，而有赖于高等教育活动主体的打算；高等教育支出绩效评价主要评判目的实现水准与目的值达成与否，关切发展主题。提出绩效评价要存在于高等教育支出活动的始终，价值辨别的结论需有助于高等教育支出决策的合理化与未来的可行性。明确高等教育支出绩效的发散性，关切多样化的价值引领观念。此阶段高等教育支出绩效评估倡导自然派的评估手段与方法，以社会作为绩效评价主体，也表明了对高等教育支出绩效评价效用全新的认识。高等教育支出绩效评价更为关切高等教育进步态势、高等教育本质、高等教育支出制度与社会理念的融合，更为关切高等教育受教育者的需求与高等教育的发展需要，从而推动高等教育活动的发展与受教育者的全面进步。总而言之，国外高等教育支出绩效评价的价值理念发展体现了把高等教育当作根本、把高等教育进步当作根本、把受教育者的发展当作根本的立场态度。

从中国高等教育支出绩效评价的提出和发展而言，发端于政府倡导。1983 年，原国家教育委员会组织召开高等教育工作会议，提出要对高等教育支出绩效展开评定。1985 年，《关于教育体制改革决定》阐明要对高等学校办学水准展开评判，教育机构要定期对高等教育支出绩效进行评判，教育部同年颁布《关于开展高等工程教育评估研究和试点工作的通知》，部署安排了高等学校绩效评价活动，一些省市着手进行了评估高校办学水准、专业、课程的试行。1990 年 10月，原国家教育委员会颁布《普通高等学校教育评估暂行规定》，作为中国第一部关于高等教育支出绩效评价的法规，对高等教育支出绩效评价的概念、宗旨、功效、类别、程度、方式等作出基本的界定。1990 年 12 月，教育部门对高等教育支出绩效评价的试点活动进行归纳总结，指示要逐步推进，扩大试点范围，深入找寻适当的评判方式与手段。1994 年年初，原国家教育委员会对全国普通高等学校实施了一连串的教学评价试点工作。1996 年对重点建设高等院校实施优秀评价，1999 年对一般高校实施随机性绩效评价。2003 年，教育部颁布实施了《2003—2007 年教育振兴行动计划》，指出建立普通高等学校教学工作水准评价制度，5 年轮回一次，且每年对高校教学基本状态数据实施定期公开。2004 年 8 月，组建教育部高等教育教学评估中心，中国高等教育支出绩效评价中，教学评估逐步步入规范化、常态化、专业化与科学化的前进轨道。2006 年 9 月，教育部办公厅下发了《对部分重点建设高等学校及体育类、艺术类高等学校评估指标调整的说明》，强化绩效评估活动的分类指导，使绩效评估方案针对性更为强劲。2005 年，教育部评估中心对 249 所独立学院施行办学境遇与教学活动的专门检验，评估中心还系统深入研究了独立学院教育工作合格评价指标体系的建构。《国家中长期教育改革和发展规划纲要（2010—2020 年)》的发布，要求提升人才培育水准、强化科学研究才具、服务经济发展社会进步、推动文化传扬革新，全方位提升高等教育支出绩效。《教育部关于普通高等学校本科教学评估工作意见》（教高〔2011〕9 号，绩效评价 12 条）提出，本科教学评估共有 5 类方式，教学基本状态数据的经常性监督测评，高校自我评判，高校分类评价（涵盖审核评价与合格评价），专业认定与评价，国际绩效评价。其中，国家教学状态数据库正在构建之中，经由 10 大类、171 个数据项、800 多个数据采集点，对教学品质实施常态化监督控制，使数据如实反映绩效境况。合格评价是对 2000 年起没有进行过教学工作评价的各类新建普通本科学校（涵盖国家准许独立运作的民办普通本科学校）施行的本科教学评价方式。全部新建普通本科学校需在要求时间内参与，合格评价过关后，这些高校要接受审核评价。国际绩效评价要求探索发展国际评估。教育部《关于全面提高高等教育质量的若干意见》（教高〔2012〕4 号，高教质量 30 条）发布高校本科教学评估革新办法，强化实施分类评价、分类教诲，倡导管理办学评价各自分离的准则，实施高校以自我评估为基石，以教学基本状态数据常态监测、院校评价、专业认定及评价、国际评估为重要活动内容，政府、学校、专门机构和社会多元评价相互配合的高等教育支出绩效评价制度。增强高校自我评价发展力度，健全高校内部品质评价保障体系，搭建本科教学基本状态信息资料库，构建本科教学品质年度报告公开制度。实施专业认定及专业评价，在工程、医学等专业学科中开展具有国际同等水平的专业认证评价，激励资质高的大学实施学科专业的国际评价。评价已经培养了 3 届毕业生的高职院校人才培育活动。不断强化学位授权点建设、加强监督控制研究生培养品质，秉持自我评价与抽样调查的相互搭配，每 5 年展开一次对博士学位授权点、硕士学位授权点的绩效评价。增加对博士学位论文抽查检测的规模与比例，每年抽查检测的博士学位论文占比要超过 5%。构建打造专业学位研究生教育品质评价保障制度，采取教学合格评估与认证二合一的手段。打造学位与研究生教育品质控制信息化的监督管理平台。

和国外高等教育支出绩效评价活动相比而言，中国的高等教育支出绩效评价工作在价值抉择方面存在自身的特殊属性：

首先，在绩效评价活动要旨上，国外高等教育支出绩效评估以发散的、多样性的社会公众意见为主要价值依据，价值取向具有相当的扩散属性，映现出教育为根本的立场态度；中国高等教育支出绩效评估眷注政府管理机构的观点，注重激励高等学校能动的顺应社会需求而变，积极倡导社会参与高等教育支出绩效评价，价值取向有着较为明显的收敛性，映现出政府为根本的立场态度。其次，在绩效评价活动层次上，国外坚决主张高等教育支出绩效在社会公众的激发下自我整合与完善；中国高等教育支出绩效评价坚持政府部门为改善高等教育支出绩效供应宏观治理意见与微观整治建议。再次，在绩效评估活动组织建构上，国外高等教育支出绩效评价多由社会上有较高公信度的学术部门或专业机构组织施行；中国高等教育支出绩效评价多由政府教育行政机构牵头组织展开，是国家对高等学校监督管理的手段，因此高等教育支出绩效评价工作相当关切政府立场，政府意志在高等教育支出绩效评估中起着举重若轻的功效。最后，在高校自我评价上，国外高校自我评价是被评价对象在绩效评价之前的自我评判，被评价对象对自身认识最为深刻，最能对自身的完善有详尽细致的主张，对自身完善起着外部难以企及的重要功效；中国高等学校自我评价，是政府教育行政机构展开绩效评估的辅助内容，映现出绩效评价中政府的引领功效。

三　价值取向的成因

高等教育支出绩效评估作为高等教育财政管理工作的主要构成内容之一，在相应法律规章的制约下，对全部高等教育收支活动的各个步骤、项目与资金进行考评，对高等教育资金运用的数量、构成、效益及合规性与合法性展开评判，本质是规范与束缚公共权力，使得政府只可以在法律规章架构的准许下施行高等教育财政工作。高等教育财政工作是由政府全部高等教育机构（涵盖从属于各级政府的高校事业部门与其他组织）及其公职人员负责组织施行的，因而高等教育支出绩效评价应该是对于政府全部高等教育部门及其公职人员高等教育支出活动的监督评价，而非拘囿于财政部门高等教育支出工作的监督评判。高等教育支出绩效评价不仅是民主发展和法治进步的产品，还是民主法制构建、国家宏观治理的手段。学习发达国家高等教育支出绩效评价进步的共有经验，科学界定中国高等教育支出绩效评估责任，是急需探讨的主要项目。中国高等教育支出绩效评价的价值理念以政府为本，这与当前中国特有的国家现状和相关制度有关，还与当前高等教育事业特殊的内涵、规模和营运制度有关，还与高等教育支出绩效评估尚处于特定的形成和构建的早期发展阶段相关。以政府为本的价值导向体现了中国特殊的社会历史时期、特殊的高等教育发展时期及特殊的绩效评估孕育时期的需要。这里在分析发达国家高等教育支出绩效评价运作氛围共有特点的基石之上，融合中国高等教育支出绩效评价的氛围变动，探讨高等教育支出绩效评估组织机制行政主导、以政府为本的根本由来。

（一）发达国家高等教育支出绩效评价运作的氛围

发达国家相当关注高等教育支出绩效评价的功效，为彻底了解与全面把握政府及其公共部门对高等教育财政预算法案实施境况及高等教育资金的治理和运用景况，多数发达国家对政府及其高等教育机构完成责任的合规性及其治理、运用高等教育资金的经济性、效率性、有效性展开监察，以规范高等教育资金配置秩序，保障资金获取中的平等角逐，避免资金使用中的贪污腐败，推动高等教育的良好运转。发达国家已构建了比较规范全面的高等教育支出绩效评价制度，其运作氛围有着相同的属性。

首先，公共财政发展为国家宏观调节的主要方式。

在市场经济领域中，市场对资源分配发挥着基本功效，但市场自身存在市场失效。正是由于市场机制在很多领域效率低下，政府干预或介入就存在着合理与必要的缘由。财政乃政府完成公共治理职责与干预市场的经济基石，要达成社会公共需求，就须经由财政的合理运作才能达到。市场经济状态下的财政乃公共财政。在市场经济国家中，公共财政乃国家宏观治理的主要方式。特别是在第二次世界大战之后，伴随国家干预经济社会能量的增强，公共财政收支决策慢慢发展为国家调控社会与介入经济的主要方式。财政收入能否依照法律规定及时缴纳进入国库，高等教育支出能否依照预算部署合理有效运用，径直关联到国家调节高等教育发展的决策能否按时、高效地得到切实执行。政府经由公共财政加强了对高等教育活动的调节，最大可能地补足市场失败的缺陷，实现最佳的高等教育资金分配部署。所以，为保障国家对高等教育宏观调节决策的施行效果，发达国家全方位多角度地推行了高等教育支出绩效评估制度，增强对高等教育支出的评估，力争不断提升高等教育资金的使用效益。

通过推行公共财政制度，政府在高等教育资源分配部署、宏观调节范畴内起到日益关键的功效，也向高等教育支出绩效评价的前进供应了展示的空间与平台，高等教育支出绩效评估发展为国家高等教育财政治理的永久议题。在市场经济制度氛围中，实施公共财政，是发达国家高等教育支出绩效评估制度运作的经济氛围与政治环境。

其次，公共治理发展为政府治理的根本责任。

20 世纪 70 年代后期，社会经济构成由工业社会转型至知识经济社会，世界步入全球角逐的市场经济时期。由于广泛体察到高福利国家体制的一些缺陷、政府介入的一些不足，西方发达国家着手革新公共治理，从政府广泛介入的政府为中心理念发展至降低政府介入的市场为中心理念。在风靡国际的公共治理革新进程中，各国重新界定政府功能，由管控型政府转变至服务型政府。公共治理专家学者主张，在当今世界，需要用法治化政府、有限性政府、民主式政府、分权型政府来代替人治化政府、无限性政府、专制式政府、集权型政府，政府需进化为以行政效率提升为要义的企业家型的政府，眷注公共治理经由市场取向以提升高等教育支出绩效。如此行事的优点在于能够压缩政府规模，增进高等教育支出绩效和效率。

公共治理理论的本质即要深入增强社会成员和政府间的公共受托责任关联，使得政府确确实实处于社会成员的评价和约束之中，让政府能够更完美地服务于社会成员。正是经由强化此种公共受托责任，让高等教育支出绩效评价制度的推行变得更为必要。所以，推动公共治理，构建服务型政府，乃市场经济国家高等教育支出绩效评价制度运作的政治氛围与环境。

再次，权力均衡乃国家法治化管理的基本机理。

政治学理论主张，政治的中核是权势。作为一个约束性的社会势力，权势具有正反两面：正面是权势拥有社会治理功能与公共服务功效，合理恰当地运用权势，可以造福于社会成员，为社会成员谋求福利；反面是权势在运作中可能会遭到胡乱使用，成了少数人谋求自身私利的工具。为保障权势恰如其分的合理使用，不让拥有且使用权势之人胡乱运用权势，防范国家管理的杂乱和法律的毁灭，需要放置权势于合理有效的评估和约束制度之中，达成权势均衡。

在国家权势均衡系统之内，作为公权的高等教育支出绩效评价权力，理所应当作为评价且防止公权滥用的不可或缺的势力。既然高等教育资金取自社会成员，能否完全合理高效地用来供给高等教育服务径直关联至社会成员的共同利益，则对高等教育资金运营整个进程施加绩效评价理所应当成为社会成员的政治权利。所以，增强权势均衡体制，达成国家法治化管理，是市场经济国家高等教育支出绩效评估体制运作的法制氛围与环境。

（二）中国高等教育支出绩效评价的环境变动

在政府革新所发展出的新治理制度下，以高等教育支出为对象的绩效评价构成了不可或缺的重要内容之一。在迈入 21 世纪以后，中国的社会、经济、政治氛围产生重大的改变，伴随构建社会主义市场经济体制的发展历程，中国正逐渐达成从计划经济体制转向市场经济体制的目的，政府职责模式由无限政府转变至有限政府，治国手段由政策治国转变至制度治国。毋庸置疑，高等教育支出绩效评价制度氛围的变迁，必定会对高等教育支出绩效评价制度的进一步革新产生深刻的扰动。

第一，经济氛围：计划经济转变至市场经济。

在扰动高等教育支出绩效评价制度运作的各种环境要素中，发挥关键效用的正乃经济氛围。一个国家经济境况，不但奠定了国家政权的构成与情状，也径直干预了国家政权的属性与运作。一个国家经济体制奠定了政府在经济范畴中的功效，也奠定了高等教育支出绩效评价在经济社会领域中发挥功效的规模与深度。中国在计划经济体系之中，所有事务均以政府指示为核心，所以要求一种能够推动高等教育平稳运行，人民教育品质有保障的高等教育进步模式及高等教育支出治理手段，因而高等教育财政治理工作简简单单、明明白白地展现了高等教育支出工作的重点，宪法明确指明人民代表大会是国家最高权力机关，财政是执行部门，人民代表大会和社会群众有权评判政府活动及其职责履行到位与否，具体可展现于高等教育支出治理活动领域，这就造成了高等教育支出绩效评价仅仅是以政治平稳为核心，是行政绩效评估手段，主要开展内部绩效评估。1978 年党的十一届三中全会之后，中国推行经济体制革新，1992 年党的十四大明确指出构建社会主义市场经济体制的基本要旨，1993 年党的十四届三中全会通过颁布了《关于建立社会主义市场经济体制若干问题的决定》，2003 年党的十六届三中全会颁布确立了《关于完善社会主义市场经济体制若干问题的决定》。在构建、健全社会主义市场经济制度的活动中，中国逐渐树立了高等教育支出管理制度革新目的是打造高等教育公共财政制度，并为此展开了一连串的财税制度革新。在学习发达国家高等教育公共财政制度的基石上，并融合中国社会主义市场经济制度的真实情形，当前已构建了顺应中国实际情况的高等教育公共财政制度。市场化革新稳定了此类属性的高等教育财政，而怎样评判此类高等教育财政活动也推动了高等教育支出绩效评价制度的变动：逐渐发展衍变为外部绩效评估和外部绩效评估束缚下的高等教育支出内部绩效评估。

社会主义市场经济制度渐进式健全，伴随着高等教育公共财政制度的推进，为高等教育支出绩效评价制度的进步和健全打造了优异的经济氛围与环境。

第二，政治氛围：无限政府转换至有限政府。

根据马克思主义的国家理论，国家是在经济上占据主控地位的阶层在政治上推行阶级专政的工具，国家不但履行政治、经济职责，还需履行社会职责。作为高等教育公共财政，在国家完成其绩效评价职责的进程中，高等教育支出绩效评价必然将作为一个关键的绩效评价内容所展现。不管是外国高等教育支出绩效评价或是中国高等教育支出绩效评价，都无法摆脱自身所处国家政权阶级本质的事实束缚。中国是人民民主专政的社会主义国家，构建和推动高等教育支出绩效评价制度的发展需要先明确高等教育支出绩效评价服务于社会主义制度的根本指引。中国实行人民代表大会制度，人民代表大会是国家最高等级的立法部门，国务院是最高级别的行政机构，人民检察院掌握着检察权，人民法院掌控司法审判权。各个机构间相互合理分工也有适当合作，如此制度部署隐含着权力和民主相互牵制的内在要求。在权力相互掣肘的进程中，需要全面发挥立法部门与行政部门在高等教育支出绩效评价范畴的功效。实践显示，中国国体和政体的构造，有利于彻底贯彻落实社会群众当家作主的权限，有助于社会成员参与政治议事才具与认识的加强，更有助于构建高等教育支出绩效评价制度前行的政治氛围与环境。

当代民主社会需时刻牢记，政府的权势乃社会成员所给予，官僚作为社会成员代表来运用权势，而社会成员拥有知晓权与评判权，纳税者或社会成员不但要清楚明白地了解自己缴纳税费的缘由，同时也需要清晰了解自己所缴纳税费花在哪里、运用境况怎样。全部财政活动均需要向社会成员、向纳税者担负起应有责任，均需要接受社会成员的决断与评判。这就要求把对高等教育支出活动的评判与知晓权完全交给社会成员，达成权利对权势的评判。从民主政治视域来看，社会主义民主政治构建是强力革新中国政治氛围的主要方式，而政府职能的转变，达成革新政府治理方式，是民主政治构建的重要使命。在计划经济制度下，中国政府类别属于权力无限型政府。伴随社会主义市场经济制度构建和民主政治的进步，需要对政府职能进行转换，对政府权力加以束缚。市场经济是法治化经济，市场经济的政治内涵要求割裂经济和政治，市场经济的政治预备要件是政府不可径直干预社会经济活动；打造社会主义民主体系，健全权力评估系统，要求经由宪法与法律对政府活动给予清晰明确的约束，以便从权势的发源地对行政权势施加最大限度的规范与束缚。推动社会主义民主政治进步，走上无限政府转变至有限政府的轨道，政治体系的民主化革新激发了高等教育支出绩效评价制度系统与保障体系的构建和功效的发挥，为高等教育支出绩效评价制度的进步和健全打造了全新的政治氛围与环境。

第三，法制氛围：政策治国转换至制度治国。

计划经济制度下的治国方略乃政策治国。政策治国在对待处理经济、社会、政治等公共事项时多运用政策而非借力于制度与法律作为关键的施政方式。政策治国的缺憾为灵活性太大，采取行政方式介入具体经济社会事务，政治规范化水准不高。同社会主义市场经济制度相对应的治国方略乃为制度治国，也就是遵循已有法律或制度来整治国家。在制度治国手段下，法律制度与政策相比更为优先，政策不可逾越法律制度所规定的规制范畴。由于当今市场经济乃法治经济，市场经济的根本准则乃遵循法治的基本准则。1999 年九届人大二次会议对《宪法》作出修正，明确指出今后要施行依法治国，打造社会主义法治化国家，对治国模式加以明晰。因此，需要增强高等教育财政法制化的构建，加大高等教育财政法治化水平，经由宪法与高等教育财政法律，来束缚和规范各级高等教育财政的自身绩效评价工作。在这种态势下，高等教育支出绩效评价的最终发展出路就在于切实打造法制化的绩效评价体系。

可以这样认为，在构建与渐进健全社会主义市场经济制度的过程中，治国手段由政策治国转变成制度治国，不但向高等教育支出绩效评价制度的运作供应了制度保障，而且也向高等教育支出绩效评价制度的进步和健全打造了优异的法制氛围与环境。

（三）中国高等教育支出绩效评价的环境发展态势

高等教育支出绩效评价的氛围与环境作为基础约束着高等教育支出绩效评价活动的前进，高等教育支出绩效评价氛围与环境的改变也必定扰动绩效评价使命。高等教育支出绩效评价使命，是遵循宪法、法律、行政法规的规定，履行高等教育支出绩效评价部门需要达成的任务与负担的职责。国家已颁布实施了《预算法》《税收征管法》《审计法》《财政违法行为处罚处分条例》《会计法》《注册会计师法》等，明确地指出外部财政绩效评价主体与内部财政绩效评价主体在高等教育支出绩效评价活动中的权利、义务及行事规范，彰显了中国高等教育支出绩效评价的使命，对各级政府及其高等教育部门的财政支出、高校事业单位财务支出的切实性、合法性与效益性依照法律展开绩效评判。就中国建立高等教育支出绩效评价制度多年来的经验而言，国家部门主要经由财务审计的展开，对财政支出、财务支出的效益、规范性展开评判。这正是在中国经济体制转轨阶段、法制建设比较落后的情况下，大体顺应了国家民主法制构建的需要。但是，在

高等教育支出绩效评价包容性的比较研究

高等教育支出绩效评价制度建立发展过程中，高等教育支出绩效评价的氛围与环境已产生了天翻地覆的改变：社会主义市场经济制度的刚刚构建和慢慢健全，束缚权力的制度不断构建和强化，推行依法治国政策，激励社会主义政治文明日益进步，所有这一切都对高等教育支出绩效评价使命的健全及高等教育支出绩效评价制度的革新引发了深刻而广泛的扰动。顺应高等教育支出绩效评价氛围变动的需要，研习发达国家高等教育支出绩效评价运作的普遍举措，融合中国高等教育支出绩效评价氛围与环境的固有特征，急需健全与推动高等教育支出绩效评价制度进步，重新塑造中国高等教育支出绩效评估的使命与责任。

高等教育支出绩效评价经由国家机关在提升高等教育资金配置和运用效益的目标下，高效地展开高等教育支出合规与效率评价，采取合理、民主的绩效评价手段，遵循绩效的本质规则，比照部门预算的基本需求，对高等教育支出活动进程及其结果展开客观、公正的束缚与回应。其实质为达成高等教育资金配置活动进程中显示国家主体对高等教育资金效益的约束功效，目标乃推动高等教育资金分配和运用效率的上升。高等教育支出绩效评价对象从动态视域来看，能够合理恰当诠释高等教育支出资金运作环节，在全部环节中高等教育支出活动能够分解为若干运作阶段，详细来看能够划分为高等教育资金的配置阶段、高等教育资金的划拨阶段、高等教育资金的运用成效阶段。高等教育资金的运用成效阶段又可关系到高等教育支出过程的 4 个领域，也就是成本、支出、结果、绩效。这些阶段组成了高等教育资金运作的整个内容。此资金运作整个内容均要求展开有效性的评价。因此，高等教育支出绩效评价的范围，从动态视域看是高等教育支出的活动进程和活动成就。高等教育支出绩效评价时需要遵循的规则乃"3E"规则。而"3E"规则正是经济性（Economy）、效率性（Efficiency）与效益性（Effectiveness）的统一称谓。"3E"本质上是 3 种关联关系，关系到高等教育支出活动的 4 个领域也就是成本、支出、结果、成效。要由经济性、效率性与效益性 3 个方面的相互关联中对高等教育资金配置运用状况展开全面探讨和充分分析，才可以得出正确、公平的评判结果。所以，强化对高等教育资金运用效益的考核，是为保障高等教育资金运用的经济效益与社会效果，使高等教育资金确实应用到维系高等教育发展需求且获取期盼的成效。

　　纵览世界各个国家的高等教育支出绩效评价，大致可以分成两类：合规性评价与绩效性评价。合规性评价施行发展的时期比较长久，而当代绩效性评价发端于 20 世纪 20 年代。自从 20 世纪 70 年代起，伴随着国际一体化、信息化的快速发展，全球角逐激烈，为扭转财政困顿与提升政府运作效率，西方发达国家陆续施行了以绩效为中心的评定，并逐渐在全球推广应用，发展成为国际性态势。此乃由于许多高等教育资金运用是符合规范的，但使用效果极其低下，有的不仅毫无效果甚至出现反效果。这就需要经由施行绩效评价来提升高等教育资金运用效率，增进高等教育支出治理水准。

　　合规性评价和绩效性评价既有相同之处也有不同的地方。从差异而言，合规性评价主要评判高等教育支出的合法与否和合规与否；而绩效评价更关注高等教育支出的最终成效，从社会成员的视域而言，就是要看高等教育支出能否引发更多实际好处。从相同之处来看，绩效评价以合规性评价为基石，是高等教育支出评价层次更高的范畴。

　　在审视发达国家高等教育支出绩效评价运作氛围与环境并探讨中国高等教育支出绩效评价环境发展变动的特征之后，可以看到，当今中国已大体具有构建与推动高等教育支出绩效评价制度的环境基石。施行高等教育支出的合法性评价和绩效性评价两手抓，逐年增加绩效评价比重，这不仅是时代的召唤，也是高等教育支出绩效评价工作深入推进的必经道路。

　　第一，市场经济体制与公共财政制度的构建为中国创建与施行高等教育支出绩效评价制度打下坚实的经济基石。

　　1992 年党的十四大明确了建立社会主义市场经济体制目的以后，施行了一连串的财税制度革新，已大体构建了和市场经济体制相匹配的公共财政机制。伴随政府对经济宏观调节才干的增强，公共财政治理慢慢转变为以支出治理为核心，财政支出的主要应用范围是涵盖高等教育在内的公共财政支出。对高等教育支出进行绩效评估，激励提升高等教育支出的绩效水准，是社会主义市场经济状况下高等教育支出绩效评价活动的全新使命。2003 年党的十六届三中全会颁布的

《关于完善社会主义市场经济体制若干问题的决定》明确提出：健全与完善高等教育财政制度，明晰规范各级政府的高等教育支出职责、打造高等教育支出预算绩效评价体系。2013 年十八届三中全会审议通过《中共中央关于全面深化改革若干重大问题的决定》，坚持预算公开透明，提高管理效率，深化高等教育领域综合革新。这些要求清楚地表明了高等教育支出绩效评价制度作为一个规范与制度在国家预算治理中的关键性位置。

第二，民主政治的进步与政府职责的改变为中国构建与施行高等教育支出绩效评价制度打下坚实的政治基石。

伴随社会主义民主的政治进步与政治文明程度的上升，中国政府正在逐步从权力无限政府转变为权力有限政府。与中国民主政治制度的健全与社会成员民主认识的上升相对应，社会成员逐步察觉到：绩效评价乃民主政治的根本，施行高效的高等教育支出绩效评估与国家权力评价是构建责任政府的要件。只有对高等教育资金治理、运用的绩效和安全性展开高效的核查与评判，才可以逐步推动政府自身革新，强化对国家权势的评判和束缚，也才可以为高等教育支出责任的绩效评价与责任政府的构建塑造必要的要素。在如此的宏观环境下，高等教育支出绩效评价制度应顺势而为，由国家机关对政府与教育部门的支出绩效、高等教育资金的运用与治理职责施行评判，从而供应真实透明的高等教育信息。譬如，2009 年 12 月，由中央教育科学研究所高等教育研究中心对社会公布的《中国高等学校绩效评价报告》，像这样一个拥有政府背景大学排行榜的发布对高校正常前进存在着难以比拟的关键意义。对高等教育支出展开绩效评价是推动高等教育支出绩效提升的一个有效方式，在各国均得到普遍推行。当前的绩效评价多为对高校既有存量展开绝对评判，关注高等教育投入或高等教育的绝对产出。如此的绩效评价已进行了较长时期，而且也会在相当长的期间内持续发扬推进高校提升办学品质的功效。但绝对评价也有着显而易见的缺点，不注重高等教育支出绩效提升的要素与提升带来的正面效益。高等教育支出绩效评价则根据产出和投入的比对高等教育支出展开相对评价，对 72 所教育部直属高校施行的绩效评价显示，绝对评价结果高的学校，绩效评价结果未必优，绝对评价结果不佳的学校，绩效评价结果未必差。绩效评价对扩展高等教育支出绩效评价内容与评价手段、合理分配高等教育资源有着深远扰动影响。所以，民主制度的健全与社会成员民主觉悟的提升，为中国构建与推动高等教育支出绩效评价制度营造了优异的政治氛围与环境。

第三，依法治国策略的树立与法制氛围的健全为中国构建与推动高等教育支出绩效评价制度打下坚实的法制基石。

依法治国的主要要求乃为政府依法执政。依法治国需要国家机构严肃遵照宪法、法律、行政法规的要求实施其职权，依法处置高等教育事项，达成国家对高等教育支出的法治化管理。行政机关能够依法执政与否，会从整体上决断中国能够依法治理高校与否，构建社会主义法治化国家。依法行政的关键是规制与束缚行政权势，根本上就是要达成由依法治理国民转变为依法治理官僚和依法整治权力，增强对行政权力的规制与束缚。2006 年 12 月 19 日全国财政工作会议上提出《以科学发展观统领财政工作　大力促进构建社会主义和谐社会》，清晰地提出要不懈地增强高等教育支出绩效评价、规制高等教育财政治理、深化高等教育革新，持续改善高等教育支出绩效评价的活动手段，深入增强事前监督、事中监控的活动规范与活动强度。注重关联着社会成员切身利益的重大高等教育支出运用状况，在提升高等教育资金合规性、安全性评价的基石之上，凸显有效性的评判，初步构建了即时监管、全方位审核、调整反馈、跟踪问效的全面高等教育支出绩效评判的经常性制度。国家主席习近平在 2013 年十二届全国人大一次会议明确指出，要实现中国梦，要不断造福于人民，牢固物质文化基石，维护社会群众根本利益，紧抓经济社会进步与国家建设为高等教育发展提供的良好机遇，经由绩效评估，推动中国高等教育美好愿景的达成。为彻底实施党的十八大关于全面深化革新的战略安排，2013 年 11 月十八届中央委员会第三次全体会议发布《中共中央关于全面深化改革若干重大问题的决定》，提出创新高校人才培养机制，推动高校发展自身特色，教学科研力争上游。实施管理办学评价相分离，省级政府教育统筹权限拓展，高校办学自主权加大，健全高校内部治理架构。增强国家对高等教育督查引导，托付社会机构实施高等教育评价监督。此乃国家在深化政治制度革新、健全权力运营与绩效评价领域对高等教育支出绩效评价体系作出崭新的要求，表现了中国政治民主化历程的主要进步与高等教育支出绩效评价在国家民主体系构建中职能界定的重大创新。

国家经由对财政高等教育资金治理、运用状况的核查或调研，暴露决策错误引起的低效投入及损失靡费，约束与制约权力的使用，推动高等教育支出决策活动的规范；暴露治理水准低下引发的损失靡费困惑，评判高等教育管理部门的工作高效、按时与否。在此层面上讲，高等教育支出绩效评价乃从社会成员的视域，评判权力机构控制高等教育资源的绩效状况，发展出对权势的高效束缚与评判制度，确保公共权力的恰如其分的正当合理运用。

第二节　运行机制：全面铺开

一　包容性运行理念

（一）基于学生发展

高等教育支出根本目的乃促进大学生发展，评价乃高等教育支出管理中的重要组成部分之一，必然也需要以此为使命。有鉴于此，以推动大学生的全方位发展、个性化成长、主体性进步为根本要旨的绩效评价理念与评价体系，正是所倡导的发展性绩效评价。高等教育支出需要有利于推动大学生的发展——全面发展、个性化成长与主体性进步。发展性绩效评价的关键是以发展的眼光来看待高等教育支出，而非用一成不变的基准对高等教育支出展开分门别类的评判。发展性评价不是为评价而评价，更需要展示的乃一种创新性的绩效评价理念，其理想的绩效评价境界为，教学与评价融合为一体。基本特征乃：形成性评价与结果性评价相提并重，着重关切大学生的发展与思考过程；绩效评价视角多元化，绩效评价内容全面、绩效评价对象面向全体学生、绩效评价方式多样化、绩效评价基准多重性；绩效评价主体与绩效评价客体间是一种交互的评价，学生不仅是绩效评价客体，也是绩效评价主体；绩效评价要旨是谋求推动大学生的发展，而不是以奖励或惩处为最终目的；绩效评价需在客观科学民主人性的基础上让绩效评价客体感受到评价主体的激励、无私与温情，是主客体间情感的交流互动。

（二）人文和后现代特质

高等教育支出绩效评价重视过程评价，更多关注投向高等教育支出过程的变动及变动的原因。经由对支出过程的评价来说明与验证造成结果的缘由。强调人与人间的交互功用，眷注所有参与绩效评价的人的立场观点及其在绩效评价中所发挥的效用，采取对话与协商的方式合理解决绩效评价问题。且高等教育支出绩效评价将高等教育作为统一整体来对待处理，关注高等教育支出现象内外部多种因素的互动效用。不单单评价现象的表面，更多是理解认识现象背后的深层次实质问题。

（三）引领、鞭策与教化

高等教育支出绩效评价由注重选择、淘汰落后衍变为关注诊断、指引，凸显高等教育支出绩效评价的引领、鞭策与教化效用。高等教育支出绩效评价活动不应成为高校、教师、学生的过滤器，而应主动及时地向高校、教师、学生提供有用的反馈信息，推动高校不断改善自身的教育服务，激励教师持续革新教学工作，激发学生充满热情的专注于学习，修身养性。促进与发展成为高等教育支出绩效评价中的永存精神与现象。

二　全面铺开的运行机制

为保障绩效评价结论的真实、可靠与可信，绩效评价活动需要遵照严肃、合理、科学的活动流程，通常可划分前期准备、施行评价与编制报告三个环节。

第一，前期准备阶段。

申请汇报绩效要旨。高等教育主管机构与高等教育单位在向财政部门编制报告年度预算之时，需要上交高等教育项目可行性书面计划，清晰、明确、细致的阐释项目资金运用的方式与绩效目的。预算数额比较高或专业技术较为繁复的项目，可行性书面计划需要有科学合理的论证与相关专家的专业鉴定意见，并指明项目意图的评判指标。经过财政部门审核确定之后，予以批复下发；如果遇到确实需要更改绩效目的的情况，需要高等教育单位按时向财政部门汇报，由财政部门作出适当审核判断。

明确绩效评价对象。绩效评价对象由财政部门、高等教育主管部门与高等教育单位依照绩效评价活动重点及预算治理需要作出相应的明确。依照高等教育支出绩效目的及绩效预算治理的需要，有的放矢地明确绩效评价目的与对象并下发绩效评价的书面通知确认函。

建立绩效评价组织部门。确定绩效评价对象之后，组织实施绩效评价的财政部门、高等教育主管部门和高等教育单位应建立绩效评价组织部门，担负绩效评价活动的组织引领、订立评价施行计划、挑选评价组织与核定绩效评估报告等。

设定绩效评价施行计划。评价组织依照绩效评价活动要求，针对绩效评价客体，制订绩效评价活动具体计划，构建评价项目组，选择绩效评价指标，明确绩效评价标杆与评价手段。

下发绩效评价正式通知。在具体施行绩效评价活动之前，组织施行绩效评价的财政部门、高等教育主管部门与高等教育单位需下发绩效评估要求。要求范围涵盖评价目的、评价职责、评价依据、评价对象、评价期间与相关评价要求等。

第二，实施绩效评价阶段。

审查数据资料。评价项目组需要对高等教育主管部门与高等教育单位交纳的有关数据资料施行严格科学的审查。高等教育主管部门与高等教育单位负责确保所供应数据资料的可靠性与精准性。

现场评判与离场评判。绩效评价的方式涵盖现场评判与离场评判，评价项目组可依照各异的具体境况采用形式各异的评价方式。

现场评判乃评价项目组亲临评价客体现场采用调查、询问、复查等手段搜集、整理所需的基本数据与资料，涵盖评价客体的大致情况、资金运用景况、年度绩效规划设计方案、检验报告、绩效报告及绩效评价指标系统要求的所有有关数据资料，并经由相应的技术手段与专业方式获取评价指标有关的外部数据资料，对相关情形展开严格的审核与细致的确实，并对所拥有的相关数据资料施行归类、整理与探析，给出绩效评判意见。

离场评判即绩效评价部门在对主管部门与高等教育单位交纳的数据资料施行归类、整理与探析的基石之上，给出绩效评判总结与建议。

全面绩效评判。评价项目组在现场评判与非现场评判的基石之上，对搜集起来的数据资料展开致密审核与严格确实、深入探析与详尽辨别，依照事实情形对绩效评价基准施行相应的调动，在这个基石之上，使用全面绩效评价方式得出最终的绩效评判结果。

第三，撰写绩效评价报告阶段。

编写绩效评价报告。绩效评价部门依照规定的报告撰写样式与要求编制绩效评价书面报告。绩效评判报告要有充分的客观依据，翔实的评价内容，精确的评价数据，深入的探讨分析，清楚缜密的逻辑推理。

交纳绩效评价报告。评价项目组需要把绩效评价的书面报告在要求时间内交纳给评价组织部门，在评价组织部门审核评定作出最后结论之后，把绩效评价结论向社会公布且告知被评价者。

归档数据留存资料。绩效评价活动完成之后，组织施行评判的财政部门、高等教育主管部门与高等教育单位应按时把绩效评价报告、评价通知函与施行计划等数据资料归档，分门别类的妥善留存。财政部门与高等教育主管部门应把绩效评价结论和有关见地，及早回应给被评价的高等教育单位，要求高等教育单位依照评价结论与建议作出相应改进，并抄送同级财政部门作为部署安排未来一个财政年度部门预算的主要参考根据。

具体绩效评价工作流程见图9-1。

为确保高等教育支出绩效评价体系的良好运作，还构建有相应的、与其相匹配的机制。

第一，绩效评价周期机制。

绩效评价周期，也就是考评的间隔期间。考评周期的确立，不仅与高等教育支出治理成本费用有关，反映绩效评判的可应用性和适应性，还在事实上体现了评价活动的循环往复属性。高等教育支出施行一个财政年度展开一次全面绩效评判。如此的绩效评价周期，非但不会过于加重高等教育支出运作和治理负担，还会逐步推动高等教育机构从业者的工作主动性与积极性，也确保了绩效评价和高等教育运作计划周期的同步性。

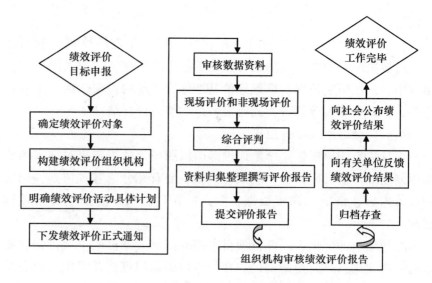

图9-1　高等教育支出绩效评价工作流程

第二，评审机制。

绩效评价次序。评价组织部门要合理安排评价对象的次序。对高等教育支出绩效展开评价应从主管机构至部门高等教育支出再至高等教育项目支出。

财政部门和高等教育主管部门明确要求各个高等教育单位编制绩效评价责任人职责文档，确定评价者及评价范畴和相关的被评价客体，并对评价者展开全面、系统、科学的培训，使评价者能够合格上岗，圆满完成评价使命。

绩效评价的权重比例。此与绩效评判水准直接相关联。财政部门和高等教育主管部门明确上级评判占权重为70%，基层单位综合评判占权重为20%，被评价对象自我评判占权重为10%。增加上级评价分数所占比重，目的乃为规避被评价对象自我评判分值太高，基层单位综合评分或过于中庸或过于严格或过于宽松的极端评判所带来的反面效应。

第三，交流机制。

在绩效评价文书中，设计实施被评价对象对自身评判和评价人评价结论二次确认的签名认可流程。

自身评价签字，是被评价对象对自我评价结论及提交评价文档的承认与明确。基层单位综合评判和上级主管评判结论，是在被评价对象获悉评价结论且予以承认之后由被评价对象二次签名进行确认与明确。

此种沟通交流制度的确立，是参考了评判治理中存在的缺陷之后加以改进实施的，设置此交流沟通方式的目标是为防范规避绩效评判过程中的不透明现象，全面认可和贯彻落实有关部门的知晓权利，推动评价人和被评价对象之间就绩效评价情形展开适时适当的高效信息交流，认可被评价对象的成就，指明被评价对象的不足，指出完善举措与革新建议。

财政部门和高等教育主管部门把每年的绩效评价结论于网上向社会全面公开，更深层次地增加了绩效评价的公开性和公信度，推动绩效评价的阳光化顺畅运转。

第四，申诉机制。

评价申诉机制是解决处理失当困扰的特定监督管理形式，归属于行政救济的范畴。在政府推行绩效评价时明确规定，如若被评价者对评价机构做出的绩效评价报告有异议之时，可以向评价机构的上级管理部门提请评价结论的复议，并阐明申请复议的理由和事实。财政部门与高等教育主管部门成立以部门领导为主要成员的申诉协会，专门司职监督高等教育支出绩效评价程序的合规性与评价结果的公正性与合理性，对绩效评价中的争执予以处理解决。构建切实有效的绩效评价申诉机制不仅可以启动对绩效评价的调查机制，促进绩效评价双方的良性互动，保障绩效评价正常顺利进行。绩效评价的申诉本身也是考核上级主管领导管理能力的恰当形式，从而更进一步促进绩效评价的公平和公正，提高绩效评价的能力、充分发挥绩效评价的效用。

第五，氛围机制。

氛围机制打造主要表现于三个领域：一是塑造被评价对象主动积极参与绩效评判的良好氛围。实践表明，在绩效评价所有组织工作中，上级管理者的大力支持是绩效评价制度创建的基本要件，中层管理者的支持乃绩效评判运转的坚实支撑力量，被评价对象的认同与肯定乃绩效评价获得成功的基本要素，缺一不可。二是塑造有助于绩效评价的高等教育精神氛围。谐和的高等教育精神氛围，可降低绩效评价的失误，特别是减小机关政治对绩效评价反面的消极效应。同时还能够于绩效评价中对被评价对象输导高等教育进步的价值观和运转治理观念。财政部门与高等教育主管部门在高等教育多元化成长，大规模扩张的战略发展时期，对责任管理人员职业道德素养提出的评判要求，即为高等教育价值理念和运营观念的实际展现。三是塑造绩效评价结果的转换氛围，也就是使用绩效评价结果发生正面向上的积极效应，具体显示于保障机制上。

第三节　保障机制：绩效拨款

一　制度保障

为确保绩效评价的正常顺利运行，中国不断加强高等教育支出绩效评价的法律制度建设。经由颁布法律法规的途径来确保高等教育支出绩效评价的规范运作，把绩效评价的准则、流程与方式经由法律方法明确加以界定，如此这般不但有助于推动绩效评价的普遍使用，还可以确保绩效评价的一致性与标准性，从而构建绩效评价的规范化系统。经由法律明确高等教育支出绩效评价的治理部门，使得绩效评价指标、手段与组织流程统一运作，构成全方位的高等教育支出绩效评价系统，来确保评价结论的实事求是与公开公正性。

二　信息保障

逐渐构建起高等教育支出绩效评价的信息搜集系统与资料库。在发达国家，绩效评价组织使用发达的信息处理手段，慢慢建成了规模显著的高等教育支出绩效评价资料库，为评判高等教育的支出水准、效益情形与影响状态，施行横向的比较评判、纵向的对比分析，确保了绩效评判活动的连续高效运作。当前，中国高等教育支出绩效评价数据库要有所取舍的效仿国外展开数据搜集、处理、分析、运用，植根于中国高等教育支出运用与治理实际境况，顺应当今信息管理技术进步的需要，更深入地改革与健全中国高等教育支出绩效评价数据库的构建：一是挑选各种类别的高等教育支出项目，当作绩效评价所需的原始数据来源，合理对数据资料展开分类规整；二是与绩效评价活动的开展相结合，逐渐制定各类高等教育支出项目效果评价的分类基准，在这个基石上，逐渐扩充绩效评价数据信息搜集领域，并逐步完善数据信息的搜集、量化与标杆等的探索充实活动；三是钻研开发绩效评价数据信息的科学采集手段，特别注重采用先进手段搜集大中型高等教育支出项目从立项决策、建设施行至投入运作等整个流程中如实呈现的各类技术经济指标与数据信息，确保绩效评价数据信息的有效网罗采集；四是进行绩效评价数据处理软件的设计开发探究，推动数据资料处理效率的上升；五是合理有效使用绩效评价数据资料，做好全面评价与行业评判标准值测度的研究活动。经由数据资料挖掘手段，来提升高等教育支出绩效治理领域的信息搜集、处理才能，保障绩效评价的合理性、科学性与可信性。

三　公信度保障

绩效评价需要高级别的管理者与组织者，从而具有充分的权威性，这离不开制度的保障，高等教育支出绩效评价由政府牵头施行，由政府遴选组派有经验的绩效评价专家组或委托有实力、有声望的社会中介组织评判并给出评判结论，以确确实实地提升绩效评价的社会威望与影响力。

同时施行信息公开透明体制，实施阳光评估举措，在专家组进校调查前 15 天与后 15 天内，将高校的自我评价报告在评估中心官方网站上向社会公开，增强了高校自我束缚的观念，提高了社会参与力度；为评价专家组提供了发展规划司归总的过去 3 年高校教学基本境况数据资料，为专家评估高校时提供参考依据，提升了绩效评估结论的公信力度；财政机构和教育机构把高等教育支出项目的绩效评价结论按期向政府部门汇报，将专家组对高校的评价考察看法与高校的整治计划全部在网上公开，激发各高等教育单位对绩效评价活动的眷注程度。也使得社会成员对绩效评判结果有着清楚的了解与认识。评估中还十分关切社会成员对绩效评价的态度、看法和建议，尤其是高等教育支出项目的绩效评价结论，全面运用调查问卷、媒体发布、民意测验、网络考查等手段，径直悉心采纳社会成员对评价结论的看法，努力提升绩效评价的公开透明力度，增进绩效评价的可靠性。评估中心还邀约教育部纪律检查小组、监察局、财务司、发展研究中心、中共中央组织部、财政部等相关人员以观察员身份参与绩效评估活动，悉心听取采纳观察员的恰当见地与合理建议。在评价中，严格贯彻"两不""两请辞"的规范，鲜明指示评价专家严词拒绝参评高校的请客送礼活动，回绝省部级管理者的关说。加强绩效评价纪律，经由教育、制度、监督，防范违反绩效评价纪律，惩治违背绩效评价纪律要求的活动。细致严肃对待各类举报活动，若查明高校在绩效评价中的数据资料有水分，实施全盘否定，绩效评价给予不通过；若评价专家违反评价纪律，则取缔专家的评价资质，清除出评价队伍。通过严明的纪律，公开的信息，确保了社会对绩效评价的信任度。

四　监管保障

高等教育支出的监管是对高等教育支出使用的整个流程、最后结局及和此有关的所有工作的监察治理，监管要旨是为让高等教育支出的分配与耗费更加合理、有效与科学。监管的理论基石是微观经济主体的逐利性与理性，也就是经济人，尤其是广泛含义上的经济人，把微观经济主体的逐利性与理性延展至经济社会活动所有范畴，譬如：家庭、婚姻、政治、进修等等。布坎南主张，官僚政客同样是自利的，官僚政客追逐的，不是为政府着想服务社会，而是耗费政府财力谋求获取尽可能高的个人威望和私人权势。有鉴于此，增强对高等教育支出的监察管理是万万不可少的。

因为高等教育支出涉足范围十分宽泛，所以对高等教育支出的监管就发展成了多方位、多级次的监察管理系统，涵盖各级立法机关人大的监察、各级计划组织的计划监察、各级财政机构的监察、各级审计机构的监察、各级高等教育主管机构与各级各类高等教育部门的监管与社会监管。各类监督管理各自属性不同，互相有别，互相关联、互相补充与配合。各级立法机关，依照宪法等法律制度规范，对高等教育支出的预算部署、施行与运用展开全面的监管；各级财政机构经由高等教育支出预算、财政治理机构的经常性监督及财政专职监督部门的专项监督施行监管；各级高等教育主管机构与各级各类高等教育单位，则经由督导对教学与行政的监管，专门评价机构的监管，并与财务监管、行政监管相互配合展开施行的；社会监管经由社会成员、新闻媒体与中介部门组成的多维监管来展开的。

五　奖惩保障

从古至今，国家治理人皆密切眷注对官僚政绩和执政成效的评价，将绩效评价纳入政府部门与官僚治理制度的主要范畴，合理有序施行绩效薪金、绩效奖罚、绩效聘任，把有关责任人的聘用、升等、薪金与社会荣耀和责任人的绩效直接挂钩，进一步推动高等教育行政管理制度革新，达成高等教育机构治理与行政运行的完善，提升高等教育服务品质。

在运用激励和角逐机制时，通常的激励大多是手段上的激励，也就是将绩效评价结论和有关责任人的实物奖励、精神表彰、活动奖赏、典型树立、危险激励和文化嘉勉等相挂钩。激励机制中更为关键的是制度上的勉励，此为绩效激励不同于通常激励的主要属性特征，也就是依照绩效评价结论从更高层级上对社会性准则予以宽松化，下放购买、财权、人事任用管束等权力，让高等教育机构有更广泛的独立性、自主性及其他权限，提高绩效评价主体与被评价客体全面贯彻落实绩效评价制度的积极性与能动性。引发高等教育支出效率低下的主要缘由在于政府主导一家独大，所以导入竞争规则就成为政府提升高等教育支出绩效水准的最佳安排方案。高效率激励的预置要件如下：（1）嘉勉需要用实际的事实情况与社会成员可以理解的主观承认的评价为根据。公平理论倡导社会成员均期待社会公平，在社会公平获得贯彻落实的境况下，社会成员就会产生和谐亲善的心绪。单纯用个人的主观评判作为评价标杆会使奖罚欠缺公平，挫伤有关责任人的主动性并会使其引发敌对的心绪。所以需要构建合理科学的评价标杆和指标系统并对评价运作全过程展开全面的控制，确保评价结论的实事求是，公平公正。（2）奖赏手段需要多元化，实物奖励和精神表彰并举。可适时采取增加的收益共同分享、能力挖掘等嘉勉手段，并把绩效评价结论和精神表彰相挂钩，譬如表扬嘉勉、荣誉奖赏、休假奖励等，还需要把个人表彰与集体嘉勉相融合。（3）惩罚应恰如其分，以嘉勉为主。仅仅在出现十分严峻的问题境况下，或持续两年在绩效评判中都落后的境况下，才采用严肃惩罚举措，譬如撤销职务、降职降级、减少资金拨付。对不分青红皂白一律严惩的无弹性治理制度与惩处手段进行调整，保留相当的空间宽容革新、容许革新活动的失利，对于相关责任人出于更好地达成组织意图的考量而造成的革新失利应和其他绩效差的情形采取截然不同的处理方式。

为实现有效激励，财政部颁布下发的《有关健全与推动地方部门预算改革的意见》中，清晰明确的要求各个地方政府部门，积极探索构建合理的预算绩效评价系统，要将绩效治理观念和治理手段导入高等教育支出绩效治理，逐渐构建匹配于公共财政的、以提升高等教育治理绩效与高等教育资金运用效益为中心的绩效评价制度。要依据全面整体部署、分阶段实施的准则，积极能动地推动绩效评价活动，并把绩效评价结论当成编制以后年度高等教育支出预算的主要参照根据。实施高等教育支出绩效评价的目的是提升高等教育资金运用效果，强化高等教育部门运用财政资金的绩效理念与意识，改换要钱无视规则，用钱无视效果的境况。把绩效评价结论当成编制与部署高等教育预算的主要根据，使绩效评价确确实实成为高等教育支出治理革新的手段之一。从长期而言，将绩效评价结论导入高等教育支出决策系统，导入高等教育资金治理与监管体系，导入全部高等教育预算体制乃高等教育前进所不可或缺的条件。绩效评价结论可用于指引人大立法机构对高等教育支出预决算实施情形的审核，当作高等教育预算资料库的主要构成内容，为未来高等教育支出预算的编制、调整高等教育支出构成与提升高等教育资金运用效益供应强大的材料支撑。所以，不但需要制定高等教育支出绩效评价结论的运用举措，详细阐释绩效评价结论运用的意图、范围、权限等。还要制定高等教育支出成果运用的具体施行手段，为提升新上高等教育项目运作品质、增强项目治理、监察与考评供应考量根据，也为未来相近的高等教育项目投入供应经验依据。财政部门和高等教育部门依照各自职责使命界限，对绩效评价中出现的困难尽快找出合理办法予以解决，并把绩效评价结论作为未来年度安排高等教育支出预算的主要考查根据，对于绩效评价结论较佳的高等教育项目单位，财政部门在部署未来年度的同类项目预算时优先考量，对绩效评价结论较差的高等教育项目单位，在部署该单位同种类型项目时押后斟酌。而且，把高等教育支出绩效评价结论供应给相关组织，作为高等教育预算单位年度岗位职责评价的考量根据。

同时，根据"权、责、利"三位一体的统一准则，明晰规定高等教育资金管理人与运用人的职责权限。加强对高等教育专项资金追踪问效治理与绩效监督管控，对资金运用效率低下、使命职责未能圆满履行，及发生占用资金、任意改变资金用途与造成资金靡费的，要求有关责任者承担相应责任，来保障高等教育资金的合理高效运营。过去的官僚行政体系中的责任机制是一种非直接责任机制，也就是社会成员链接政治，政治链接行政，若任意一个链接环节发生问题，均有可能引发责任机制失效或失灵。所以，要以社会成员为根本、以绩效结论为根据构建评判责任制度。以社会成员为根本，即公共管理人要司职满足社会成员合理需要，推行客户服务标杆和客户满意度评判。此类指向社会成员的责任体制要比依照行政指令构建的责任体制有更高的效率。高等教育支出绩效评价以结论为根据，即构建一种全新的公共责任机制，不仅要提高执行者的自觉能动性，又要确保执行人者对绩效评价结论承担责任；不仅可以提升效率，又能确确实实地贯彻落实效能。

第十章 巴西、俄罗斯、印度与中国高等 教育支出绩效评价包容性 发展的相互启示

第一节 巴西高等教育支出绩效评价包容性 发展的启示

一 高等教育支出绩效评价包容性的重要作用

高等教育支出绩效评价制度，经由收集数据资料和分析归纳汇总信息资料，对高等教育支出活动发端、活动进程与活动结果展开价值评判，为提升高等教育支出绩效与完善高等教育支出政策供应参考依据。

（一）提供绩效信息资源

巴西高等教育支出绩效评价不仅为社会公众供应了高等教育支出绩效领域的信息数据，为学生家长抉择契合自身需要的高校提供参考，还帮助教育部对高校进行认证与重新认证供应可靠准确的信息资料。

（二）推动高等教育包容性发展

经由绩效评价，推动社会的包容性，降低人才的靡费，实现人尽其才，物尽其用。在富有发展潜质、充满创新精神的年轻人源于经济因素扰动而无法接受高等教育的景况下，通过绩效评价，推动高等教育支出在不同群体间适当分配、地区间合理配置，确保优质高等教育资源能够让弱势群体从中获益、配置到国家的贫困地区、偏远地区。以推动高等教育可持续前进，也彰显了社会坚持平等、民主的理念，让所有社会成员无论贫富贵贱均能够平等的获得接受高等教育的机

会，圆梦大学。

（三）激发高等教育活力

经由绩效评价的实施，可以让高校教师，更关切教学工作、科学研究活动，不断勤练内功，提升自身的教学才干与科学研究才具。可以让高校更为关切学科的合理设置、课程的科学管理、教学活动的恰当组织、科学研究工作的高效开展。还可以调动受教育者修读的主动性与积极性，激发受教育者提高自身专业才智的修习兴致和博雅知识的学习才略，从而从教、学、管各方面推动高等教育支出绩效的全面提升。

二 高等教育支出绩效评价包容性的特点

（一）完善的法律制度

巴西高等教育支出绩效评价经由不断健全完善法律制度规范，使得巴西高等教育支出绩效评价工作有法可依、有章可循。在 1964—1985 年巴西军人政府治理国家期间，巴西就高等教育支出绩效评价颁布实施了《高校革新法》，明确对大学课程科目的设置基准、硬件设备设施要求、大学功能定位、科学研究等作出明确细化的规范要求。新千禧年伊始，巴西政府前前后后公布实施了《9131 号法案》《2026 号法案》《国家教育政策和基本纲要法规》《10861 号法案》等规范性法律，在明确完善的法律法规制度的合理引领下，巴西政府不断完善健全高等教育支出绩效评价制度，对各职能部门在绩效评价中的职责任务作出明确，对实施方案也作出井井有条的部署安排。

（二）合理分工的绩效评价体系

巴西高等教育支出绩效评价职责划分成内外有别的两个范畴，内部职责是大学需要构建顺应教学活动、科学研究工作需要的软件资源与硬件设施，确保科学研究工作、教学活动吻合法律规定的具体要求；外部职责则落于大学之外的政府、社会身上，为高等教育支出绩效评价工作编制科学合理的基准、方法等，来规范高等教育支出绩效评价活动的运作。依照《高校革新法》，巴西高校要合理设置课程科目，硬件要达标，功能定位明确合理切合实际，科学研究活动要立足自身实际服务社会。高等教育署负责供应绩效评价运作经费、制定绩效评价的方针、政策、运作流程。国家教育研究所承担组织培训绩效评价专家、管理高校学生水准能力考核的职责。国家教育协会担负管理绩效评价与给出相应政策建议的职责。高等教育评价协会承担元评价的职责。各职能部门之间合理明确的职责分工，确保了绩效评价中各部门的责任与担当，有成就就给予相应奖励，有过错就予以责任追究，也激励了各部门间的合作意识与责任理念。

（三）绩效评价乃确保高等教育绩效的重要手段

自20世纪80年代起，巴西政府就颁布实施高等教育支出绩效评价方案。到今天，巴西高等教育支出绩效评价已经过了30余年的发展历程，走上了规范化、制度化、常态化的发展轨道。高等教育支出绩效评价已经发展为确保高等教育支出绩效的重要手段。经由高校资源评判、高校品质考查，确保大学的软件资源更新与硬件设施的完善，经由全国学生水准能力考核监督控制巴西大学的教学水准。高等教育支出绩效评价拥有管理与价值两方面的功效。从管理角度看，高等教育支出绩效评价有利于推动大学改进高等教育绩效的积极性与主动性，构建一种绩效保全的良性氛围。高等教育支出绩效评价有着方向指引功效，引领着高等教育支出活动的各个环节，涵盖制定高等教育支出目标、抉择高等教育支出的方法和内容、开展高等教育支出活动等。高等教育支出绩效评价有着诊断功效，可帮助高校发掘出高等教育教学科学研究活动中的欠缺和困惑，探究其缘由，为高等教育支出的调整供应参照依据。高等教育支出绩效评价有着鉴定功效，经由绩效评价给出的论证，对高校教师的教学科研绩效与学生的学业成绩给出评判，为学生的升等、留级、教师聘用、晋升等供应真实可靠的依据。高等教育支出绩效评价有着激励功效，合理科学的绩效评价不仅可以推动学生的全面进步，也可以推动教师的整体发展，还能推动高等教育支出绩效的稳步提升。从价值视域看，经由规范要求对高等教育支出绩效展开评判，可对高等教育支出绩效合格与否做出恰当的判断。且高等教育支出绩效评价结果由国家教育研究所、高等教育署经由官方渠道对社会作出公告，将评价结果与大学可获得的财政支持紧密关联，更进一步的激发了高等院校改善高等教育支出绩效的能动性。

（四）绩效评价中引入外部承包商

巴西高等教育支出绩效评价中，高等教育评价协会确定了绩效评价的指导方针之后，就经由公开招标投标的手段在社会抉择具有最佳资质的外部承包商。事实上，自 1995 年起，有两家外部承包商合作获得全国高校学生水准能力考核的投标。这两家外部承包商曾经有过承担组织圣保罗大学、Rio De Janeiro 大学入学考试的先期丰富经历，在大规模绩效评价管理上有着厚实的经验，邀请高校教师不断修正全国高校学生水准能力考核方式，邀约各高校教工在考核中进行监考，约请教学协会、专家协会、其他有关部门的观察员奔赴设于巴西全国各地的考场，开展现场指导与考中巡视工作。

将全国学生水准能力考核交由外部承包商执掌组织与管理，确保了考核的公允性与严正性，有效地规避了考核中可能会发生的抄袭、作弊等有失公平、欠缺肃穆的境况，提升了全国学生水准能力考核的可靠性、准确性、有效性，可以更为精确的为社会公众供应关于高等教育支出绩效的数据信息，为教育部高等教育支出政策的制定供应精准确实的专业性技术报告，为高校课程设置与课程管理的完善，提供合理可靠真实的依据。且外部承包商会更多地从经营利益考量，会把水准能力考核组织的井井有条，追逐成本最小化、利润最大化。这样经由外部公开招标投标，在水准能力考核上为国家财政既节省了经费开支，也保障了绩效评判质量。

第二节　俄罗斯高等教育支出绩效评价
包容性发展的启示

一　高等教育支出绩效评价包容性的重要作用

（一）发展特色学科

俄罗斯高等院校以系作为教育行政单元，教研室作为学术单元，不仅肩负教学的重要职责，也担负学科专业发展的重要职责。参与探讨与编制高等院校的重要发展规划与发展战略，在高校发展中处于举足轻重的重要地位。俄罗斯高等教育支出绩效评价，在推动各高校学科发展中自始至终扎根于自身的优势学科，不是一味追求学科专业的盲目扩张，不贪大求全，而是植根于自身优势学科、特色专业，真真正正的贯彻落实学科建设，致力于打造世界先进的学科、国际一流的高校。

（二）全面提升受教育者的综合素养

俄罗斯高等教育支出绩效评价，极大转变了过去单一的高等教育发展模式，形成以学生为根本的多类别、多层级的高等教育发展模式。推动课程革新，人才培养内容更倾向于塑造与培育现代社会急需的人才，造就顺应新时代的合格人才。尤其看重培育人才的人文素养，不仅仅囿于意识形态领域的培育浇灌，更关注培育人才的内涵、文化性、道德品行。

（三）增强师资力量

囿于财政资金有限，俄罗斯高等教育支出无法满足高等教育发展所需的全部资金，但在高等教育支出绩效评价中，还是能够察觉出俄罗斯非常注重培育教职工的职业道德素养与人文素养，在一个人才素养水准普遍较高的国家中，对传道授业解惑者的品质与才干的关切，对传承文明的重要传播者的关怀，预示着俄罗斯今后高等教育发展的良好前景与光明势头。

（四）推动高等教育的国际化生存

苏联高等教育在发展中过于注重一体化，强调划一的意识立场，表现于自成一体的闭塞局面，对社会成员的专权统治，过于关注聚集力束缚了视域的拓展，无助于对外来意识形态的包容，无法兼收并包，造成思想意识形态的僵化与死板。过去苏联还倡导加强对国际一流专家学者的培养，但在政治经济意识形态范畴的束缚中，高等教育与国际高等教育间存在无法横亘的沟渠。伴随俄罗斯经济社会体制的双转轨，高等教育支出绩效评价的推动，高等教育发展姿态更为平和与包容，用国际化的意识形态来推动高等教育进步，在保持自身特色的基础上，萃取国际高等教育发展的精华，本土化与国际化的交相融合，高等教育视野更为宽广，逐渐将俄罗斯高等教育推向国际化发展路径，凭借自身特色和雄厚实力走向世界，俄罗斯高等教育的发展日益开放、越发国际化，持续与外界发生高等教育资源的流动交互，高等教育理念和高等教育信息的移转交换，高等教育内容和科学研究成果、科学研究项目的流转互换，师生的沟通交流，高等教育设施设备和科学技术的互通有无等。

二 高等教育支出绩效评价包容性的特点

（一）强有力的法律保障

俄罗斯制定了《教育法案》《俄罗斯教育现代化发展构思》《高等院校国家鉴定规章制度》《教育活动批准规章制度》《高等院校国家评价规章制度》《俄联邦国家青年发展政策规划》《青年工作和就业资助规划》《俄罗斯大学生发展战略规划》等详细的专门性法律法规，俄罗斯高等教育支出绩效评价制度的发展在坚实的法律基石支持下获得了强劲的前进动力，高等教育支出绩效评价制度的运作更具权威性与规范性，高等教育支出绩效的提升获得有力保障。同时俄罗斯财政按照法律经由各种渠道对高等教育给予资金保障，通过增加财政补贴，打造贷款制度、发展高等教育基金、刺激企业投资等确保高等教育运作所需资金的来源，优化高等教育支出结构，实施高校统一入学测试顺利过关的学生可以免费享受高等教育的政策，仅计划外招录的学生与私立高等院校的学生需要缴纳学费，这些举措快捷有效地确保了高等教育支出绩效。

（二）内外并举的绩效评价体系

在高等教育支出绩效评价活动中，俄罗斯构建了专门的外部绩效评价部门，国家高等教育评价协会，批准、评价与鉴定管理署，国家学校认证管理局，国家鉴定中心、高校校长协会、高等教育教学方法协会、高校联合会等绩效评价部门从外部对高等教育支出绩效展开评判。多层次全方位的绩效评价机构的介入有效保障了绩效评价的公正性与科学性，对确保高等教育支出绩效做出了重要功绩。同时还关切高等教育支出内部绩效评价。为对高等教育的科学研究、教学、行政架构、财政经费拨付等的优点与不足有更深入的剖析，俄罗斯在其高等教育支出绩效评价中尤为看重高等院校对自身教育活动的自主评判，也就是相当关注高等院校的内部绩效管理，各个高等院校均踊跃参与俄罗斯高等教育支出绩效评价部门组织举办的高等院校内部绩效管理活动。高等教育支出内部绩效管理体系的一个重要功用在于，使整个社会承认高等院校的教育水准，从而吸引企业雇主乐意参与高等院校的教育活动。所以，高等院校为确保和受教育者的潜在雇主搭建起可靠良好的交互关联，大都积极主动地与企业发展战略协作伙伴干系，这也正是俄罗斯确保其高等教育支出绩效不断上升的重要路径。

（三）扶持私立高等教育发展

扶持私立高等教育乃俄罗斯在推动高等教育发展，达成高等教育规模化扩张的重要战略举措之一。俄罗斯实施行之有效的扶持社会资金投资办学的政策。经由法律形式明确私立高等院校和公立高等院校有着相同的办学地位、处于公平竞争的关系、享有平等的社会待遇，在高等教育发展过程中形成民主公平的角逐氛围，确保了俄罗斯高等教育支出绩效。

（四）推崇整体性、多样化的高等教育支出绩效观

就俄罗斯高等教育的发展而言，俄罗斯坚持整体性、多样化的高等教育支出绩效观，确保高等教育支出绩效符合国家需要、顺应社会需求、合乎受教育者的实际教育要求，提供的高等教育服务要为社会所认同，满足个人日常生活需求和岗位职责需要，适应俄罗斯国内施行市场经济与实施私有化进程中对各种类型专业人才的迫切需要，施行多级人才培育制度，由过去传统的单一高等教育人才培育制度发展成现代的多级高等教育人才培育制度，与国际惯常做法相接轨，建立有效的高等教育支出绩效评价制度，以便在国际高等教育服务市场上充满角逐力，在未来高等教育领域的激烈角逐中争得一席之地。

第三节　印度高等教育支出绩效评价包容性发展的启示

一　高等教育支出绩效评价包容性的重要作用

评价是对高等教育支出绩效的一种价值判别，是为满足高等教育各利益相关者的各异要求而施行的，为印度高等院校的发展指明方向，为高等教育支出指示目标。在施行绩效评价时，具体实用的评价模式发挥了重要作用。

（一）有利于推动高校为国家的发展作贡献

高等教育支出的目的乃推动个人发展抑或满足社会需求，高等教育乃公共产品抑或私人产品，对于此类争执，印度采取折中姿态和中庸之道，并未把二者相互割裂完全对立起来。为国家的繁荣进步作贡献这一绩效评价意图，要求评价高校对国家繁荣进步作的贡献时眷注3个方面，即高等院校是否提供更多公平的入学途径与入学机会；高校的学科专业建设、科学研究活动等不仅要有利于人力资本的开发，还要有利于人文主义的拓展、社会资本的开垦；高校为社会服务的境况。这些实际绩效评价范围进一步推动着高校积极主动地为国家的繁荣发展尽心尽力。绩效评价不是法官的最后宣判书，更非救苦救难的观世音，是高等教育支出绩效革新与发展的倡议书，绩效评价只是为高等教育支出革新与完善提供一个参照物，更多的是发挥咨询作用、参谋功效，高等教育支出决策权仍掌握在政府部门手中，具体抉择则由高等学校作出。

（二）有利于高校培养学生适应全球化发展的各种能力

印度人有着广阔的国际视野，要求高等院校培养出的人力资本才具标准依据世界银行的规范要求行事。这些才具基准涵盖：灵活变通富有弹性的才具；能够且愿意时刻创造与不断创新的能力；面对现实中的不确定性有着明晰的处理思路与手段；乐于活到老学到老并时刻准备着学习；有敏捷锐利的社会观察才干与交流疏导技巧；团队协作互助才干；乐于担负使命责任的才略；有商业经营的才华；多种文化理解包容能力和适应国际化市场的才智；具有丰富的才艺等。这就要求高等院校的教育教学科研工作关注培育受教育者的一般技能、实用技术、专业才能、软技能、生活技能等，使得受教育者的才能最终为社会所需要，为社会作出贡献，实现自身价值。

（三）有利于引导学生树立一种正确的价值观

教育不但是一种传道、授业、解惑、服务于社会的活动，更是一种建立和形成学生价值观的活动。印度强调高等院校要帮助学生树立一种正确的价值观，譬如坚持真理、正义、包容、合作等，以适应地方、国家及全球的多元文化、多样视域的需求。为此，绩效评价时尤其需关切考核高等院校3个方面的状况，即价值理念与学科专业的融合状况；价值立场和高校治理践行的结合境况；引导受教育者正确价值观形成的课内外活动景况。

（四）有利于推动信息技术的应用

印度强调信息技术在高等院校教育教学科研工作中的普遍运用与潜在作用，将信息技术充分用于高等教育支出绩效。因此，印度在评价高等院校对信息技术的运用时，关注如下 5 个方面，即入学途径变动境况；继续教育健全状况；课堂教学的改善景况；为学生提供服务的改进状况；高等院校治理完善状况。

二　高等教育支出绩效评价包容性的特点

（一）评价机构中立

经由立法确认绩效评价与评价机构的权威性和独立性是做好评价的根本要件，是高等教育支出绩效评价获得国际社会认可与国内社会承认的基本要件，也是高等教育与国际社会接轨、取信于社会成员的先决要素。尽管印度高等教育支出绩效评价机构在经费上尤其是人头费由政府财政补贴，部分成员更是直接由政府委派任命，但均明确规定评价机构乃独立自主的自治机构，是接受政府资助与支持而又独立于政府的依据法律设置建立的独立法人实体，是专门性的高等教育支出绩效评价组织，即绩效评价标准的制定、评价手段、评价流程和评价结果的公布，均独立作出，不受政府直接掌控与干预。

就属性与功效而言，印度高等教育支出绩效评价机构是高等学校与政府沟通的介质、高等学校与社会间交流的媒介，是推动高等教育内在逻辑与外在力量一道发挥功效的制度保证。正由于印度高等教育支出绩效评价机构具有的独特属性，在功效上也别具一格。一是有利于绩效评价公正性的加强。中立的绩效评价机构能够提供不受各方面扰动与左右的第三方不偏不倚的评价结果。有了此种组织上的中立，能从体制的构造上确保绩效评价的公正性。同时，与中立的绩效评价比较而言，政府部门实施绩效评价操作中的关注点并非对评价标准、评价过程、评价结果进行科学合理的分析，其关注点乃绩效评价的结果。这也会干扰到绩效评价的公正性，无法一视同仁。二是提升绩效评价的准确性。由中立的高等教育支出绩效评价机构来组织培训绩效评价工作人员，有助于保障评价品质，准确把握绩效评价指标含义，遵循合理有效的绩效评价工作程序，确保绩效评价结果的公正性与可靠性。这种绩效评价品质上把关的关键就在于高等教育支出绩效评价人员精深的专门学识、成熟的职业思维方式及科学的研究分析方法。由高等教育支出绩效评价机构提供有针对性的专门培训，会极强地提升绩效评价工作人员的整体工作水准。三是促进绩效评价专业性。职业化绩效评价机构之所以能够存在并得以发展，源于评价机构自身的专业成员构成，有责任也有才具将绩效评价当作一门专业学科去深入探索发展，推动绩效评价理论的不断发展进步。绩效评价的发展历程并不是很久远，绩效评价指标的建立、绩效评价的施行及绩效评价结果的分析仍处于摸索起步阶段，急需有关绩效评价理论的指引。职业化的高等教育支出绩效评价机构正是开展此种理论研究的主体。不仅能够确保绩效评价信息的全面性和精准性，避免高等教育支出决策出现差池，能够让参与绩效评价的各部门之间既相互充分竞争又协调配合，提升绩效评价的工作效率及增加绩效评价的透明度与权威性等。绩效评价机构由于具有价值无关的独立性与专业权威优势，因而常常乃政府与高校利益矛盾的调解员、缓冲剂。印度高等教育支出绩效评价机构是介于政府、社会和高校间的、独立地对高等教育支出绩效展开客观评判并给出权威性鉴定的专门绩效评价组织。主要经由接受委托的方式，对高等教育支出绩效给出评判与鉴定，为高等教育支出决策提供咨询、为社会提供公正准确信息作为行事参考，从而促进高等教育支出绩效的提高。

印度政府对高等教育支出绩效评价的扰动是间接的。绩效评价工作由非政府工作人员主持，政府不直接参与绩效评价活动，只负责编制拟定总体的科学研究政策与对拨款数额施以总量掌控。表面形式上看政府在高等教育支出绩效评价中处于无为放任情势，不直接掌管绩效评价事宜，不介入评价标准的制定，即便有个别政府官员进入绩效评价机构工作，其社会角色不仅不再以政府官员身份出现，还需拿捏好与政府间的距离分寸，完全以一名绩效评价机构成员的身份行事。经由 NAAC 这个绩效评价中介组织，印度政府实现了其对高等教育的间接控制与迂回干预。印度政府在高等教育支出绩效评价上起作用的方式乃宏观的、间接的、隐性的。譬如制定法律法规，认定高等教育支出绩效评价的行为合乎法律规范；提议创办高等教育支出绩效评价机构，赋予评价机构权威身份，强化绩效评价力度；承认绩效评价结果，依照绩效评价结果对高校配置财政资金等。政府不直接参与绩效评价活动，不直接制定绩效评价政策，这并未表示政府与绩效评价决然无关，政府充分尊重绩效评价，支持绩效评价，依靠绩效评价，以其特定的手段和方式，作用于绩效评价活动中，达成政府对绩效评价的治理理念。这正是在新世纪需要中国高等教育支出绩效评价不断学习之处。

　　印度国会还拟定了新的高等教育评价法。依照此法规，全部高等院校与专业学科均需要经由官方注册的鉴定机构定期给予认证。对数量众多的高等院校与规模庞大的各类专业学科定期展开评价，需要配备许多能力强且可信任的评价机构。依照此项评价法规，会成立国家高等教育机构评价监督管理局，专司高校评价。评价机构作为非营利性法人实体，直接归属于国家高等教育机构评价监督管理局的辖治，评价机构的运作资金来自高校参与评价时所交纳的评价费用。评价机构所有权的变更、管理权的变动、内部规章的调整，皆须获得国家高等教育评价监督管理局准许方可，且评价程序和评价的收费基准也由国家高等教育评价监督管理局拟定编制。但具体的评价标准和评价规范依然由有关法定评价监管机构制定。已有的评价机构——国家高等教育支出绩效评价协会（National Accreditation and Assessment Council，NAAC）和国家鉴定协会（National Board of Accreditation），在高校与各专业学科在向新监督管理局注册之前依然维持正常运作。依照此绩效评价法规，所有新设高校在招录新生之前皆需有义务接受强制性评价，已有的未评价高校与专业需于 3 年内通过该评价，已评价过关的高校与专业仅需要在评价有效期满之时再次参与评价。评价法规对不认真严肃依照法律规定展开评价的高校非法活动有着严厉的处罚举措，最高惩罚乃监禁 2 年或罚款 1000 万卢比（约人民币 150000 元），或监禁与罚款同时并用。但印度政府有权决断哪些高校可不参与强制性评价。此评价法规把高等教育支出绩效问题置于焦点，不仅要求实施自治的高校必须依法参与绩效评价，还对专业评价机构施以严格监督管控。新评价法规使得注册与评价程序公开、透明、可信、固定与规范。希望经由绩效评价提供有关高等教育支出绩效的可靠信息，为学生在校际间流动提供充分资讯，印度政府也期盼经由此评价法规，使得绩效评价举措和国际标准同步发展。由于支持多家评价机构的共存，该评价法规也使高校可从多个绩效评价机构中择取，选择余地更大，更有弹性，从而推动绩效评价的公正与可靠。

（二）学生参与评价

学生作为受教育者，不仅是高等教育的主要服务对象，还是高等教育服务的使用者、参与者和共同生产者，受教育者参与了高等教育服务的全过程，是高等教育支出品质、效果和效率实现的关键所在，高等教育支出绩效最终会体现于受教育者身上，受教育者对高等教育支出绩效最具发言权。受教育者对高等教育支出绩效的评价，可以为高等教育支出提供有效的反馈信息，以利于政府改进完善高等教育支出；可以帮助学生根据绩效评价信息选择高校、抉择专业、选修课程，丰富知识架构，提升自身修为；可以为行政治理部门了解高等教育支出绩效提供详尽信息，并为高等教育支出的规模、构成及其他相关决策提供可靠依据等。

高等教育部门只有经由创新绩效治理体制，畅通受教育者参与高等教育支出绩效评价的渠道，引导受教育者参与高等教育支出绩效评价活动的全过程，才能切切实实的发挥受教育者在高等教育支出绩效评价中的积极性和主体性。在印度，学生被视为高等院校的亲密合作伙伴。高等学校经由与受教育者不断对话与持续协调，同受教育者构建了紧密的合作关联关系，全面调动起受教育者的能动性，共同致力于高等教育支出绩效评价活动。

印度进行高等教育支出绩效评价时，学生代表可以直接参与绩效评价计划的拟定编制，同时受教育者有权评价高校教学品质、课程设置、科研水平、学习环境等。可以说，受教育者参与了高等院校内外部绩效评价的整个活动全程，充分激发了受教育者参与介入绩效评价的能动性。

在印度，学生参与高等教育支出绩效评价不仅是法律所赋予的权利，也是沿袭于印度学生自治传统。学生不仅以多种方式渠道参与高等教育机构内部绩效评价机制的运作，还可能作为高等教育支出外部绩效评价的专家组成员，直接参与高等教育支出外部绩效评价。学生在外部评价专家组中发挥了独特的功效，甚至担当起领导使命。学生同绩效评价专家组成员一道参加绩效评价全程活动，对所有涉及学生的议题负有特别使命。学生首要身份是受教育者，再才是国家或院系层级的学生受托人，也为绩效评价机构的成员，更是高等教育支出的最大利益关联人。学生参与可以推动绩效评价机构更为深刻地讨论绩效，使课程、教学、考试形式等在学生经验推动下获得不断完善与改进，加强了与学生利益密切关联的高等教育支出绩效评价的合法性和权威性，展现了高等教育支出绩效评价中的民主公正与开放。这种独具特色的绩效评价模式给中国高等教育支出绩效评价带来不少正面启示。

绩效评价技术革新与健全为绩效评价的实施与利用打下坚实基础，在绩效评价工作中重视浓浓的人性化氛围则可极大提升"学生参与"中有关人员对于绩效评价的认识理解与接受水准。印度为学生参与评价中打造了良好的绩效评价氛围：

第一，设计的绩效评价指标切实从学生的视域考量。评价指标的策划不仅全面考虑科学性、标准性，还贴心地考量到绩效评价指标的使用者。在绩效评价指标的具体内容、言辞描述等方面尽可能契合学生的思考惯式，以利于学生对绩效评价指标的理解、把握与运用，防范避免绩效评价中可能的偏差、冲突浮出。

第二，扩充学生参与绩效评价活动的机缘。绩效评价的组织者为学生创制更多的途径与机会参与绩效评价活动，使学生更为了解绩效评价，也使绩效评价更为公开透明。挑选具有代表性的学生。经由班级遴选或教师提名推举、征询学生见地等手段挑选适当的绩效评价参与者。所挑选的学生代表需要有浓厚的责任心，为人诚实可信，为教师与学生所信赖与认可。对挑选的学生代表实施专业化的绩效评价培训。让学生代表能够深刻了解自身的使命，需要承担的绩效评价工作、参与绩效评价的流程与方式，增强学生代表在从事绩效评价活动中的能力，更好地反映全体学生要求，以优异的表现圆满完成绩效评价参与活动。

第三，确保学生在绩效评价活动中拥有足够充分的评价时间。在有关规范文件中明确规定绩效评价中学生的评价时间，保证学生有充足的时间细致思考实施评价。在学生进行绩效评价时，为学生在心理上创设宽松的、开放的绩效评价氛围，并对绩效评价规则给予详细、全面的讲解，解答绩效评价活动中出现的种种疑问与困惑。

高等教育不再仅仅作为发展的手段，或作为生产性的工具，而是学生发展的基本步骤与要旨。学生不再为高等教育的工具，或作为高等教育的客体，而是高等教育的主体，学生是高等教育支出绩效评价的最主要、最关键的利益相关者。学生作为受教育者不仅是高等教育支出绩效的最直接载体，是绩效评价的目标与对象，更为绩效评价不可或缺的主体之一。因此，让学生实质性地参与绩效评价活动十分重要。印度经由高等教育支出立法，在法律上明确了受教育者有权参与高等教育支出绩效评价的机制，从制度层面上确保了学生参与的权利，维护了学生权益。这也启示中国高等教育部门有必要从利益相关者的视域分析高等教育支出绩效评价中的学生参与，提出革新手段，应积极思考和探讨学生有效参与高等教育支出绩效评价的方式和方法。同时，还要积极培育高等教育支出绩效评价文化，加强有利于绩效评价发展的氛围打造，涵盖人文环境和制度境况的建设，让绩效评价理念与意识渗透到所有社会成员的觉悟与活动中，把绩效评价逐步发展成为自然而然的、常态化固定化的要求，形成别具一格的、有利于高等教育支出绩效发展的氛围。

（三）信息公开透明

绩效评价实质是一种信息活动，要求高等教育支出绩效信息在评价者、评价对象、社会成员间得到广泛交流与充分沟通，以确保绩效评价的公开有效性。绩效评价结果的公开，把高等教育支出绩效在各方面的表现情况全面而科学的向社会成员开诚布公的汇报，这有助于社会成员更好的了解、有效的监督高等教育支出工作。绩效评价的结果能够用来证明高等教育支出的合理性，向社会成员展示高等教育部门的业绩与为提升高等教育支出绩效所做的种种努力，使高等教育支出行为的合法性与合理性获得强化。政府开诚布公地向社会成员阐释高等教育支出中面临的困难和问题，有助于克服社会成员对高等教育支出的偏见，建立与加强对政府的信任。总之，绩效评价结果的公开，是政府赢得社会成员对政府信任、支持与理解的重要机会，是推动高等教育支出由黑箱运作转变成阳光运转的有效举措，这将有助于提升高等教育支出的公信力，打造良好的高等教育支出服务形象。

高等教育支出中存在委托—代理关系和信息失灵、利益主体的多元化，在高等教育支出体系中，政府是高校的投资者，高校是办学主体，大学生是高等教育支出的服务对象，政府、高校与大学生构成高等教育支出体系中三类主要利益群体。政府、高校与大学生间存在信息失灵，造成信息失灵的缘由不仅为高度的专业化分工，还源于绩效评价制度缺陷。绩效评价信息管理落后是制度缺陷之一。评价信息主要来源于高等学校整理的自我评价材料，缺乏规范科学合理的信息搜集、加工、处置、传导与揭晓制度。

为达成各绩效评价主体间的权力制衡，有效途径是铲除信息的不对称，高等教育支出绩效评价的信息公开透明，是指在高等教育支出绩效评价中的指标体系、评价原则、评价方式、评价程序、评价过程、评价结果等全部有关绩效评价的信息与活动都需要及时、定期地向社会公开。按照民主科学观对绩效评价价值取向的要求，所有社会成员皆有评价信息知晓权、评价规则编制参与权、评价活动参与权，其中评价信息知晓权是基础与前提。评价信息公开、评价规则公布于众、评价方法宣告天下、评价程序公之于众、评价结论公之于世、评价活动公告示人，此种公开性保证了绩效评价的客观性与公正性，取信世人。高等教育支出绩效评价的信息公开透明，还需要绩效评价信息公开的定期性与快捷及时性。不然绩效评价的信息公开就可能发生捂盖子的不透明现象，绩效评价信息可能会丧失公正性、客观性与准确性，失信于世人。

信息公开透明有助于破除高等教育支出管理的闭塞和垄断，可以有效规避暗箱操作，获得客观公正的绩效评价结果。信息的公开透明，是尊重社会成员知晓权的重要表现，有利于社会成员对高等教育支出活动行使评判权、监督权和参与权。对于那些绩效较差的高等教育服务部门，有关网络新闻媒体及时予以公布，激发高等教育机构快速提升服务水准、改进服务品质。经由公开评估指标体系设计的准则、方式和方法，可广泛吸收政府官员、专家学者、社会团体、社会成员的合理意见，及时修正与完善绩效评价指标体系。社会成员能够查阅高等教育支出绩效改进状况，协助并监督高等教育部门改善高等教育支出绩效管理与提升绩效；投资者能够准确把握高等教育支出的绩效水准，作为投资参考依据；被考核单位的管理者与工作人员能够清楚把握自身的优势与欠缺，明确努力方向。

　　为实现绩效评价主体信息充分对称，印度在绩效评价中一贯秉承信息公开透明，还积极引用借鉴国际高等教育支出绩效评价的惯用做法，全面发扬信息化技术的实时性、精准性、开放性、高效性等优势，把高等教育支出状态信息库与绩效评价活动有机联结，定量评价数据可经由信息库获取，提高绩效评价信息的时效性与精准性，大为缩减实地考察的工作量，减少评估的经济成本，节约评判的社会成本。印度推行的信息公开机制，制定每年1次的定期绩效评价信息发布制度，规定高等教育支出绩效评价信息必须经由电台、电视、报纸、杂志、网站等媒体公开，并经由互联网、电话、邮件的方式建立切实可行的社会成员投诉渠道接受社会成员的监督与评议。经由不断建设持续维护专门为学生、家长与雇主提供各种绩效数据的信息征询网站，及时公布高等教育支出绩效境况和绩效评价结果，使社会成员深入明了绩效评价活动的进展与成效，争取社会各界对高等教育支出绩效评价的理解、支持与认同。譬如，在评价信息的处理上，印度国家高等教育支出绩效评价协会（NAAC）的审核结果均会于其官方网站上公布，同时设有专门网站来发布各高等院校的支出绩效信息，公众可以自由上网搜寻查看。绩效评价信息的公开不断提升印度高等教育支出绩效评价的社会公信力，有效地改善高等教育的社会形象，增强了高等教育支出绩效的倡导力和扰动力，客观反映了高等教育支出绩效的成果，巩固了高等教育支出绩效评价的权威基准、民主水准与法治程度，强化了社会成员对高等教育支出绩效的信任度与合意度。

第四节　中国高等教育支出绩效评价
包容性发展的启示

一　高等教育支出绩效评价包容性的重要作用

（一）有助于合理调配资金

虽然中央与地方政府年年都在增加高等教育资金的支出，但与社会进步、经济发展的速率相比较而言，高等教育资金仍然相当不足，横向同其他国家相比，中国高等教育支出规模依然过低。怎样遵循有所为有所不为的准则，把有限的高等教育资金，科学合理地配置部署于重点专业学科与有发展潜质的高校中去，让有限的高等教育资金发挥尽可能大的效能，是高等教育主管部门工作研究一贯的关键重点。绩效评价能够为高等教育支出决策及时提供相关数据，推进有限资金科学、合理的分配。

（二）有助于以定量的方法评价高等教育支出绩效管理状况

绩效评价指标体系研究学者 Cave 曾指出，数字比文字更为简明扼要，更易于展开分析、整理与比较。高等教育支出在许多方面均不易测度，使用绩效评价体系，能够运用直观的数据评价高等教育支出绩效，也便于使用定量方式考评高校管理人员的工作效益，增强高校管理人岗位职责目标的责任治理觉悟，提升高校综合治理的水准。

（三）有助于高校各级各类人员的考核和激励

有明确的目标，并有相应的奖励惩罚举措，是高等教育支出绩效管理体系中的重要环节之一。绩效评价与绩效计划、过程管理、绩效反馈及奖励惩处等环节紧密相连，形成动态良性循环系统。同时考评结果与相关人员的工资薪金、奖励、擢升机会紧密挂钩，吸引优秀人才的流入，激发各类人员工作主动性积极性的整体激发。

（四）有助于社会密切关注高等教育支出整体绩效

政府通过绩效评价，采取科学客观的数据对各高校教育成果展开中肯评判，能够比较出各高校高等教育服务水准之间的差异，有助于开拓高等教育支出管理人员的发展视野，增强相互间的竞争心态与紧迫感，使管理人员不仅眷注自身工作量的圆满完成，更为关切高等教育支出整体绩效，关切高等教育支出过程的品质监控，也使社会更为了解高校的工作实绩，高等教育支出的整体成效。

二　高等教育支出绩效评价包容性的特点

（一）行政主导的强大公信力

1. 明确高等教育支出绩效评价主体的法律地位

高等教育支出绩效评价是以高等教育支出战略和支出目标为引导，选择高等教育支出项目、服务和行为并在投入、产出、结果和经济、品质、效率、公平等领域设置评价指标与标准，以此量化评价高等教育支出绩效的制度部署与安排。事实上，绩效概念早已有之，既非新事物也非引进事物，且与政府运作有着深远渊源。中国早在古代，选任官员、任用官员的体制中就已提及绩效，只是彼时绩效仅拘囿于官员绩效评价。譬如《后汉书·荀彧传》中，原其绩效，足享高官①。《旧唐书·夏侯孜传》称，录其绩效，擢处钧衡②。宋代苏舜钦《两浙路转运使司封郎中王公墓表》中，若公者，绩效著白，而雅意冲退③。《明史·马世龙传》中，世龙在关数载，绩效无闻④。在古代著作中类似表达多不胜数。当代政府绩效（Government Performance）则自国外引入加以推广流传，倘若从 20 世纪 70 年代西方政府机构推行的"3E"评价算起，西方国家的高等教育支出绩效评价理论研究和实践已有 40 余年的演进沿革，逐步建立起法制规范、全民参与、机构健全、考评科学的绩效评价体系。

每一个国家的高等教育支出绩效评价实践都会有其独特性，这种特质植根于各国独有的国民特性、价值观以及制度结构等因素所构建的实践根基之上。印度高等教育支出绩效评价实践同样也因其基础的独特性而表现出浓厚的印度特色，以印度高等教育支出绩效评价践行推动力量为例，通常的推动力量是行政机构、社会财团和民众，这些

---

① （南宋）范晔：《后汉书·荀彧传》，中华书局 2007 年版，第 1541 页。

② （后晋）刘昫：《旧唐书·夏侯孜传》，中华书局 1975 年版，第 2016 页。

③ （北宋）苏舜钦：《苏舜钦集·两浙路转运使司封郎中王公墓表》，上海古籍出版社 2011 年版，第 208 页。

④ （清）张廷玉：《明史·马世龙传》，中华书局 1974 年版，第 6934 页。

推动力量在特定条件下以特定的方式作用于高等教育支出的实践，直接或者间接地扰动绩效评价的运作，进而勾勒出印度高等教育支出绩效评价的发生机制，并表现出印度高等教育支出绩效评价制度的昭彰特质，正是源于印度高等教育支出绩效的特定生发环境与机制，反观中国高等教育支出行为的资源禀赋、法律建设，必须考量整合本国固有传统制度、悠久历史文化和习俗，否则可能发生制度建设成本耗费巨大，而效益不佳。

第一，绩效评价法治化的内在逻辑需求。

高等教育支出绩效评价要实现制度化、规范化和法治化的联动发展。高等教育支出绩效评价作为测度衡量高等教育支出绩效的运转机制，关系到被评价对象效能之优劣，所以要尽可能规避绩效评价的主观性、随意性和不确定性，凸显强调其规范化运作；高等教育支出绩效评价作为一种制度安排要施行常态化发展、制度化建设，即高等教育支出绩效评价的制度化与规范化；而制度安排离不开法律的强力保障，具有公众认可并严格遵守的合法性，即高等教育支出绩效评价的法治化；高等教育支出绩效评价的规范化、制度化和法治化三者之间的关系不可割裂、彼此交织、相互促进：规范化依托制度化的载体，而制度化的践行要法治化提供护卫，反过来法治化的进程又促进、提升了高等教育支出绩效评价的规范化运作，由此视之，"规范化→制度化→法治化→规范化"的结构形成了一个良性互动、循环递进的生态进化系统。但是这个"规范化→制度化→法治化→规范化"的循环发展架构中，其节点在于法治化，这是由制度的内在规定性所决定的。因为若没有法治化的保障，规范化很难维续长效、有序的运作，制度化也因缺少国家强力的支撑而会无所依仗，没有赖以生存的土壤，不借力于法律的秩序在没有法治束缚下很难形成。因此，高等教育支出绩效评价的制度安排应上升到法治化的高度，纳入国家立法及地方法规体系，经由法律手段来促进高等教育支出绩效评价的规范化、制度化。

第二，绩效评价法治化的外在逻辑需求。

和谐社会建设、服务型政府构建需要高等教育支出绩效评价法治化。对于中国的高等教育支出绩效评价，中共十七大报告明确指出，要增强高等教育服务效能，健全高等教育支出绩效治理体系，构建以服务为取向的高等教育支出绩效评价制度。中共中央《关于深化行政管理体制改革的意见》对推行高等教育支出绩效治理制度也作出了明确的安排与部署。中共十八大报告也明确提出，要全力举办社会群众满意的教育。教育是国家繁荣、社会和谐、民族兴旺的扎实基石。要倡导教育优先发展，全面落实党的高等教育发展政策，执着于高等教育为社会主义现代化建设服务、为群众服务，立德树人是高等教育的根本使命，培育德才兼备的社会主义未来栋梁。普遍实施素质教育，深化高等教育领域的革新发展，着力提升高等教育品质，培养学生革新意识，推动高等教育内涵式进步，强力推进高等教育公平，恰当部署高等教育资源，重点投向偏远落后地区，增加对弱势群体的教育资金资助力度，所有人员不因家庭、年龄、性别、宗教的不同而受到不公正对待，皆平等享有受高等教育的机会，激励社会增加对高等教育的投入。大力建设师资队伍，打造卓越的高校教师群体。中国各省、自治区、直辖市程度不同地探索开展了形式各异的高等教育支出绩效评价实践，获得一定成绩，为未来高等教育支出绩效评价制度的成熟、完善、发展积极作出奉献，但与小康社会建设、服务型政府打造的目标尚有差距，极其需要从实体上完善和程序上健全，而其发展路径之一就是在制度价值取向上不再唯经济和效率至上，而更侧重于结果导向，并将此制度设计的法治化进程与小康社会打造、服务型政府构建在逻辑上设置内在关联联系。

绩效评价实践和国际发展趋势需要高等教育支出绩效评价法治化。检视中国各地实施高等教育支出绩效评价的景况，发现绩效评价最主要的执行依据是政府下达的红头文件，欠缺法律的权威性规则控制，如此重要的绩效评价制度部署，一些地方政府尚未出台明确成文的指导规范，尚未形成统一、稳定、规范的高等教育支出绩效评价地方性法规。在此类现实情境下，导致高等教育支出绩效评价的直接后果表现为短期性、间断性、突击性、动荡性，有的地方政府将绩效评价视为面子工程，流于表面、急于求成，没有将绩效评价结果反馈到政府此后的高等教育支出中，背离了绩效评价制度的政策初衷，而这些情况的发生，究其缘由是未将高等教育支出绩效评价上升到法律层面，没有将高等教育支出绩效评价法治化、常规化，没有形成良性发展的定期定规绩效评价机制。高等教育支出绩效评价法治化不仅源于践行需要，还源于外国高等教育支出绩效评价发展经验和发展态势的推动，可以说绩效评价法治化乃内外共同推动的发展诉求。

依法治教要求达成高等教育支出绩效评价法治化。法治化的推进要有适当的时机，把客体对象纳入法制轨道需要恰如其分的条件和合宜的机缘。法治化还有发生作用的效用边界，既不能毫无节制的干预，也不可置之不理。虽然高等教育支出绩效评价的立法反对者表示，高等教育并非纯粹逐利性的商业领域，各自特色千差万别，若简单把企业绩效评价模式拿来照搬，会引发高等教育的功利态势与唯利是图。反对者的抵制意见有可信之处，但从建设小康社会与可持续发展视域来看，反对者的主张欠缺理论依据和实践支持，高等教育支出绩效评价立法非常有必要。正如马克斯·韦伯坚持，每一个权威体系都需要获取与打造一种具有合法性的信赖，若欠缺此合法性，任何体系皆难以达成自身目标。高等教育支出绩效评价不仅要遵循科学性、规范性、系统性，更应遵循合法性，即要使所构建的高等教育支出绩效评价制度框架如实映衬依法治教基本方针政策的需求，体现法治化精神与理念，形成尊重法律、依法行事的和谐社会氛围。高等教育支出绩效评价法治化乃依法治教方略的制度追求，乃依法治教的内含之义。

国家先后颁布实施了多个关于高等教育支出绩效评价的法律法规和政策文件，明确规定了绩效评价机构的地位、绩效评价人员的福利待遇，使绩效评价主体的地位日益彰显。原国家教育委员会于 1990 年颁布实施的《普通高等学校教育评价暂行规定》，在第一章第 6 条中鲜明倡议，普通高等教育支出绩效评价是国家对高等教育资金实施监管的重要手段与形式，由各级人民政府及其教育主管机关召集施行。明确阐释了各级人民政府及教育主管机关的绩效评价主体地位。1995 年发布生效的《中华人民共和国教育法》，在第 24 条昭彰，国家施行高等教育督导制度和高等教育机构绩效评价制度，细致阐明绩效评价主体的法律位置。1998 年颁布施行的《中华人民共和国高等教育法》，在第 44 条提出，教育行政机构有权对高等院校的教育品质、办学水准展开监督管控，施行绩效评价，进一步明确巩固深化了高等教育支出绩效评价主体的法律位置。

2. 形成了绩效评价主体的遴选机制

在高等教育支出绩效评价形成的初期，尚没有一个成型、规范的绩效评价制度，绩效评价主体的选择无法通过规范有序的步骤流程开展。随着高等教育支出绩效评价制度的构建、完善，引导推动绩效评价主体遴选机制的酿成，此遴选机制既是中国高等教育支出绩效评价事业蒸蒸日上的体现，也是中国高等教育支出绩效评价不断走向成熟完善的标示。1985 年发布的《中共中央关于教育体制改革的决定》，明确提出，教育治理部门要组织召集教育界、知识界、雇用方对高等院校教学科研境况展开定期考核评判。此决定为中国高等教育支出绩效评价主体的遴选指明了前进的目标与方向，即教育治理部门乃绩效评价主体的遴选者，按照教育治理部门的价值判断选择绩效评价专家。1998 年的《高等教育法》在第 44 条中更清晰的肯定了此种遴选机制。

3. 规定了绩效评价主体的权利义务

绩效评价主体作为高等教育支出绩效评价活动的参与人，依照法律享有相应的权利，肩负相应的义务，乃法律关系的主体。绩效评价主体有权对被评价单位所供应数据材料的精准性、确凿性、正当性、完备性进行详细调查探究，且可以全权做出适当处理，该处置权的实施运用不受任何要求的束缚，所采用的相关数据资料主要来源于高等院校的自我评价报告、备查资料。绩效评价主体的义务就是在绩效评价过程中对高等院校教学、科学研究、基础设备设施、教学队伍水平、学生发展境况展开充分全面的调查核实，诊断其中可能存在的困惑，出具准确的评判意见与合理建议，确认绩效评价中不存在记载差池、曲解性说明或重大信息遗漏遗失，并对高等教育支出绩效评价的精准性、确凿性、完备性、可信性有所担当，肩负相应责任。

（二）绩效评价的规范化运作

20 世纪 80 年代末，财政资金的使用绩效问题早已引起财政部门的高度眷注，逐步着手制定一些政策采取相应举措。1988 年财政部就对高等教育等专项财政资金施行了追踪反馈责任制度。为了强化高等教育经费管理，提升高等教育资金使用绩效，财政部于 1992 年发布实施了《社会文教行政经费使用效果考核办法（试行）》，对高等教育等经费的绩效评价准则、绩效评价范畴、绩效评价标杆体系、绩效评价方法、绩效评价治理和管控权限以及绩效评价的监督检查等展开详尽细致的明确规定，体现出国家坚定不移地推进高等教育支出绩效评价的治理思绪。

在财政部的主导下，全国各地从 1994 年开始逐步施行年度高等教育经费需求计划编写规制。各级教育行政部门负责编制年度需求计划，上报同级财政部门审核查证，经当地立法机关人民代表大会批准通过后实施，此项革新举措对于财政部门周密了解把握高等教育经费的供应需求境况，保证高等教育支出的合理合规有效使用起到了踊跃积极的正面效用。1995 年，原国家教育委员会、国家统计局正式构建了高等教育经费实施境况监察系统。国家监察系统遵循《中国教育改革和发展纲要》与《中华人民共和国教育法》中关于高等教育支出的法律规范来监督审查各级政府高等教育资金的落实景况及支出项目的运作境况。若查明某级政府的高等教育支出未达到规定要求之时，国家监察系统会及时向立法机关全国人大或最高行政部门国务院提交书面报告，指示相关部门及时补救，合理解决。国家监察系统还会将监察的向社会定期公开发布，使社会各界及时了解和监督高等教育的支出景况与使用绩效。作为中国高等教育支出治理中的重要举措，年度高等教育经费需求计划编写规制和高等教育经费监察体系有效地规范了高等教育资金的使用也监督了各级政府对高等教育资金的拨付使用绩效，在提升高等教育支出绩效方面取得了不凡的优异效果。

从 20 世纪 90 年代末开始，随着财政支出治理革新的强化和社会公众对财政资金使用效率的日益关切，增强高等教育资金使用的规范性与有效性成为财政部门及各高等教育部门皆需直面的重要议题。财政部曾经明确提出，要把建立包括高等教育支出在内的一系列绩效评价制度作为财政支出治理规制革新的重要举措来深入贯彻实施。

财政部 2002 年于内蒙古召开举办了国家财政支出效益评价研究会议，探究我国高等教育支出绩效评价体系的打造。财政部还组派人员到新西兰、澳大利亚等国展开实地考察学习经验，试图从国外绩效评价实践中获得一定启发。财政部在认真严肃的广泛吸收各方见地，分析西方国家的高等教育支出绩效评价规制及践行的基础上，结合中国实际境况，提出了在中国构建高等教育支出绩效评价制度的基本路径与根本方法。

2003 年 4 月，财政部颁布施行了《中央级教科文部门项目绩效考评管理试行办法》，进一步对绩效评价的概念界定、评价范围、评价依据、评价内容及评价标杆体系框架、组织实施流程及结果应用等方面都作出了明确阐释，并且制定了绩效评价活动的技术要求条件与行为规范，设计制定了绩效评价报告文本，并从 2003 年下半年着手对中央级教科文部门展开了 7 个项目支出的实验试点绩效评价，其中共建高校实验室建设项目绩效评价归属于高等教育支出绩效评价的范畴。

《普通高等学校教育评价暂行规定》将我国高等教育支出绩效评价划分为两个部分——高校自我评价、专家评价。在高校自我评价活动中，高等院校内部人员和高等院校周边的社区成员乃绩效评价活动的主体。在专家评价活动中，教育部教育教学评价中心遵循绩效评价步骤对绩效评价活动施行了周详的设计部署，主要涵盖 9 个方面的内容：听——听取审视高等院校负责人报告，以及不同专业、不同教师的课程设置境况等；看——查看检阅高校的基础设备设施建设维护境况、教学设施、生活条件及学生活动开展境况等；核——审核查实高等院校提供的有关教学信息、科学研究数据准确、合理与否；查——查阅详览高等院校提供的教师职称材料、教学档案、考试卷、毕业论文、毕业设计、实验报告等；访——走访考察高等院校各个学科专业、行政职能机构、教学实习实践基地、雇用单位等；谈——组织召开各类专题、各类人员代表参与的高等教育恳谈会等；测——测试考核不同专业学科学生的博雅学识、专业技能等；品——品味体验高等院校的沿袭传统、高校风气、学习风尚、育人氛围、科研条件等；评——评价辨析高等院校的办学特质、教学境况、教学成效等，并按相关绩效评价规则给出绩效评价结论及对症性的意见和建议。

（三）激励的绩效导向

依照 Sami 与 Hauptmann 的观点，绩效拨款（Performance-based funding）乃把拨款和绩效直接相关联的资金拨款手段，各国采用的绩效拨款手段可分成 4 种：竞争性经费（Competitive funds），对项目经费实施同行评议比较，经由在评议结果中抉择最优项目予以资助，这是较为常用的绩效拨款手段；绩效专项经费（Performance set-asides），政府把一定比例的高等教育财政经费单独划出，作为依照绩效基准展开部署分配的专项经费，通常不按程式实施分配；绩效程式拨款（Payments for results），依照绩效基准按程式分配一定比例的高等教育资金；绩效合同（Performance contract），政府与高等院校之间订立合同，按合同拨款，以达成预订绩效目的。在实际财政对高等教育资金拨付活动中，绩效拨款手段常常会与人头拨款或协商拨款等传统的资金拨款手段搭配运用，且很多国家、地区还常常会把不同类别的绩效拨款手段综合使用。

20 世纪 70 年代末以来，社会公共事业伴随经济增长与社会进步而迅猛发展，公共财政面临协调各类社会公共事业发展需求的巨大动力与庞杂压力。由于高等院校能够较多的从私人部门渠道筹措资金，高等教育服务为受教育者带来的个人收益率较高，使得高等教育与其他社会公共事业在财政资金的争夺中逐渐处于劣势。此境况意味着即使在公共财政收入快速增长的大环境下，高等教育经费的上升空间也十分有限，无法完全切合高等教育迅速发展所要求的经费投入规模。面对高等教育发展的资金需要，中国对高等教育支出制度展开多元化革新，在高度教育拨款方式上施展了多种创新。1985 年之前，政府对高等院校采用的财政拨款手段为基数加增长型。此财政拨款手段是由财政部门和高等教育主管部门根据高校的规模及各种日常经费支出的具体需要核定批准一个拨款基数。基数加增长型拨款手段简单实用方便操作，在高等教育规模不大的境况下较为适宜采用。但由于拨款基数的确定欠缺科学可靠的依据，有可能造成高等院校之间教育经费分配的不均衡，难以形成公平公正的资金配置格局，不利于高等教育事业全面蓬勃发展。为此，1985 年，在充分调查、合理采纳国际国内高等教育支出制度革新有益经验的基石上，高等教育主管部门、财政部探索使用综合定额加专项补助的手段核定批准高等院校年度教育事业费。综合定额乃财政部门或高等教育主管部门编制的生均教育经费定额基准，并对层次各异、种类不同的学生分别制定对应的定额基准，综合定额部分占比较大；专项补助乃对综合定额的填补，在考量高等院校各种特殊需要之后，由财政部门或高等院校主管部门单独配置部署资金。但革新之后普通高等教育事业费拨款在事实上依然采用基于学生人数的支出因素程式拨款手段，而普通高校科研经费中的科研事业费则依照专职科研人员的数量规模而定。因此中国普通高校的财政经常性经费依旧按照传统的支出因素程式配置部署资金，不利于恰当的刺激高等院校努力提高高等教育经费使用的效率与效益。为激励高等院校努力提高教育支出绩效，政府部门逐步实施了一系列以提升绩效为要旨的高等教育拨款革新举措，采取了竞争性经费、绩效专项经费两类绩效拨款方式。

第一，竞争性经费。

竞争性经费乃中国最早实施的高等教育绩效拨款类别，也是发展最为成熟和最为健全的绩效拨款方式。中国竞争性经费的特色在于其涵盖了项目类竞争性经费和人才类竞争性经费两大类别。

中国以项目为主的竞争性经费种类繁多，而且中央专项资金的来源渠道十分多样，涵盖国务院直属机关、科学技术部、民政部、教育部等多个部门的资金拨付。除了教育部的人文社会科学科研基金专门面向科研院所之外，其他项目类竞争性经费均面向全国所有符合招标条件的个人、单位，但高等院校在最终获得审批立项的申请中占比相当可观。

表 10 – 1　　　　　　主要项目类竞争性经费及其启动年份

项目类竞争性经费	启动年份
国家科技攻关计划	1982
国家重点新技术推广项目计划	1983
重大技术装备研制计划	1983
国家重大科学工程	1983

续表

项目类竞争性经费	启动年份
全国教育科学规划基金	1983
国家技术开发计划	1983
国家重点实验室建设计划	1984
国家重点工业性试验项目计划	1984
国家重点新产品计划	1986
星火计划	1986
国家自然科学基金	1986
军转民科技开发计划	1986
国家高技术研究发展 863 计划	1986
教育部人文社会科学基金	1988
火炬计划	1988
国家工程研究中心计划	1991
国家社会科学基金	1991
国家基础性研究重大项目攀登计划	1991
国家重大科技成果产业化项目和示范工程	1995
国家技术创新工程	1996
国家重点基础研究发展 973 计划	1997
知识创新工程	1998
教育部重点科技项目	1999
国际科技合作重点项目计划	2001
国家科技基础条件平台建设计划	2003
国家社科基金后期资助项目	2003
国家科技支撑计划	2005
教育部哲学社会科学研究后期资助项目	2006
国家哲学社会科学成果文库	2009
中华学术外译项目	2010

资料来源：教育部网站，http：//www. moe. gov. cn/；科技部网站，http：//www. most. gov. cn/；全国哲学社会科学规划办公室网站，http：//www. npopss-cn. gov. cn/

在诸多的项目类竞争性经费中，其中的国家科技攻关计划、国家高技术研究发展 863 计划、国家自然科学基金、国家社会科学基金、教育部人文社会科研基金、国家重点基础研究发展 973 计划，有着庞大的发展规模与强大的社会影响力、开展实施的历史相对较长，且与高等院校有着较大关联程度，也为高校教职工所熟知，此处简单阐述这些项目类竞争性经费的各自特点与共同属性。

国家科技攻关计划于 1982 年开始设置实施，乃为我国第一个综合全面的指令性科学技术研究发展规划，在推动农业科学技术进步、工业科学技术革新、重大装备科学研究试制、新兴前卫科研领域的拓展创新及生态条件维护与医疗卫生水准等范畴皆取得了较大进展。在国家科技攻关计划发展的基石之上，为扎实推动《国家中长期科学和技术发展规划纲要（2006—2020 年）》，又于 2005 年创立国家科技支撑计划，面向社会进步、经济发展的需要，主要为应对社会进步经济发展进程中的重大科学技术难题。国家科技攻关计划、国家科技支撑计划皆由科技部组织牵头实施，设有课题与项目两个不同层级，项目内涵盖若干课题。

1986 年 3 月开始着手实施的高技术研究发展 863 计划，由科学技术部、总装备部、国防科工委一道牵头组织，要旨为应对关联至国家长远发展与国家长治久安的远景、科研前线、方略性与高科技议题，大力发展具有自有知识产权的高新科学技术，通盘筹划高科技的开发应用，增强对新兴产业的研究发展规划，高技术研究发展 863 计划共有专题、项目与基地三大类科学技术研究计划。1986 年开始设置的国家自然科学基金由直属于国务院的自然科学基金委牵头组织管理，支持化学、数学、物理、生命科学、工程与材料科学、地球科学、信息科学和管理科学共 8 个研究范畴的基础科学研究，资助类别有项目类资助和人才类资助。项目资助主要涵盖面上、重点、重大项目共三个层级的专项基金及重大研究计划、专项基金项目、国际合作与交流项目等。

1988 年 11 月 3 日，原国家教育委员会发布《高等学校社会科学科研管理暂行办法》，设置人文社会科学科研基金。现教育部资助的人文社会科学研究项目共涵盖有重大课题攻关项目、基地重大项目、规划基金、博士点、青年项目、专项项目、一般项目和后期资助项目。

1991 年着手设置的国家社会科学基金由中央全国哲学社会科学规划领导小组牵头治理,涵盖 25 个社会科学学科。国家社会科学基金涵盖的项目有重大项目、重点项目、一般项目、青年项目、后期资助项目、国家哲学社会科学成果文库和中华学术外译项目。

1997 年 3 月设立的国家重点基础研究发展 973 计划,是关切国家重大发展需要,对今后经济社会发展与科学技术进步具有方略性、全局性、远景性与引领性的国家科学技术研究计划。国家重点基础研究发展 973 计划由科技部以重大项目研究与专项研究的方式牵头组织管控,其中,专项研究涵盖有若干重大项目,而重大项目又涵盖若干课题。

项目类竞争性经费有几个共通的属性:皆编制中长期科学研究发展规划要点,抑或制定年度科学研究课题纲要,注重宏观指引科技发展,在拨款中重点鲜明、眷注绩效;由达到申请要求的单位或个人自愿自由提交书面申请与网上申请,并经由规章制度明确界定申请人的资格、资质;坚持公平公正、公开透明、优选资助对象的绩效拨款准则;在立项评审中皆采用同行评议的评定手段;皆施行项目治理手段,构建全面规范的经费治理、项目管控、监督审核的合理规章条例;皆由中央财政专项拨付资金予以支持,要求拨付经费单独核算,专款专用,不能随意变动既定用途,经费管理办法公开透明,项目管理手段公布于众,皆需严格遵照执行,关切资金使用的监督管理、绩效评判;竞争性经费分配的方式多种多样,非常丰富,涵盖不同形式与不同级别的课题、平台、项目、基地等,有灵活多样的立项方式。大多数项目类竞争性经费皆实施按年度或定期集中提交申请、实施立项审批,同时以不定期立项与滚动立项作为科学研究资金拨付的辅助补充形式。通过竞争性的拨款,获取了优秀的科研成果,极大提升高等教育支出的绩效。

不同于项目类竞争性经费,针对高等院校人才培养的竞争性经费来源比较简单划一,大多数由教育部组织分配中央财政拨付资金。尽管项目类竞争性经费,譬如高技术研究发展 863 计划与自然科学基金等也涵盖有人才资助的类别,自然科学基金中的人才项目涵盖基础科学人才培养基金、杰出青年基金、青年基金、创新群体科学基金、香港澳门青年学者合作研究基金，延揽国际优秀人才为我所用的外国青年学者研究基金与培育西部人才的地区基金。2012 年，自然科学基金委还设置了优秀青年科学基金，还进一步改进对博士后的资助机制。但其中人才资助经费占的比重非常较小，且不仅仅面向高等院校，同时也面向科学研究机构等其他部门。人才类竞争性经费还有社会力量设置的基金作为主要资助源泉，譬如李嘉诚基金、王宽诚教育基金。王宽诚教育基金从 1985 年起，每年向教育部提供一定额度的资助经费，支持中国高等院校开展各种学术研究合作交流项目。教育部和李嘉诚基金会于 1998 年一道设置了长江学者奖励计划。霍英东教育基金设置了高校青年教师基金，用于对高校青年教师积极开展科学研究活动给予资金支持，资助最大金额乃 ＄20000，最小金额乃 ＄5000，还设置了青年教师奖，用于奖励在教学工作与科学技术研究活动中获得显著成就的青年教师个体，奖励金额最大金额乃 ＄5000，最小金额乃 ＄1000。

为激励出国留学人员在学有所成之后早日回国以推动国内经济进步社会发展，在高等院校培育和造就一定规模的才干不凡的年轻骨干教师和学科带头人，原国家教育委员会于 1987 年设置了优秀年轻教师基金，2000 年名称改为优秀青年教师资助方案。1998 年颁布实施的《面向 21 世纪教育振兴行动规划》明确指出要在高等院校打造、构建全方位、多维度、分层级的高层次创造性人才工程，以培育高等院校极其需要的优质人才。

表 10－2　　　　　　　人才类竞争性经费及其启动年份

人才类竞争性经费	启动年份
高等学校博士学科点专项科研基金	1982
王宽诚教育基金	1985
教育部优秀青年教师资助计划	1987
中国博士后科学基金面上资助	1987
自然科学基金委培育西部人才的地区科学基金	1989

续表

人才类竞争性经费	启动年份
留学回国人员科研启动基金	1990
霍英东教育基金	1994
国家杰出青年科学基金	1994
跨世纪优秀人才培养计划	1997
基础科学人才培养基金	1997
长江学者奖励计划	1998
高校青年教师奖	1999
高等教育国家级教学成果奖	2000
创新研究群体科学基金	2000
高等学校骨干教师资助计划	2002
香港澳门青年学者合作研究基金	2002
高等学校教学名师奖	2003
中国博士后科学基金特别资助	2008
外国青年学者研究基金	2009
自然科学基金委青年科学基金	2009
优秀青年科学基金	2012

资料来源：教育部网站，http：//www.moe.gov.cn/；国家自然科学基金委员会网站，http：//www.nsfc.gov.cn/；全国哲学社会科学规划办公室网站，http：//www.npopss-cn.gov.cn/；中国博士后网站，http：//res.chinapostdoctor.org.cn/。

2004 年公布实施的《2003—2007 年教育振兴行动计划》，明确要求着重投入长江学者奖励计划，加大高等学校创新团队计划的发展力度，打造实施高层次创造性人才计划，全面发展建设学术科研创新团队，给予大规模的财政资金支持，加强对学术骨干的培育强度，强化对中青年学科带头人的支撑力度。

为彻底贯彻落实中央的人才培育政策，教育部面向全国各高等院校开展的人才类竞争性经费，大致构建为清晰定位、层次明确、交互链接的三个不同层次。第一层次是长江学者奖励计划，为吸纳与培育一批具有世界一流科学研究水准的学科带头人与学术大家，长江学者特聘教授为两院院士蓄积了坚实的后备队伍；第二层次是高校青年教师奖与跨世纪优秀人才培养计划，为培养、打造新一代优秀年轻学术带头人，培育的年轻学术带头人为长江学者特聘教授蓄积了坚实的后备队伍；第三层次是优秀青年教师资助计划、高等院校骨干教师资助计划与留学回国人员科研启动基金项目，为吸纳与打造一批优秀青年骨干教师，为高校青年教师奖培养后备力量，为跨世纪优秀人才培养计划选才供应坚实的补充力量。

教育部组织管理的各项人才类竞争性经费，有的项目要旨乃奖励人才，譬如，高等院校骨干教师资助计划、教学成果奖与教学名师奖，有的项目要旨乃扶持扶助人才，譬如，优秀青年教师资助计划与留学回国人员科研启动基金，但更多项目要旨乃兼重奖励与扶持扶助，譬如，长江学者奖励计划与高校青年教师奖。高校青年教师奖每年评审一回，对各位获奖者1年发放奖励5万—10万元，不间断资助5年；各年奖励经费中1.5万元用于个人的奖金发放，剩余金额则用于教学工作与科学研究活动的经费资助。人才类竞争性经费多数实施按年度或定期集中申报与集中评审的手段，按不同学科、各个地区或各个高校皆实施最大名额管理控制；多数采取教师自由自愿提交申请，教师所在高等院校予以聘任或者进行推荐。譬如，优秀青年教师资助计划就实施最大名额限制的申报方法，教育部每年的第1个季度向社会公开申报的限额，申请者由所在高等院校准予推荐，且两名教授或相当专业技术职务的同行专家予以推荐，高等院校主管部门对上报申请材料展开翔实核查，给出推荐见解建议，依照申报的名额限制向教育部做出申请报批。高校青年教师奖每年对约100人给予奖励资助，优秀青年教师资助计划每年资助约200名教师，长江学者奖励计划增强了贯彻落实的力度，现在每年计划聘任100名特聘教授、评聘100名讲座教授。各项人才竞争性经费皆明确公开资助的范围对象，申请人申报资质、申报、评审、审批程序、经费使用领域与经费使用管控及组织治理等具体信息资料与规章制度也全部向社会公开，既便于监督管理，又有利于提升经费使用绩效。通过竞争性、公开性的人才经费拨付方法，培养了大量的优秀人才。

第二，绩效专项经费。

绩效拨款中最具革新性、创造性和激励性的还是1978年改革开放之后施行的各项绩效专项经费，绩效专项经费分配对象不仅涵盖高等院校整体，也涵盖不同专业学科，譬如重点学科点。此处主要阐释规模相当庞大、扰动力较为深远的面向高等院校整体的绩效专项经费。

"211 工程"。国家从 1995 年正式运作的"211 工程"，建设的总体要旨是在 21 世纪能够重点打造一批高等院校，扶植一批重点专业学科，经过若干年的繁荣进步，使 100 所左右的高等院校以及一批重点专业学科在教育品质、科学研究、管理水准与办学效益等范畴有大幅度提升，在高等教育创新特别是治理规制创新领域有显著的进步，成为立足于国内培育高级人才、解决社会建设和处理经济发展重大问题的基地。其中，一些重点高等院校与一些重点专业学科，在学科建设中，达到或接近国际同类高等院校和同类专业学科的先进水准，多数高等院校办学软硬件得到显著改善，在人才培育上获得一定成绩，在科学研究发展上获取累累硕果，适应各地区发展需要，切合各行业进步要求，资助的高校整体水准处于国内一流状态，作为光辉模范，起到领头羊功效。"211 工程"主要建设领域涵盖高等教育公共服务体系、高等院校整体条件、重点专业学科发展三大内容。"211 工程"采取国家发展改革委员会、财政部、教育部及其他部委、地方政府、高校多方共同联合建设的形式。"211 工程"高校共有 112 所，目前处于第四期建设期（2013—2017）。"211 工程"建设项目皆实施项目法人责任制、招投标制、工程监理制。各"211 工程"高校成立项目法人组织并实施项目法人代表，有关省或地区直接管理部门组建"211 工程"建设领导责任小组，形成中央、省和高校三级治理规制。"211 工程"的实施，体现了国家对高等教育的热切眷注，乃服务于大众民生、构建小康社会的努力目标，贯彻实施前瞻性、方略性的打造人力资本强国、实现科教兴国的重要举措之一。

"985 工程"。1998 年正式发端的"985 工程"，总体建设要旨是打造若干所具有世界先进水准的一流高校、发展若干一流专业学科，建设内涵有机制革新、人才队伍培养、平台建设、条件支撑和国际科学研究交流合作共五大项。"985 工程"发展经费源于教育部和财政部中央专项资金、地方政府和其他部委共建资金及高校自我筹措的资金。"985 工程"涵盖了北京大学、清华大学、中国人民大学、天津大学、复旦大学等 39 所高校。"985 工程"施行绩效评价机制，教育部、财政部对"985 工程"建设实施阶段性检验核查、归纳总结性验收，加强对高等院校工程建设成效的检测，强化对年度资金使用境况的测度评估，并根据检测评估结果对有关高校建设项目与分年度预算实施滚动调度、动态调整。在"985 工程"的发展进程中，施行责任纠察规制，对于"985 工程"建设进程中的违反纪律、背离规范的行事，追究有关责任方的相应责任，予以纠正、纠错。

"2011 计划"。遵循高等学校创新能力提升计划的总体实施要旨，顺应国家急需、世界一流的紧迫发展需要，与国家中长期教育发展规划纲领、科技发展规划指导纲领、行业协同发展及地方核心发展计划共同发挥作用，充分利用高校多学科、多功效的占优地位，积极主动整合国内国外的创新势力，合理吸纳创新资源与创新要素，打造协同创新的全新发展模式，聚集协同创新的新势力。"2011 计划"自 2012 年正式发动，四年为一个周期。教育部、财政部每年对"2011 协同创新中心"组织申请评定，对认定过关的协同创新中心在正式运作四年之后，教育部、财政部将会委派第三方展开绩效评判。"2011 计划"以协同创新中心为载体，协同创新中心分为面向科学前沿、面向文化传承创新、面向行业产业和面向区域发展共四类。中央财政划拨专项资金，对经过批示认可的"2011 协同创新中心"，赋予引导性扶植或奖励性扶助，资金支持只能专项应用于协同创新中心举办协同创新工作的经费开支，用于打造协同创新规制的径直有关的经费项目，不得随意用于和协同创新中心工作无关的经费支出。对专项资金施行严格监管，专款专用，不得随意挪用、贪污与浪费。专项资金运作治理境况是协调创新中心年度检验核查、阶段性绩效评价的关键要素。若出现违规违纪活动，会施以严惩不贷。违规违纪特别严重的境况下，可立马取缔"2011 协同创新中心"。经由对"2011 协同创新中心"的严格规范管理，有利于高校体制机制革新，转换高校革新手段，汇聚培育出一批拔尖创新的优秀人才，研究开发出一批重大标志性科研成果，充分提升高等教育支出绩效，力争培育人才的同时，大力发展科技生产力，推动国家的创新进步。

国家示范性高等职业院校建设计划。在本科层次之外，教育部等中央部委也在专科教育和高等职业技术教育层次设立各类绩效专项经费，以实现不同层次和不同类型学校都能办出一流教育的要旨。高职高专层次的绩效专项经费涵盖 2000 年"示范性职业技术学院"建设规划、2003 年"示范性软件职业技术学院"建设规划、2005 年"职业教育实训基地建设项目"和 2006 年"国家示范性高等职业院校建设计划"，其中国家示范性高等职业院校建设计划在全国的影响最为广泛、规模也最为庞大。

为彻底贯彻落实 2005 年《国务院关于大力发展职业教育的决定》，教育部和财政部在 2006—2010 年之间按年度、分地区分批推进发展国家示范性高等职业院校建设计划。在建设计划中，涵盖支持100 所高水平示范院校的发展建设、扶助 500 个左右特色专业群的进步、支撑 4000 门左右优质专业核心专业课程构建、资助 1500 种特色教材编写与教学课件编制等。示范性高等职业院校建设计划在实施中，以地方政府财政支出为主，积极吸纳社会资金、企业资金，中央财政给予一定引导与积极推动。中央财政部署安排的专项资金，主要用于支持扶助示范性高职院校改善教学实验实训境况，兼顾培养专业带头人、培育骨干教师、课程体系革新，共享型专业教学数据资源库的打造等。中央财政对入选示范性高职院校实行一次性确定资助经费、三年分期下发拨款，项目年年展开评定、适时适度整改的举措。各地方政府要确保示范性高职院校的生均预算内拨款基准起码要达到本地区同等类型普通本科院校的生均预算内经费基准。教育部已经于2006 年评选出 28 所示范性高等职业院校，2007 年又增加了 42 所示范性高等职业院校，2008 年新增添了 30 所示范性高等职业院校。2008 年评定 9 所院校为重点培育核心扶持的高等职业院校。至今已经有 3 批共 109 所高等职业院校被纳入国家示范性高等职业院校建设计划，获得相应的资金支持与发展，提升了资金使用绩效。

依照《教育部、财政部关于支持高等职业学校提升专业服务产业发展能力的通知》的实质，教育部、财政部 2011—2012 年推行扶植扶助高等职业学校提升专业服务才能项目创设，重点扶植扶助高等职业学校专业创设，提升高等职业教育服务经济发展社会进步的才干。

各地按照批准执行的本省份高等职业学校专业发展计划与项目建设规划，开展的项目建设活动。中央财政根据各地独立设置公办高等职业学校的数量与补助基准，适当考量不同地区间社会经济发展水准的差别，核定各地区分年度专业建设补助资金额度。中央补助资金主要用于专业人才培育方案编制与施行、课程建设与教学资源创设、实训实习境况改善、现代信息技术运用与数字校园打造、高校企业协作机制与治理运作规则创设、师资队伍建设与服务才干打造、实训实习耗材资金补贴、实习不测伤害保障等，不得用于基础设施建设、人员经费和债务偿还等范畴。在高职建设期内，各专业用于设备购置方面的支出不得超过中央补助资金的50%。获得资金支持的高职院校要制定详密的资金管理办法，按照统一部署规划、单独核查计算、专款专用、不得留用准则，施行严格的项目治理，从而提高资金使用绩效。

结论与展望

一　研究结论

通过对巴西、俄罗斯、印度与中国高等教育支出绩效评价包容性问题进行深入、系统的研究，本书主要得出以下结论：

（一）巴西、俄罗斯、印度与中国高等教育支出绩效评价包容性各有利弊

巴西高等教育支出绩效评价包容性中有不完善的地方，在高校与学生中间建立比较和竞争是无效的，使用单一的、统一考试来测试所有学科专业，对性质截然不同的学科采用一样的处理手段，降低高校自由发展和多元化发展的积极性。将全国各类别、各层次的高校放在一样的标准下展开评价，势必造成绩效评价公平性的缺乏。政治之争未保证制度的稳定性。为提升高等教育支出绩效评价包容性，巴西组建了国家教育研究所、高等教育署、国家教育协会、高等教育评价协会各司其职的组织机制。全国学生水准能力考核、高校资源评判、高校品质考查各评价层层递进的运行机制。保障机制从资金支持、高校资源的充分利用、为少数民族保留高校名额、统一高校入学考试、针对跨国人才流失堵于疏等方面丝丝紧扣。

俄罗斯高等教育支出绩效评价包容性中也有需要健全的地方，绩效评价的制度建设中理想与现实相背离，绩效评价实践中遭遇教条管理与学术自由的争论，绩效评价结果应用中存在数量与质量的矛盾。为提升高等教育支出绩效评价包容性，构建多方参与的组织机制，实施综合评价的运作机制，以精简评价程序，减轻高校负担，融入 Bologna 进程。打造规划保障、管理保障、资源保障、提升保障全方位、多维度保障机制。

印度高等教育支出绩效评价包容性中也存在有待调整的地方，高校内部绩效评价工作缺乏系统性，绩效评价方法与标准亟待革新，申请鉴定的高校激增引发矛盾，国家评价与鉴定委员会和有关各方的关系不够协调，跨国绩效评价亟待开展。为提升高等教育支出绩效评价包容性，在组织机制方面分类分等，对不同类别的高校采取不同的评价标准；遵循七步绩效发展观，实行内外结合的运行机制，对评价期满的高校实施再鉴定，并不断改进运行机制；推行奖罚分明的保障机制，把部分发展性拨款与高校的身份评判结果相挂钩，并利用评价结果进行人事决策。

中国高等教育支出绩效评价包容性尚处于发展初期，在制度建设方面，缺乏相应的法律和制度保障，没有有效监督机制，高校预算编制和管理中的忽视，缺乏权威的管理机构；在绩效评价的指标体系中存在一种指标衡量全部高校；在评价结果应用方面，运用方式单一，缺乏绩效管理的有效手段，结果运用的形式化倾向严重，缺乏相应的配套措施。为提高绩效评价包容性，中国从多方面着手打造绩效评价制度，推行行政主导的组织机制。在运行机制方面，遵从人文、人性与以人文本的发展观，从前期准备阶段、实施评价阶段、撰写报告阶段全面铺开。在保障机制方面，为实现绩效拨款，从制度保障、信息保障、公信度保障、监管保障、奖惩保障等多方面确保绩效评价的顺利运营。

（二）巴西、俄罗斯、印度与中国高等教育支出绩效评价包容性作用巨大

巴西高等教育支出绩效评价包容性发挥着重要功效，为社会公众、学生、家长、教育部提供可靠信息，推动高等教育包容性发展，实现高等教育支出在地区间合理配置，让所有人均能够平等的获得高等教育机会。激发高等教育活力，刺激学生、教师、高校共同努力，一道进步。

俄罗斯高等教育支出绩效评价包容性同样也发挥着重要作用，推动各高校的学科建设自始至终扎根于自身的优势学科，提升受教育者的综合素养，增强教师队伍建设，推动高等教育的国际化生存。

印度高等教育支出绩效评价包容性同样起着重要作用，有利于推

动高校为国家的发展作贡献，有利于高校培养学生适应全球化发展的各种能力，有利于引导学生树立一种正确的价值观，有利于推动信息技术的利用。

中国高等教育支出绩效评价包容性对社会经济发展起到重要推动作用，有助于合理地调配资金，有助于以定量的方法评价高校管理运作状况，有助于高校各级各类人员的考核和激励，有助于整个社会关注高校整体工作绩效。

（三）巴西、俄罗斯、印度与中国高等教育支出绩效评价包容性各有千秋

巴西高等教育支出绩效评价包容性中，有着健全的法律法规，分工明确的绩效评价体系，确保绩效的重要手段，引入外部承包商，确保了绩效评价的公正性与严肃性，提升了绩效的可靠性与有效性，为国家节省了开支，也保障了质量。

俄罗斯高等教育支出绩效评价包容性中，强有力的法律保障，内外并举的绩效评价体系，由法律形式确认私立高等院校和公立高等院校间办学地位、竞争关系、待遇的平等，扶持私立高等教育，推崇整体性、多样化的高等教育支出绩效观。

印度高等教育支出绩效评价包容性中，评价机构中立，绩效评价标准的制定、评价手段和评价结果的公布，均不由政府直接控制和干预，有利于加强公正性，提升准确性，促进专业性。学生参与评价，学生参与了高等院校内外部绩效评价的全过程，充分发挥了学生作为受教育者的主体性和积极性，展现了高等教育支出绩效评价中的民主。信息公开透明，有助于破除传统行政管理的封闭和垄断，破除政府与社会成员间信息不对称现象，可以有效规避暗箱操作，获得客观公正的绩效评价结果。

中国高等教育支出绩效评价包容性中，具有行政主导的强大公信力，明确高等教育支出绩效评价主体的法律地位，形成了评价主体的遴选机制，规定了评价主体的权利义务。绩效评价的规范化运作，分为高校自评和专家评价。在高校自评活动中，学校内部人员和学校周围的社区成员正在成为评价活动的主体。在专家评价活动中，评价活动主要涵盖听、看、核、查、访、谈、测、品、评9个重要环节，并

按相关规则给出评价结论以及诊断性意见和建议。激励的绩效导向，中央政府逐步实施了一连串以提高绩效为目标的高等教育支出革新政策，采取了竞争性经费和绩效专项经费这两种绩效拨款方式。

二　研究展望

在本书的研究和撰写过程中，笔者发现巴西、俄罗斯、印度与中国高等教育支出绩效评价包容性还有很多问题值得进一步探讨，但由于笔者的水平和资料数据的局限，仍然留下了一些遗憾。现将本书的不足之处或值得进一步研究的地方提出来，以便今后开展更为深入的研究：

（1）在对于巴西、俄罗斯、印度与中国高等教育支出绩效评价包容性的衡量指标方面，尽管参考了国际上公认的标准以及听取相关专家建议，但各项数值的口径大小的确定，难免会带有一定的主观意向。因此，究竟哪些数值更具有代表性，投入值究竟多少才更合理、科学，都还需要在今后实践中进一步检验。同时，在对高等教育支出绩效评价进行分析的过程中，有关评价指标的客观性、评价模型的有效性等问题，还需要在积累更多数据的基础上加以改进。

（2）巴西、俄罗斯、印度与中国高等教育支出绩效评价包容性发展的测度，由于选取的指标体系有所不同，可能造成评价结果的比较与实际存在差异。由于数据的可得性，可能难以获取最新的比较数据，造成不能反映最新的高等教育支出绩效评价的进展。

（3）尽管本书提出了巴西、俄罗斯、印度与中国高等教育支出绩效评价包容性的相互启示，但是对于高等教育支出绩效评价包容性所必需的制度安排，包括合理的法规框架、适当的组织体系以及科学的财政分权等还缺乏相关的研究。

附　　录

功效系数法又称功效函数法，此乃依照多元目标规划原理，顺应综合评价高等教育支出绩效的意图，选择确定绩效评价标杆确定各项绩效评价标杆的基准值及其权数，对各项绩效评价标杆设定一个合意值与不合意值，上限乃合意值，下限乃不合意值，测度各类绩效评价标杆的得分与高等教育支出绩效综合评价分数，得出各标杆达成合意值的水准，并由此确定各标杆的分数，再经由加权平均施行综合测度，进而评价被考察研究客体的综合境况，通过展开综合分析判断获取最终绩效评价结论。采用功效系数法展开绩效评价，高等教育支出中不同的绩效因素得以综合汇总，涵盖财务因素与非财务因素、定量因素与非定量因素。依照功效系数法进行绩效评价的一般步骤或程序涵盖：抉择绩效评价标杆，确定各项绩效评价标杆的基准值，决断出各项绩效评价标杆的权数，测度各类绩效评价标杆的得分，测算高等教育支出综合绩效评价分数，对绩效评价归纳推断最后的评价等级。

功效系数法的模型

依照功效系数法的一般原理，其模型：

单项指标评估分值 $di = (Zis - Zib) / (Ziy - Zib) \times C + D$；

C，D 乃已知正常数，C 乃对变换后的数值施行放大或缩小的倍数，D 乃对变换后的数值做平移的平移数值，可用来反映实际的基础分值。C 和 D 可取值为，$C = 40$，$D = 60$，也就是基础分值为 60，最高分值为 100。

综合指数 $D = \prod_{i=1}^{n} d_i P_i$　　$\sum P_i = 1$

"功效系数法"对此模型作出适当的变革，采取了比率分析（各个标杆皆采用比率性标杆展开比较分析）、功效记分（对各个标杆皆设定一个合意值与不合意值，将下限设置为不合意值，测度各标杆实际值达到合意值的水准，转化为对应的功效分数，把标杆的功效分数乘以此标杆的权数，依据各标杆的重要程度差异，事先设置出标杆对应的标准分即为权数，就此得出此标杆的评价得分，再依据高等教育支出的各项指标实际值与基准值差异的大小，分档记分，各标杆得分汇总就得到总的评定分值）的方法。功效系数法模型为：

$$D = \sum [(Zis - Zib) / (Ziy - Zib)]$$

或 $D = \sum [(Zis - Zib) / (Ziy - Zib) \times Pi + Qi]$

其中：Qi 为分档基础分。

功效系数法具有一定的特质：

（1）功效系数法以多元目标规划原理为基石，可以依照绩效评价对象的繁杂性，从各个侧面对绩效评价对象展开细致的计量评分，恰如其分的顺应了高等教育支出效绩评价体系标杆多样化，综合评价高等教育支出绩效的需要。

（2）功效系数法为降低单一标杆评价而引起的绩效评价结果误差，设置了在同样条件下评判某标杆所参照的评价标杆基准值的幅度范围，并依照标杆实际值在基准范围内所处位置测度绩效评价得分，这不仅和高等教育支出绩效评价多档次评价标准相对应，还能切合当前中国高等教育支出各项绩效评价标杆值相差较大的境况，降低偏差，真实全面地反映高等教育支出绩效景况，达成公正、准确评价高等教育支出绩效的目的。由于各项评价标杆的合意值和不合意值通常都从高等教育支出中的最佳值和最差值中筛选，所以，功效系数法能全面体现高等教育支出某一时点绩效的高低。

（3）采用功效函数模型不仅能够用手工计分，也能够利用计算机进行快速处理，有利于在绩效评价体系中的普及推广运用。

功效系数法尽管和中国当前高等教育支出境况与绩效评价对象的繁杂性相适应，能够比较合理地评价中国目前高等教育支出的财务状况、投入效益、产出境况，但功效系数法也有一定的缺陷有待弥补。第一，单项得分的两个绩效评价基准——合意值与不合意值的确定有着较大难度，难以恰当合理的操作，理论上很难得到准确的满意值与不允许值。在实际操作中采用的做法，或用历史上最佳值、最差值来分别代表合意值、不合意值；或在评价总体高等教育支出绩效中分别取最佳的、最差的若干项数据平均值来分别代表合意值与不合意值。但各异的对比基准获得的单项绩效评价数值各有不同，对综合绩效评价结果的客观性与稳定性产生扰动。第二，如若采用最佳、最差的若干项数据平均值来当作合意值与不合意值，最佳、最差的数据项取几项比较适宜恰当，并无一个科学合理的基准可用。如若取少了数据的项数，评价值易受到极端值的干扰，合意值和不合意值的差距过大，造成中间多数评价值的差距不显著不突出，也就形成该绩效评价指标的区分度过于微小，引发绩效评价的效用几乎接近于无，仅仅对个别标杆数值处于极端水准的单位有一定作用。由于没能够就性质各异的标杆区别处理对待，没能够全面反映高等教育支出绩效本身的发展态势，造成绩效评价结论不仅不够合理，也难以全面实现发展高等教育支出绩效评价模型所需达成的绩效评价意图。

功效系数法的具体运用

在高等教育支出绩效综合分析引入功效系数法，是为补足加权平均法的弊端。

具体的绩效评价运作流程：

1. 设立五档基准值。各项标杆的绩效评价档次分别为优（A）、良（B）、中（C）、低（D）、差（E）共5个档次。

2. 对应5个档的基准值设定5个基准参数：1、0.8、0.6、0.4、0.2。

3. 依照如下方式对各个标杆计算分值：

（1）上一档基础分 = 标杆权数 × 上一档基准参数；

（2）本档基础分 = 标杆权数 × 本档基准参数；

（3）调整分 = （实际值 − 本档基准值）/（上一档基准值 − 本档基准值）×（上一档基础分 − 本档基础分）；

（4）单项标杆得分 = 本档基础分 + 调整分；

4. 汇总得分 = ∑单项标杆得分。

参考文献

外文类

1. Andrew Braunstein, Michael Mcgrath, Donn Pescatrice. Measuring the Impact of Income and Financial Aid Offer on College Enrollment Decisions [J]. Research in Higher Education, 1999, 40 (3): 254 – 263.

2. Antony Stella. External Quality Assurance in Indian Higher Education: Developments of a Decade [J]. Quality in Higher Education, 2004, 10 (2): 115 – 128.

3. The National Assessment and Accreditation Council Bangalore. NAAC 15th Report [M]. Bangalore: National Printing Press, 2008, 48 – 60.

4. Banta, T. W. Making a Difference: Outcomes of Assessment in Higher Education [M]. San Franscisco: Jossey-Bass Publishers, 1993, 125 – 139.

5. Banta, T. W, Lund J P, Black, K. E, and Oblander, F. W. Assessment in Practice: Putting Principles to Work on College Campuses [M]. San Franscisco: Jossey-Bass Publishers, 1996, 78 – 96.

6. Bob Barnetson and Marc Cutright. Performance Indicators as Conceptual Technologies [J]. Higher Education, 2000, 40 (3): 136 – 142.

7. Brian W. Hogwood and Lewis A. Gunn. Policy Analysis for the Real World [M]. New York: Oxford University Press, 1984, 29.

8. Bromley, Daniel W. Economic Interests and Institution: The Conceptual Foundations of Public Policy [M]. Oxford: Blackwell, 1989, 78 – 86.

9. Martin Cave, Hanny Stephen and Kogan Mauric. The Use of Performance

Indicators in Higher Education: a Critical Analysis of Developing Practice [M]. London: Jessica Kingsleg Publishers Ltd, 1988, 40 – 41.

10. Centra J. A. Reflective Faculty Evaluation [M]. San Franscisco: Jossey-Bass Publishers, 1993, 289 – 312.

11. Seshadri, C. Quality Assurance Initiatives in Elementary Teacher Education in India—an Overview [R]. Papers presented in the NAAC-COL Roundtable on Teacher Education, 2009.

12. Cronbach, L. J. Designing Evaluations of Educational and Social Programs [M]. San Framcisco: Jossey-Bass Publishers, 1982.

13. Deutsch M. Trust and Suspicion [J]. The Journal of Conflict Resolution, 1958, 34 (2): 265 – 279.

14. Edward P. St. John. Assessing Tuition and Student Aid Strategies: Using Price-response Measures to Simulate Pricing Alternatives [J]. Research in Higher Education, 1994, 35 (3): 89 – 96.

15. Elias Dinopoulos, Peter Thompson. Schumpeterian Growth without Scale Effects [J]. Journal of Economic Growth, 1998, 3 (4): 56 – 67.

16. Ernest Rudd. A New Look at Postgraduate Failure [C]. Survey: Society for Research into Higher Education & NEFR-Nelson, 1985.

17. Hanushek, Eric A. Interpreting Resent Research on Schooling in Developing Countries. The World Bank Research Observer, 1995, 10 (2): 227.

18. Gareth Williams, Alan Gordon. Perceived Earnings Functions and Ex-ante Rates of Return to Post-compulsory Education in England [J]. Higher Education, 1981, 10 (2): 213 – 231.

19. Garry D. The Policy Science Emerge: To Nurture and Structure a Discipline [J]. Policy Sciences, 1974, 5 (3): 254 – 265.

20. Gerald Gaither, Brain P Nedwek and John E. Neal. Measuring Up: The Promises and Pitfalls of Performance Indicators in Higher Education [M]. Washington DC: office of Educational Research and Improvement, 1997.

21. Harrison, Ralph W. andEric A. Hanushek. Educational Performance of

the Poor: Lessons from Rural Northeast Brazil [M]. New York: Oxford University Press, 1992.

22. Harold D. Lasswell. A Preview of Policy Sciences [M]. New York: A-merican Elsevier, 1971, 126.

23. Harold D. Lasswell. The Decision Precess: Seven Categories of Functional Analysis [M]. College Park: University Press of Maryland, 1963, 102.

24. Harold D. Lasswell. The Policy Orientation. In D. Lerner and Lasswell the Policy Sciences [M]. Stanford : Stanford University Press, 1951.

25. Hayek, Friedrich, A. The Use of Knowledge in Society [J]. American Economic Review, 1945, 35 (4): 124 – 136.

26. Heywood, J. Assessment in Higher Education (2nd Edition) [M]. London: John Wiley & Sons Ltd, 1989, 254 – 268.

27. Jack Diamond. Public Expenditure Management [R]. Conference on Post-Election Strategy, 2004, 4.

28. James C. Moore, H. Raghav Rao, Andrew B. Whinston. Information Processing for a Finite Resource Allocation Mechanism [J]. Economic Theory, 1996, 8 (2): 135 – 156.

29. Joseph C. Burke, Shahpar Modarresi. Performance Funding Programs: Assessing Their Stability [J]. Research in Higher Education, 2001, 42 (1): 245 – 268.

30. Kogan M (Ed.). Evaluating Higher Education [M]. London: Jessica Kingsley Publishers, 1989, 336 – 357.

31. Kremer, Michael R. Research on Schooling: What We Know and What We Don't, A Comment on Hanushek [J]. The World Bank Research Observer, 1995, 10 (2): 89 – 101.

32. Larry L. Leslie. Rates of Return as Informer of Public Policy [J]. Higher Education, 1990, 20 (3): 65 – 79.

33. Mark Gradstein. The Political Economy of Public Spending on Education, Inequality and Growth [R]. World Bank Policy Research Working Paper, 2003.

34. Martin Trow. Problems in the Transition from Elite to Mass Higher Education [R] . Conference on Future structures of Post-Secondary Education. 26th – 29th, June, 1973.

35. Odden, A. and Picus, L. School Finance: A Policy Perspective [M] . New York: McGraw-Hill, 1992, 261.

36. Peluchette J. V. and Jeanquart S. Professionals' Use of Different Mentor Sources at Various Career Stages: Implications for Career Success [J] . Journal of Social Psychology, 2000, 140 (5): 65 – 79.

37. Peter Howitt, Philippe Aghion. Capital Accumulation and Innovation as Complementary Factors in Long-Run Growth [J]. Journal of Economic Growth, 1998, 3 (2): 124 – 135.

38. Peter Wiles. The Correlation between Education and Earnings: The External-Test-not-Content Hypothesis (ETNC) [J]. Higher Education, 1974, 3 (1): 62 – 78.

39. Salvador Ortigueira. A Dynamic Analysis of an Endogenous Growth Model with Leisure [J] . Economic Theory, 2000, 16 (1): 36 – 42.

40. Sandra Rousseau and R. Rousseau. Data Envelopment Analysis as a Tool for Constructing Scientometric Indicators [J] . Scientometrics, 1997, 40 (1): 24 – 65.

41. Santosh Panda. Higher Education at a Distance and National Development: Reflections on the Indian Experience [J] . Distance Education, 2005, 26 (2): 205 – 225.

42. Vedung E. Public Policy and Program Evaluation [M] . New Brunswick (U. S. A.) and London (U. K.): Transaction Publishers, 1997, 7.

43. Wasterly, F. The Role of Performance Indication in Public Expenditure Management [R] . IMF Working Paper, 1998.

44. Vladimir Filippov. Education in Russia: Current State, Problems and Prospects Russian [J] . Russian Education & Society, 2001, 43 (2): 5 – 27.

45. Joseph Zajda and Rea Zajda. Policy Shifts in Higher Education in the Russian Federation: Autonomy, Standards and Quality [J] . European

Education, 2007, 39 (3): 16 – 38.

46. Joseph Zajda. Reforms in Higher Education in the Russian Federation: Implications for Equity and Social Justice [J]. European Education, 2007, 39 (2): 20 – 36.

47. A. T. Egorshin, N. O. Abliazova and I. V. Gus´Kova. Higher Economic Education in Russia, 1990 – 2025 [J]. Russian Education & Society, 2007, 49 (10): 30 – 52.

48. Philip G. Altbach and Jane Knight. The Internationalization of Higher Education: Motivations and Realities [J]. Journal of Studies in International Education, 2007, 11 (3): 290 – 305.

49. ГеворкянЕ, МотоваГ, НаводновВ. Развитиесистемы. аккредитац иивысшегообразованиявРоссийскойФедерации [J]. Вестниквыс шейшколы, 2004, 16 (1): 25 – 28.

50. ФиллпповВ. Модернизацияроссийскогообразования [J]. Педагог ика, 2004, 15 (3): 3 – 11.

51. Международная конференция. Пути повышенияконкурентоспособ ности экономики России в условияхглобализации [EB/OL]. ht-tp: //www. Mgimo. ru/news/announce/ document14548. phtml.

52. В. Садовничий. Высшее образование России: доступность. Качест во. конкурентоспособ ность [J]. высшееобразование в России, 2006, 21 (7): 30.

53. Н. Розина. О разработке нового поколениягосударственных образовательных стандартов [J]. Высшееобразование в России, 2007, 12 (3): 36.

54. Филюк Елена Викторовна. Организация и апробация системы мониторинга качества образования вобразовательном учреждении. (новые технологии управ-ления качеством образования) [EB/OL]. http: //sinncom. ru/content/publ/info/si-lik/index. htm.

55. А. И. Субетто. Государственная политика качествавысшего образо вания: концепция, механи змы, перспективы [M]. Часть1 Ака-

демия Тринитаризма, М, 2004, 11 (2): 6567 - 6577.

56. С. И. Плакий. Качество высшего образования [М]. Москва, 2003, 454.

57. М. Попов, А. Гугелев, Э. Коротков, Н. Яшин. Повышение качества бразования—основа развитияуниверситета [J]. Высшее образование в России, 2006, 12 (8): 98.

58. Wrana Maria Panizzi. Public Universities: A Benchmark for Higher Education in Brazil [J]. Higher Education Management and Policy, 2003, 16 (1): 46.

59. Renault, Thiago. Universities, Organizational Structure of the Research Activity and the Spin-off Formation: Lessons from Brazilian Case [EB/OL]. http://www. Globelicsacademy. net/2008/2008_ student_ presentations/Renault_ GA08. pdf.

60. Simon Schwartzman. Student Quotas in Brazi: The Policy Debate [EB/OL]. Http://www. bc. 4 edu/bc _ org /avp/soe/cihe/newsletter/Number56/p11_ Schwartzman. htm.

61. Bruce Johnstone and Pamela Marcucci. Higher Education Finance and Cost-sharing in Brazil [EB/OL]. http//se. buffalo. edu/org/inthigheredfinance/files/Country_ Profiles/Latin_ America/Brazi. lpdf.

62. Simon Schwartzman. The National Assessment of Courses in Brazil [EB/OL]. http://www. schwartzman. org. br/simon/provao2. pdf.

63. Johnston R. J. and Chalkey Brain. Quality Assessment of Teaching: Inputs, Processes and Outputs [J]. Journal of Geography in Higher Education, 1994, 18 (2): 184.

专著类

1. [美] 菲利普·阿吉翁:《内生增长理论》，北京大学出版社 2004 年版。

2. [德] 弗里德里希·李斯特:《政治经济学的国民体系》，商务印书馆 1961 年版。

3. 范先佐：《教育经济学》，人民教育出版社 1999 年版。

4. 冯增俊：《比较教育学》，江苏教育出版社 1996 年版。

5. 黄光雄：《教育评价模式》，师大书苑有限公司，民 78（3）。

6. 科恩：《教育经济学》，华东师范大学出版社 1989 年版。

7. 廖楚晖：《教育财政学》，北京大学出版社 2006 年版。

8. 廖楚晖：《人力资本与教育财政研究》，中国财政经济出版社 2005 年版。

9. 廖楚晖：《政府教育支出的经济分析》，中国财政经济出版社 2004 年版。

10. ［德］马克思：《德意志意识形态》，人民出版社 1961 年版。

11. ［德］马克思：《剩余价值学说史》，人民出版社 1975 年版。

12. ［德］马克思：《资本论》，人民出版社 1975 年版。

13. ［英］马歇尔：《经济学原理》，商务印书馆 1964 年版。

14. ［美］迈克尔·曾伯格：《经济学大师的人生哲学》，商务印书馆 2001 年版。

15. 阂维方：《探索教育变革：经济学和管理政策的视角》，教育科学出版社 2005 年版。

16. 潘慧玲：《教育评价的回顾与展望》，心理出版社有限公司 2005 年版。

17. ［美］彼得·罗希、［美］马克·李普希、［美］霍华德·弗里曼：《评估：方法与技术》，重庆大学出版社 2007 年版。

18. ［美］萨尔·霍夫曼：《劳动力市场经济学》，上海三联书店 1989 年版。

19. ［美］萨缪尔森：《经济学》，商务印书馆 1979 年版。

20. ［美］斯塔弗尔比姆：《评估模型》，北京大学出版社 2007 年版。

21. ［苏联］斯特鲁米林：《国民教育的经济意义》，中国社会科学出版社 1987 年版。

22. 朱志刚：《财政支出绩效评价研究》，中国财政经济出版社 2003 年版。

23. 李善岳：《中国政府管理概论》，中共中央党校出版社 1997 年版。

期刊类

1. "北京市财政局高等教育支出绩效评价"课题组、余力莹、韩杰、王瑞超：《北京市高等教育支出绩效评价研究》，《财政研究》2005 年第 12 期。

2. 柏广才、杭瑞友：《高等职业教育支出绩效评价的思考——以江苏省为例》，《中国人才》2010 年第 22 期。

3. 陈慧、龙俊超：《我国财政教育支出浅析》，《社会科学家》2005 年第 S2 期。

4. 陈俊生、彭宇飞、张燕：《高等学校教育支出绩效评价的实证研究——以江苏省地方综合性大学为例》，《教育与经济》2010 年第 4 期。

5. 陈俊生、彭宇飞：《加强高校教育支出绩效评价研究》，《探索与争鸣》2010 年第 12 期。

6. 丛树海、周炜：《中国公共教育支出绩效评价研究》，《财贸经济》2007 年第 3 期。

7. 东北财经大学课题组：《我国公共教育支出绩效考评指标体系构建研究》，《经济研究参考》2006 年第 92 期。

8. 东北财经大学课题组、吕炜：《我国公共教育支出绩效考评体系的历史沿革与现状分析》，《经济研究参考》2006 年第 92 期。

9. 杜兴洋、田进：《公共教育支出绩效评价的研究现状》，《财政研究》2007 年第 1 期。

10. 范兴科、高金龙：《两种生产理论的当代价值》，《法制与社会》2009 年第 1 期。

11. 付梅英、王德：《高等教育支出绩效评价与投入机制改革》，《中央财经大学学报》2008 年第 12 期。

12. 韩爽、韩继深：《我国财政教育支出问题分析》，《经济师》2010 年第 5 期。

13. 贺晖：《中国教育财政支出的绩效评价——基于公平的视角》，《经济与管理》2009 年第 9 期。

14. 李德国、蔡晶晶：《西方政策评估技术与方法浅析》，《科技政策与管理》2006 年第 4 期。

15. 廖燕、张炜、伍咏梅：《公共教育支出绩效评价研究——基于DEA 方法的应用》，《中国西部科技》2008 年第 22 期。

16. 刘国永：《高等教育财政支出绩效评价指标设计原理、方法及运用》，《教育与经济》2007 年第 3 期。

17. 吕炜、王伟同：《我国公共教育支出绩效考评指标体系构建研究——基于绩效内涵和教育支出过程特性的构建思路》，《财政研究》2007 年第 8 期。

18. 马培祥：《义务教育经费支出绩效评价研究》，《财政研究》2005 年第 8 期。

19. 牛富荣、宁振华：《财政介入教育的理论探讨》，《山西财经大学学报》（高等教育版）2003 年第 2 期。

20. 唐万宏：《绩效评价：高等教育投入机制改革的政策导向》，《中国高教研究》2007 年第 6 期。

21. 田虎：《我国义务教育支出绩效评价研究》，《教学与管理》2010 年第 12 期。

22. 王敏：《中国财政教育支出绩效评价探析》，《财政研究》2005 年第 6 期。

23. 许盛：《高等教育财政支出绩效评价问题初探》，《教育财会研究》2006 年第 2 期。

24. 赵振全、张向东、汤东红：《高校资金使用绩效评价指标体系探讨》，《当代经济》2009 年第 8 期。

25. 周炜：《建立中国的公共高等教育支出绩效与责任体系》，《中央财经大学学报》2005 年第 8 期。

26. 朱文军：《高校教育支出绩效评价指标体系的构建》，《财会月刊》2007 年第 12 期。

27. 王敏：《政府财政教育支出绩效评价研究》，《经济经纬》2007 年第 6 期。

28. 王莹、刘延平：《基于 DEA 方法的高校管理学院科研效率评价实证研究》，《北京交通大学学报》（社会科学版）2007 年第 4 期。

29. 吴建南、李贵宁：《教育财政支出绩效评价：模型及其通用指标体系构建》，《西安交通大学学报》（社会科学版）2004 年第 2 期。

30. 习黄乾：《人力资本产权：形成中的人力资本市场分析》，《财经论丛》2002 年第 1 期。

31. 杨莉、周敏倩：《基于 DEA 方法的政府公共教育支出绩效评价研究》，《中国集体经济》2009 年第 25 期。

32. 余向荣：《公共政策评估的社会实验方法：理论综述》，《经济评论》2006 年第 2 期。

33. 张晓东：《努力实现跨越：印度教育给我们的启示》，《教育科学研究》2001 年第 5 期。

34. 孙明娟：《俄罗斯高等教育鉴定制度及其启示》，《外国教育研究》2006 年第 5 期。

35. 姜晓燕：《俄罗斯教育 20 年：变革与得失》，《比较教育研究》2010 年第 10 期。

36. 朱炎军：《"金砖四国"高等教育质量保障体系比较研究——基于政府管理的视角》，上海师范大学，2010 年。

37. Cibele Yahn Andrade，José Roberto Rus Perez：《巴西大学的战略管理》，《国际高等教育》2011 年第 4 期。

38. 王正青：《高等教育国际化：巴西的因应策略与存在的问题》，《复旦教育论坛》2008 年第 3 期。

39. 石隆伟、刘艳菲：《不公平地扩充——审视巴西当前的高等教育政策》，《外国教育研究》2008 年第 1 期。

40. 郭斌、张晓鹏：《1996—2003 年巴西全国高校课程评估述评》，《中国高等教育评估》2008 年第 2 期。

41. 黄海涛：《高等教育质量标准：影响因素、基本特征与制定原则》，《江苏高教》2015 年第 7 期。

42. 文静：《大学生学习满意度：高等教育质量评判的原点》，《教育研究》2015 年第 1 期。

43. 赖德胜、王琦、石丹淅：《高等教育质量差异与区域创新》，《教育研究》2015 年第 2 期。

44. 王铭、王战军：《质量树：高等教育监测评估新方法》，《清华大学教育研究》2015 年第 5 期。

45. 吴卫东、吴萧言：《教学质量：高等教育质量的终极诉求》，《教育教学论坛》2015 年第 4 期。

46. 董泽芳、张继平：《以质量保障提升高等教育公平水平的思考》，《高等教育研究》2015 年第 3 期。